Ludmilla Assing

Fürst Hermann von Pückler-Muskau - Eine Biografie

Band 1

Verlag
der
Wissenschaften

Ludmilla Assing

Fürst Hermann von Pückler-Muskau - Eine Biografie

Band 1

ISBN/EAN: 9783957001535

Auflage: 1

Erscheinungsjahr: 2014

Erscheinungsort: Norderstedt, Deutschland

Hergestellt in Europa, USA, Kanada, Australien, Japan
Verlag der Wissenschaften in Hansebooks GmbH, Norderstedt

Cover: Foto ©Jörg Kleinschmidt / pixelio.de

Fürst Hermann von Pückler-Muskau.

Eine Biographie

von

Ludmilla Assing.

Hamburg.

Hoffmann & Campe.

1873

Vorwort.

Zu der vorliegenden Lebensbeschreibung sind mir die reichlichsten Materialien zu Theil geworden. Ich lernte den Fürsten Hermann von Pückler=Muskau bei meinem Onkel Varnhagen von Ense in Berlin kennen, mit dem ihn eine vieljährige und herzliche Freundschaft verband; und nach dem im Oktober 1858 erfolgten Dahinscheiden des Letzteren, übertrug Pückler diese Freundschaft auf mich, und bezeigte mir unwandelbar ein unbegränztes Vertrauen und eine liebevolle Güte, die ich nie vergessen werde. Mündlich und in seinem Briefwechsel mit mir, der bis zu seinem Tode dauerte, wiederholte Pückler oft den Wunsch, ich möchte einst seine Biographie schreiben, was ich ihm gern versprach. Nachdem dies verabredet war, lag ihm nun doppelt daran, daß ich ihn genau kennen lernen, in sein innerstes Wesen eingeweiht werden sollte, und er gab mir hiezu, außer dem Vielen, das er mir bei Lebzeiten anvertraute, einen fast unerschöpflichen Stoff durch seine sämmtlichen vortrefflich geordneten Papiere, die er mir nach seinem Tode bestimmte, und die eine Reihe höchst interessanter und merkwürdiger Tagebücher und Briefwechsel enthalten, deren Veröffentlichung er in meine Hände legte.

Ist nun auch des Fürsten Wille, daß ich seine **sämmtlichen** Papiere erhalten sollte, nicht ganz erfüllt worden, da einige Personen der Familie seine Nichte und Erbin, Frau Marie von Pachelbl=Gehag, geb. Gräfin von Seydewitz, dringend und heftig im ersten Augenblick nach seinem Tode, um Rückgabe ihrer an den Fürsten gerichteten Briefe bestürmten, welchem Verlangen sie, wahrscheinlich von Schmerz und Trauer überwältigt, nachgab, so wollte doch Frau von Pachelbl, nachdem ich einige Briefe mit ihr gewechselt, der entschieden ausgesprochenen Anordnung des Verstorbenen in der Hauptsache nicht entgegen sein, und lieferte mir die übrigen Papiere aus, was für meine Aufgabe jedenfalls hinreichend war, einmal weil ich das an Andere Zurückgegebene durch Pückler selbst großentheils schon kannte, zweitens weil es meistens Dinge betraf, die sich ohnehin für meine Darstellung nicht eignen konnten.

Außer dem Pückler'schen litterarischen Nachlaß stand mir aber auch noch der Varnhagen'sche zu Gebot, in welchem sich viele Aufzeichnungen und Notizen meines Onkels über Pückler befinden, die bisher noch nicht veröffentlicht worden, und die mannigfachen mündlichen Mittheilungen meines Onkels vervollständigten mir noch das Niedergeschriebene. Auch hatte Pückler einige seiner Briefschaften meinem Onkel für seine Sammlungen geschenkt, was sich nun alles wieder bei mir vereinigt findet.

Auch die gedruckten Reisewerke Pückler's, die ihn mit Recht in unserer Litteratur berühmt gemacht, habe ich nicht unbenutzt gelassen, und konnte somit seinem Lebenslauf nach allen Seiten und Richtungen folgen.

Pückler's glänzende, bewundernswerthe, eigenthümliche, bei manchen Schattenseiten doch herzgewinnende Erscheinung steht mir lebendig vor der Seele; möchte es mir nicht ganz mißlungen sein, ihn denen, die ihn kannten, zu vergegenwärtigen, ihm unter denen, die ihn nicht kannten, neue Freunde zu gewinnen.

Florenz, im Oktober 1872.

Ludmilla Assing.

Erster Abschnitt.

Charakter. Originalität. Familie. Ahnen. Großeltern. Eltern. Geburt. Kindheit. Leben der Aristokratie. Mißhelligkeiten zwischen den Eltern. Frühe Leiden. Aufenthalt in der Brüdergemeinde zu Uhyst. Verderbliche Einflüsse. Leidenschaftliche Frömmigkeit. Eine Cousine. Erste Leidenschaft für Gartenanlagen. Das Pädagogium zu Halle. Relegation. Die Kanzlerin Niemeyer. Die Stadtschule zu Dessau.

Der Held dieser Schilderung hat eine europäische Berühmtheit erlangt durch Rang, Stellung und Talente, und vor allem durch die Originalität seines Charakters. Wo er erschien, erregte seine glänzende Persönlichkeit das leidenschaftlichste Interesse, die begeistertste Anerkennung, die höchste Bewunderung, während seine Seltsamkeiten und Launen fortwährend die staunende Neugierde in Spannung hielten. Dabei kannten doch eigentlich Wenige sein wunderbar kompliziertes, aus den verschiedensten Eigenschaften zusammengesetztes, wie in vielfarbig schimmernden Facetten leuchtendes Wesen, das den Stoff zum tiefsten psychologischen Studium bietet, bisher aber für die große Menge meist ein psychologisches Räthsel geblieben ist.

Eine Erscheinung wie die von Pückler gehört allein schon durch die vielen Gegensätze, die sich in ihm vereinigen, zu den größten Seltenheiten, zu den Ausnahmen, wie sie sich kaum wiederholen können, weil auch die Einflüsse der Zeit und Verhältnisse dabei mitwirkten. Er war ein Kavalier und in allen ritterlichen Künsten Meister, mit allen ritterlichen Tugenden geschmückt, muthig wie Bayard, tollkühn und abentheuerlich wie die Helden der Tafelrunde, großmüthig, freigebig und edelgesinnt in einem Grade, wie er beinahe nur im Alterthum zu finden ist; er nahm 1813 und 1814 am Befreiungskriege gegen die Franzosen Antheil und begleitete noch 1866 als 81jähriger Greis den König von Preußen in seinem Generalstabe bei dem Feldzuge gegen Oesterreich. Er war ein unermüdlicher Reisender, dessen genialer Blick nahe und ferne Länder durchforschte, ein begabter Schriftsteller voll seltenen Talentes in Schilderung von Gegenden, Sitten und Menschen, voll durchdringendem Verstand, Anmuth der Bildung, Eleganz der satyrischen Laune, und graziöser, gewinnendster Natürlichkeit. Er war strahlend schön in der Jugend, und strahlend schön bis zum höchsten Alter, den Frauen gegenüber bald sanft und bald heftig, bald kühl und bald zärtlich, stets liebenswürdig, geistig angeregt, oft wenn er zu spielen schien, ernsthaft, und wenn er ernsthaft schien, spielend, stets überraschend und ungewöhnlich, ja oft blendend, ein Don Juan, der überall auf Eroberungen ausging. Er hatte etwas vom Zauberer Merlin, und auch ein mephistophelischer Zug fehlte nicht in ihm; er war in der Unterwelt so gut bekannt als in den höchsten Regionen, ein raffinirter Weltmann und ein gutmüthiges, harmloses Kind, ein Wollüstling und Gourmand, der auf Genuß jeder Art sann, und ein Spiritualist und ein Denker, der über die tiefsten Geheimnisse des Daseins, über Tod und Unsterblichkeit Forschungen anstellte; er war ein Einsiedler und ein Löwe der vornehmen Gesellschaft; aus unfruchtbaren Sandwüsten paradiesische Gegenden hervorzaubernd, war er der genialste Landschaftsgärtner seiner Zeit; sein seltener, feinsinniger Schönheitssinn machte sich in allen Regionen des Lebens, in den großen wie in den kleinsten, harmonisch geltend; er hatte eine Künstlerseele, die den höchsten Idealen nachstrebte; zugleich war er ein Koch ausgezeichneter als Herr von Rumohr; ja damit ist es noch nicht genug, denn mit Herrn Reichard im Ballon aufsteigend, war er auch ein Luftschiffer, und in seinem Alter war er — auch noch Pair des Preußischen Herrenhauses! — All dies Verschiedenartige vereinigte sich in seiner Persönlichkeit, und unter allen diesen Gesichtspunkten muß man ihn betrachten, wenn man ihn richtig beurtheilen will.

Drei verschiedenartige Epochen sind wie drei sich durchkreuzende Strömungen in seinem Wesen zu erkennen; erscheint Pückler in dem Abentheuerlichen und Abentheuer Suchenden, in dem phantastisch Ungemessenen seiner Natur wie ein fahrender Ritter des Mittelalters, so ist er zugleich ein ächter Sohn des achtzehnten Jahrhunderts, zu dessen Ende er geboren wurde; diesem Jahrhundert gehörte er an, in seinem vorurtheilsfreien Sinn, in seinen Humanitätsrichtungen, in seinem Streben nach Aufklärung, in seinem Suchen nach erleuchtetem und gemäßigtem Fortschritt, und in jener Ausbildung und vorzugsweisen Beschäftigung mit dem eigenen Individuum mehr als mit den allgemeinen Weltzuständen. Aber auch unser gegenwärtiges Jahrhundert machte seine Einflüsse bei ihm geltend; war er im edelsten Sinne ein „Menschenfreund" des achtzehnten Jahrhunderts, so hatte er zugleich eine Byronisch=Heinesche Menschenverachtung, modernes Raffinement der Auffassung und Empfindung, und Ironie und Witz, und selbst Sentimentalität wie ein Romanheld von Eugen Sue oder Balzac. Die Politik stand ihm eigentlich fern; wie bereits gesagt, das Allgemeine reizte ihn nur in zweiter Linie; in der Politik interessirten ihn eigentlich nur Persönlichkeiten: zur „Heldenverehrung" war er noch weit mehr geneigt als Carlyle; der Erfolg blendete und bezauberte ihn dermaßen, daß er von diesem zur ungemessensten entzücktesten Bewunderung hingerissen wurde. Jede Kühnheit, jede Kraft, jeder Sieg imponirten ihm, auch wenn sie von Personen ausgingen, denen er selbst weit überlegen war.

Niemand vielleicht ist öfter verkannt worden als Pückler; geschieht es doch zuweilen, daß gerade der helle Strahl der Berühmtheit, der auf einen ausgezeichneten Charakter fällt, sein wahres Bild vor den Augen der Menge mehr verbirgt als enthüllt, und die Originalität hat ja ohnehin das Schicksal in der Welt, daß je mehr sie sich der Gewöhnlichkeit unbefangen und natürlich zeigt, sie desto mehr mißverstanden und falsch beurtheilt wird. Wem aber verstattet worden, in Pückler's inneres Leben zu blicken, der wird einer so reich und edel angelegten Natur, so vielen seltenen Vorzügen und Tugenden, die sich trotz der ungünstigsten Einflüsse von Außen siegreich in ihm entwickelten, die begeistertste Sympathie und liebendste Anerkennung nicht versagen können. Es ist nicht nöthig, seine Fehler zu beschönigen, und manche beklagenswerthe Verirrungen, denen er sich überließ, zu verschleiern; das strahlendste Licht überwiegt so sehr in diesem merkwürdigen und in vieler Beziehung einzigen Manne, daß er die abentheuerlichen Schatten vertragen kann, welche dieses Licht zuweilen dämonisch durchkreuzen. Ist ohnehin die Wahrhaftigkeit für den gewissenhaften Biographen eine Pflicht, so ist sie noch zugleich ganz in Pückler's eigenstem Sinne, denn er wollte seine Fehler nicht verbergen und wo er aufrichtig war, war er es ganz, bis zum Aeußersten, bis zu einem bisher unerhörten Grade, wie ein reißender Waldbach, der alle Gränzen und Dämme wild überfluthet, und er sprach selbst das ungescheut aus, was wohl alle Anderen für unsagbar halten möchten. Mit vollstem Rechte konnte er von sich sagen: „Ich bin aufrichtig, im Guten wie im Schlimmen," und dies muß man bei seiner

Beurtheilung festhalten. Nie darf man voraussetzen, daß er seine Fehler verbergen wolle, daß sie schlimmer seien, als er sie schildre; nein, er sagt alles, alles bis auf's Aeußerste. Deshalb war es sein lebhaftester Wunsch, der Welt nach seinem Tode dargestellt zu werden mit seinen Licht= und Schattenseiten, unverfälscht und der Wahrheit getreu. Und so wie diejenigen, die ihn bei Lebzeiten wahrhaft kannten, ihn trotz seiner Fehler liebten und bewunderten, und sich an seinem Genie und seinen Eigenthümlichkeiten erfreuten, so möge dieses sein litterarisches Abbild ihm auch bei der Nach= welt neue Freunde und antheilvolles, ruhmvolles Gedächtniß bewahren.

Hermann Ludwig Heinrich Fürst von Pückler=Muskau ist einer uralten gräflichen Familie entsprossen, die sich in drei Linien theilte, die schlesische, die fränkische von Pückler= Limpurg und die lausitzische, welcher letzteren er angehörte. Laut alter Urkunden sollen die Pückler von dem in den Nibelungen vorkommenden Rüdiger von Bechlarn herstam= men, welcher Name später in Pechlarn, und dann in Pückler umgewandelt worden sein soll. Auch wird hiefür geltend gemacht, daß das Wappenbild der Pückler in vier Feldern die zertheilten Glieder eines Adlers darstellt, welches Symbol sich ebenfalls auf dem Grabmal Pellegrin's, Bischofs von Passau und Erzbischofs von Lorch, aus dem neunten Jahr= hundert, befindet, der ein Nachkomme jenes Rüdiger von Bechlarn gewesen. Pückler's romantischem Sinn gefiel diese verwandtschaftliche Beziehung zu dem Nibelungenliede, zu einer grauen mährchenhaften Vorzeit mit ihren fabelhaften Heldengestalten, und in treuer Familienliebe hegte er lange den Plan, im Parke von Muskau seinem mystischen Ahn= herrn eine Statue zu errichten. Doch kam dies nicht zur Ausführung. Freilich auch ist diese Verwandtschaft von mehreren Genealogen bestritten worden, doch wissen die gründlichsten Historiker am besten, daß die Sage stets sich als eine Schwester — wenn auch eine illegitime, — der Geschichte bewiesen hat, daß beide innig zusammenhängen, und die Gränzen, wo die eine in die andere überfließt, oft schwer zu bestimmen sind, und so wird wohl jene Nibelungenfrage vermuthlich eine offene bleiben.

Hermanns Vater war Ludwig Johannes Karl Erdmann Graf von Pückler auf Branitz, kursächsischer wirklicher Geheimerath, geboren den 12. Juli 1754; seine Mutter, Clementine Kunigunde Charlotte Olympia Luise, war aus der gleichfalls uralten angesehenen gräflichen Familie der Callenberg; geboren den 5. Juni 1770, vermählte sie sich, vierzehn Jahre alt, den 27. Dezember 1784 und brachte ihrem Gemahl die Standesherrschaft Muskau in der Oberlausitz zu, welcher demzufolge den Namen Pückler-Muskau annahm. Hermanns Großmutter, Clementinens Mutter, war eine Französin, Gräfin Olympia von la Tour du Pin. Seine beiden Großväter erreichten ein ungewöhnlich hohes Alter, der von väterlicher Seite wurde 89, der von mütterlicher 96 Jahre.

Hermann erblickte als Erstgeborener den 30. Oktober 1785 an einem Sonntag gegen Mitternacht auf dem Schlosse zu Muskau, das damals noch sächsisch war, das Licht der Welt, inmitten der äußerlich glänzendsten und bevorzugtesten Verhältnisse. Aber die so häufig bestätigte Erfahrung, daß es nicht immer eine Gunst des Geschickes ist, in den höchsten Sphären der Gesellschaft geboren zu sein, machte sich auch hier geltend, und dem lebhaften, eindrucksfähigen und mit den schönsten Anlagen begabten Kinde war eine höchst unglückliche Jugend beschieden. Was halfen ihm seine hohe Geburt, das Ansehen, der Reichthum und der Einfluß seiner Eltern, da er doch alles entbehren mußte, dessen ein junges Gemüth am meisten bedarf!

Ist schon überhaupt die Aristokratie nicht gerade bekannt

als ein Spiegel innigen Familienlebens und guter Sitten, so war noch obendrein in jener Zeit der Leichtsinn förmlich Mode. Ehegatten vergaben sich gegenseitig gar viel, und fanden dennoch oft die so weit gesteckte Gränze des zu Vergebenden überschritten, wo denn nichts als Scheidung übrig blieb, die man damals außerordentlich leicht von den Gerichten erlangen konnte, und gegen welche auch die Geistlichen keine großen Schwierigkeiten erhoben, da sie nichts dabei verloren; denn wenn die Gerichte den Bund wieder auflösten, den jene eingeweiht, so hatten die Prediger zur Entschädigung desto mehr Wiederverheirathungen der Geschiedenen einzusegnen, die oft versuchten, ob sie in neuen und anderen Fesseln mehr Befriedigung fänden als in den alten zerstörten. Sind wir heute im Zeitalter der Eisenbahnen, so war man damals im Zeitalter der Ehescheidungen, die sich wie ein rother Faden beinahe durch alle Lebensverhältnisse hindurchziehen, und von denen auch in diesen Blättern noch oftmals wird die Rede sein müssen.

Auch zwischen Graf Ludwig Erdmann und Gräfin Clementine traten große Mißhelligkeiten ein; die schöne, lebhafte, heitere, aber leichtsinnige Frau, die beinahe noch als Kind geheirathet hatte, und mit fünfzehn Jahren schon Mutter war, konnte sich mit ihrem Gatten nicht vertragen, der, wie es scheint, schwer umgänglich und durchaus nicht liebenswürdig gewesen sein mag. Nachdem die Gräfin ihm noch drei Töchter geboren, Clementine, Bianca und Agnes, entschloß man sich zu einer Trennung, und später zu einer vollständigen gerichtlichen Scheidung.

Durch diese tief eingreifenden unheilvollen Störungen blieb dem armen Hermann das Glück eines harmonischen Familienlebens völlig unbekannt; den wohlthuenden Einfluß, welchen Frieden, Liebe und Eintracht auf ein jugendliches Gemüth hervorbringen, hat er nie erfahren. Sein warmes, zärtliches, liebebedürftiges Herz fand nirgends eine tröstliche Stütze und Anlehnung; vernachlässigt, verwahrlost, ja sogar mißhandelt und von seiner ganzen Umgebung verkannt, war er entweder sich selbst überlassen, oder rohen, gleichgültigen Dienstboten zur Aufsicht übergeben.

Sein Vater war, nach des Sohnes und Anderer Schilderungen, geizig, mißtrauisch und dabei schwach und ohne Urtheilskraft. „Gegen Mißgriffe bin ich zwar am allerärgerlichsten," äußert Pückler einmal in einem Briefe an seine Schwester Clementine vom 2. März 1829, „weil ich mir selbst deren mehr als die meisten übrigen Menschen zuzuschreiben habe — aber bei unserem Vater war die Sache anders. Aufrichtig gesagt, sein ganzes Leben war ein fortlaufender Mißgriff, eine traurige, gehaltlose Existenz, die sich, ohne durch eine Idee erwärmt zu werden, in der niederen Sphäre beschränkten Eigennutzes schwerfällig durchwürgte — und hieraus entstand denn freilich, irdisch gesprochen, unsägliches Uebel. Wir Alle blieben zuvörderst ohne Erziehung. Durch die unglückliche Ehe der Eltern (stets, meiner Ueberzeugung nach, die Schuld des Mannes, hier aber ganz offenbar) kamen wir auch um das Familienleben, ein früh gesammelter Schatz, der bis zum Grabe ausdauert, Freuden würzt und Unglück tröstet. Durch kleinlichen Geiz kamen wir endlich um die Solidität unseres Vermögens, das nicht des Vaters Vermögen war, der wohl viel hier genommen, aber nie etwas hergebracht hat — und somit stehen wir Kinder gleich — ich aber habe dann noch eine ganz andere Rechnung, und warum soll ich nicht sagen, was wahr ist? Nie will ich mir selbst einen besseren Sohn wünschen, als das Kind Hermann war, das aus Feuer, Liebe und Geist zusammengesetzt, in der leitenden Hand eines edeln und würdigen Mannes, die Knospe alles Kräftigen, Guten und Schönen zur vollen Blüthe und Frucht hätte entfalten können. Wie diese Knospe geknickt, das Feuer erlöscht, die Liebe erkältet und der Geist erdrückt worden ist — von diesem Bilde will ich mich lieber abwenden — aber selbst von der Zeit, in welcher diese Operation vor sich ging, kann ich wiederum sagen: ich wünsche keinen Sohn, der mich mehr ehrt, mir mehr Respekt bezeugt und bereitwilliger ist mich zu lieben, als ich es gegen meinen Vater gewesen bis an seinen Tod, wo ich freilich weit entfernt war, sein Betragen gegen mich völlig beurtheilen zu können. Dies hat erst die Folge erlaubt, und mir das unumstößliche Resultat gegeben, daß ich nur Einem mich verderben wollenden Feinde im Leben begegnet bin, und — dieser Eine war Er!" — Jedes dieser schmerzlichen Worte trägt die Wahrhaftigkeit an der Stirn, und giebt in wenigen Strichen eine Vorstellung von allem, was der Sohn vom Vater zu leiden hatte.

War der Vater geizig, so war die Mutter dagegen in ihrer harmlosen Sorglosigkeit verschwenderisch; nie wußte sie mit dem Gelde umzugehen, nie mit dem auszukommen, was sie hatte, und in allen ihren Briefen an ihren Sohn, von dem ersten an, bis in ihr Alter, begegnen wir immer denselben Klagen über Geldmangel, demselben Refrain, sie gehöre zur Familie d'Argentcourt, ihre Börse sei leer, sie habe nichts, sie habe Schulden, u. s. w. Ihr munteres Temperament ließ sie aber alle Dinge leicht nehmen, sie lachte immer und über alles. Sie war anmuthig und graziös, lebhaft und gedankenlos, französische Art und französisches Wesen in ihr vorherrschend, durch ihre Mutter sowohl als durch ihre Erziehung — wenn man die Art, wie man die junge Gräfin aufwachsen ließ, überhaupt Erziehung nennen will. Vor allem war sie aber, als sie heirathete, noch ein Kind, noch ein Kind, als sie ihren Erstgeborenen in den Armen hielt; und so spielte denn auch die Fünfzehn=

jährige mit dem kleinen Hermann, so wie sie noch eben mit ihrer Puppe gespielt hatte, und glaubte ihn auch eben so sorglos wie diese mißhandeln zu dürfen, wenn ihr die Laune dazu ankam. An Urtheil, an Ueberlegung, an liebevolle und umsichtige Fürsorge für das Kind war unter solchen Umständen natürlich nicht entfernt zu denken, und mit Recht durfte Pückler behaupten, daß er niemals eine Erziehung genossen.

Oftmals sah er mehrere Tage lang die Eltern gar nicht, und wenn er sie sah, war er Zeuge ihrer Streitigkeiten. Früh schon faßte der Vater einen entschiedenen Widerwillen gegen Hermann; einmal, weil er in ihm einen ganz von dem seinigen abweichenden Charakter sich entwickeln sah, und dann auch, weil er das eigentlich dem Sohn gehörende Vermögen, das er nur zu verwalten hatte, ganz für sich benutzte, und das Gefühl dieses Unrechts ihm den Anblick desjenigen, dem er es zufügte, zum lebendigen Vorwurf machte. Die Mutter wollte ihn, je nach ihrer augenblicklichen Lectüre, bald nach dem Rousseau'schen, bald nach dem Basedow'schen, bald nach irgend einem anderen System, das gerade Mode war, erziehen, und stellte die seltsamsten Experimente mit ihm an, wurde dann aber schnell aller dieser Versuche müde, und bekümmerte sich auf kürzere oder längere Zeit gar nicht um den Knaben, der demzufolge wieder der unumschränkten Leitung der Dienerschaft anheimfiel.

Vor den Eltern konnte Hermann nur Scheu und Furcht empfinden, war aber so empfänglich für Liebe und gute Behandlung, daß er sich an eine alte Bauerfrau, die Amme seiner Mutter, mit leidenschaftlicher Herzlichkeit und Hingebung anschloß.

Eine der ersten Personen, die Hermann im Leben freundlich entgegentraten, war der berühmte Graf von St. Germain, der zum Besuch auf das Schloß kam, und der schönen Gräfin beeifert huldigte. Er machte einen großen Eindruck auf Hermann, nahm den Knaben liebkosend auf den Schoß, und ertheilte ihm spielend manchen Unterricht in Dingen, die, wie Pückler behauptete, noch jetzt allen Riesenschritten der neueren Wissenschaft unzugänglich geblieben seien.

St. Germain hatte feine, milde Züge, alle Liebenswürdigkeit eines vollendeten Weltmannes, und gar nichts Geheimnißvolles in seinem offenen und heitern Wesen. Ja selbst wenn er das Wunderbare berührte und wie Alltägliches behandelte, war es immer mit einer Nüance von Scherz oder Ironie, die Jedem eine Auslegung nach seinem Sinne zuließ.

Sich selbst beschreibt Pückler in einem Briefe an die Gräfin Hahn vom 10. März 1845 als ein hübsches Kind von lebendigstem Geiste und größter Eindrucksfähigkeit, im Guten wie im Schlimmen, mit Anlage zu tiefem, schwärmerischen Gefühl, das sich leicht zur Begeisterung steigerte, von heftiger Sinnlichkeit, dabei herrisch, gewaltsam, eitel, und zugleich offen und gutmüthig. Als einziger Erbe einer großen, damals fast souverainen Herrschaft, von der viele Tausende abhingen, wurde er allgemein umschmeichelt, ja man suchte ihn zu verführen und zu verderben. Er wurde nun wild und ungezogen, und dadurch den Eltern doppelt unbequem; fünf Jahre alt, wurde er als lästig auf einige Zeit unter Aufsicht eines Hofmeisters aus dem Hause entfernt, und zwei Jahre darauf, sieben Jahre alt, in die herrenhutische Lehranstalt zu Uhyst gethan, wo er vier Jahre lang bis zum elften Jahre bleiben mußte.

Das Kind, das aus dem Hause entfernt wurde in einem so zarten Alter, wo viele andere Eltern ihre Lebensfreude darin gefunden hätten, es in ihrer Nähe zu behalten, war damals schon ausgezeichnet durch seltene Körperschönheit und einen wunderbar aufgeweckten Verstand, der seine ganze

Umgebung überraschte. Die schlanken Wellenlinien seiner Gestalt, die Anmuth und Kraft seiner Bewegungen, der frische Uebermuth der Knabennatur, die braunen üppigen Haare, die sich in natürlichen Locken ringelten, die großen dunkelblauen Augen voll stets wechselndem Ausdruck von Munterkeit, Zärtlichkeit und Muthwillen, der schöne Mund mit den schneeweißen Perlenzähnen machten ihn zu einer allerliebsten Erscheinung. Und mit diesem Aeußeren verband sich das stürmisch wogende Innere, Geist und Herz, die in der halb erschlossenen Knospe mit heißer Ungeduld nach Befriedigung verlangten.

Und was hätte da wohl weniger angemessen sein können für den armen Hermann, als die trübe, spielerische Frömmigkeit der Brüdergemeinde! In der fremden, eingeschränkten Umgebung ohne jede Freiheit fühlte er sich anfänglich sehr unglücklich; noch in späteren Jahren bemerkte er oft, die „herrenhutische Heuchelanstalt" sei für ihn wie kaltes Wasser auf einen heißen Stein gewesen, wenn auch sein gerader, aufrichtiger Sinn stets der Verstellung unzugänglich blieb. Die ungünstigsten und gefährlichen Einflüsse vereinigten sich in der frommen Anstalt zum Nachtheil der Schüler, in der gewissenlose und verderbte Lehrer die Aufgabe hatten, die ihnen anvertraute Jugend zu erziehen, und diese Aufgabe so schlecht erfüllten.

Nachdem die ersten Schmerzen überwunden waren, ergab sich Hermann, nach Liebe verlangend, mit voller glühender Seele der frommen Richtung, zu der man ihn anleitete. Alles was von Leidenschaft und aufgeregten Gefühlen in ihm war, wandte er dem jugendlichen Christus, dem schönen, liebenden Heilande zu, den naiven Spielereien jener Sekte in allen ihren Ausartungen folgend, während Jesus' Leidensnächten in Thränen zerfließend, und am Tage der Auferstehung jubelnd und beglückt sein Bild küssend.

Dort in Uhhst will auch Pückler gleichzeitig als er den „schönen Heiland" liebte, sich in seine Cousine, die Gräfin Nathalie von Kielmannsegge, der er dort begegnete, verliebt haben. „Wissen Sie wohl noch," schreibt er an dieselbe den 5. September 1830, "car je dois vous l'avoir conté au moins antant de fois que Werther ses amours avec Lolotte à son fidèle Fritz, daß ich schon im siebenten Jahre mich in Herrnhut sterblich in Sie verliebte, als wir noch Beide in religionssinnlichen Entzündungen schwärmten. Sie zerflossen in Thränen, schön wie eine zerknirschte Heilige, und ich in Liebe, süßer noch als zu Christus. Als Sie herausgingen, noch immer weinend, drängte ich mich an Ihr schwarzseidenes Gewand, und, elektrisch getroffen, fühlte ich zum erstenmale, was Wollust sei. — Alles ist mir noch heute so gegenwärtig, als wäre es gestern geschehen, und ich bewundere manchmal, wie ich schon als Kind alt war und als Alter noch Kind geblieben bin. Vous voyez donc, ma chère cousine, que vous et votre taffetas jouent un quand rôle dans ma vie dès mon enfance, et le souvenir m'en a toujours été bien doux, dans quelque époque de la vie qui s'est présenté." Vermuthlich wohl hat die nachträgliche Phantasie den meisten Antheil an diesen Empfindungen.

Gewiß ist aber dagegen, daß bei den Herrnhutern eine andere Leidenschaft in Pückler zuerst erwachte, die in seinem ganzen späteren Leben eine bedeutende Stelle einnimmt, nämlich die Leidenschaft für Gartenanlagen. Das kleine Gärtchen der Anstalt, wo jeder Knabe sein Beet erhielt, war für ihn eine Quelle unabläßigen Nachsinnens und Vergnügens; fortwährend war er darauf bedacht, seinem Beete eine neue Form und ein anderes Ansehen zu geben, und so sehr vertiefte er sich in jene Lieblingsarbeit, daß er einmal aus Unachtsamkeit das Unglück hatte, einen seiner Mitschüler,

der sich eben bückte, mit der Hacke so schwer am Kopfe zu
verletzen, daß das Blut des Verwundeten auf die Blumen
strömte, was Pückler die Gärtnerei für lange verleitete.
Jener Mitschüler, ein junger Graf H., erschoß sich später
als vielversprechender Jüngling aus unglücklicher Liebe, und
Pückler wollte in jener blutigen Gartenszene eine Vorbedeutung
dieses traurigen Schicksals erkennen.

Nach vier Jahren, in seinem zwölften Jahre, wurde
Hermann von der Herrnhuteranstalt fort auf das Päda=
gogium zu Halle gethan. Dort befreundete er sich mit seinem
Mitschüler Ernst Houwald, der in der Folge als Dichter be=
kannt wurde, und mit dem späteren Schriftsteller Contessa.

Aber auch dort machten sich manche widrige Einflüsse
geltend. Jugendmuth und Jugendmuthwillen sprudelten wild
und ungezähmt in Hermanns Natur. Die Folge seiner
mannigfachen Ausschreitungen war, daß das Pädagogium
ihn relegirte, und in den Annalen desselben wird als Grund
dieser Maßregel angegeben, „weil er nicht zu bändigen ge=
wesen".

Varnhagen von Ense giebt in einer ungedruckten Auf=
zeichnung die folgende Aufklärung über den Vorgang, die er
aus einer mündlichen Mittheilung Pückler's geschöpft:

„Er war auf dem Pädagogium zu Halle, wurde aber
zu 13 Jahren relegirt wegen eines Spottgedichts, das er
mit Anderen auf die lockere Lebensart der Kanzlerin Nie=
meyer verfaßt hatte. Den Enkel des Fürsten von Harden=
berg, Grafen von Hardenberg, traf dasselbe Loos. Viele Jahre
darauf war Niemeyer beim Staatskanzler in Berlin zur
Tafel; jene Beiden setzten sich neben ihn. Nach allerlei
Gesprächen, in denen er dem Schwiegersohn wie dem Enkel
des Staatskanzlers mit ehrerbietiger Beflissenheit sich an=
genehm zu machen suchte, brachten sie die Rede auf jene
Relegirten, und Niemeyer sprach von ihnen als bösen Buben,

aus denen nichts habe werden können. Wie erschrak er aber, als erst der Eine, dann der Andere sich zu erkennen gab. Er verlor beinahe seine Fassung, doch nicht ganz. ‚Wie sich die Zeiten ändern!' rief er aus; er hätte sagen können: „die Menschen", aber das sagte er nicht, sondern nur: „die Zeiten", und damit gab er Beiden ihre Neckerei zurück! —

Die Kanzlerin Niemeyer war eine kluge, angenehme Frau, doch ihre Munterkeit war allgemein bekant. Contessa, der mit Pückler zugleich auf dem Pädagogium und sehr befreundet war, stand besonders in ihrer Gunst und in ihrem Vertrauen; er durfte ihre übrigen Liebesabentheuer wissen, in ihren geschriebenen Bekenntnissen lesen."

Nach Hermanns Relegation mußte natürlich der Erziehungsplan wieder verändert werden, und man schickte ihn nun in Begleitung eines Hofmeisters, den sein Vater annahm, ohne auch nur seine persönliche Bekanntschaft zu machen, nach Dessau, wo Hermann die Stadtschule besuchte.

Zweiter Abschnitt.

Rückkehr in das elterliche Haus. Scheidung der Eltern. Wiedervermählung der Mutter. Stille Einsamkeit. Jugendträume und Jugendgedanken. Muskau's Vorzeit. Wiedersehen der Mutter. Spiel. Tanz. Liebhabertheater. Die Universität zu Leipzig. Unerfüllte Reisewünsche. Brescius über die Familie Pückler. Dresden. Eintritt in das Heer. Kühne Streiche. Abentheuer. Schulden. Abschied als Rittmeister. Abreise.

Wieder in das elterliche Haus zurückgekehrt, fand Hermann auch dort lauter Störungen. Die schon oben erwähnte Scheidung der Eltern fand Statt, in äußerlich gütlicher Uebereinkunft zwar, aber doch die Folge des tiefsten Risses. Die Gräfin ihrerseits vermählte sich dann an den Königlich bairischen Generalmajor Grafen Karl von Seydewitz, der ihr schon in erster Ehe beeifert den Hof gemacht hatte. Seitdem ist Pückler nie länger als etwa vierzehn Tage mit seiner Mutter wieder zusammengewesen, und auch dies nicht vertraulich allein, noch in gemeinschaftlichen Verhältnissen, sondern ohne Berührungspunkte fast wie ein Fremder. Das darf nicht vergessen werden, wenn man die Beziehung zwischen ihm und seiner Mutter betrachtet.

Er verweilte nun eine kurze unglückliche Zeit allein beim Vater. Auf dem weitläufigen Schlosse, in den unermeßlichen Tannenwaldungen, die es umgaben, überließ er sich seinen sinnenden Gedanken. Seine jugendliche Phan=

tasie lehnte sich an alle die poetischen Elemente an, die auch dieser Sandgegend nicht fehlten. Wenn er die Bergwerke der Herrschaft besuchte, glaubte er bei dem Duft des Erzes aus den dunkeln Schachten den flammenden Hauch der Gnomen zu vernehmen, und in dem stillen Grün der Forsten, durch die der Wind säuselte, horchte er auf das Geflüster der Dryaden. Er beschäftigte sich mit den romantischen Schicksalen seiner Ahnen, die in lebensgroßen Bildnissen in den Sälen des Schlosses auf ihn herabblickten, ja er ging noch weiter in die graue Vorzeit zurück, wo Muskau, ehemals Muzakow, d. h. Männerstadt, genannt, zur heidnischen Zeit der Sorben ein berühmter Wallfahrtsort war, wo vier Göttertempel in Eichenhainen standen, und das Gnadenbild der alten Zeit, der Gott der Götter Swantewit „das heilige Licht, das heilige Feuer" verehrt wurde. Er suchte die Opferplätze auf, von denen man einen in der Nähe des jetzigen Hermannsbades deutlich erkennen will, wo die Priester die Orakel verkündigten; er betrachtete die Urnen, deren auf dem Muskauer Kirchhof beständig auf's neue ausgegraben wurden. Es geht die Sage, daß nach der Bekehrung der Sorben durch Ludwig den Frommen 1060 der Dienst der Götter sich mehrere Jahrhunderte lang in diesen fastunburchdringlichen Wäldern verborgen und geheim fortsetzte. Das Schloß von Muskau wurde vom Markgrafen Johann, Siegfried's Sohn, als eine Land- oder Gränzveste erbaut. Die Stadt Muskau wurde 1241 in einer furchtbaren Schlacht von den Tartaren ganz verwüstet, so wie das alte feste Schloß bis auf den Grund zerstört; man baute Stadt und Schloß wieder auf, aber dann zerstörten letzteres die Hussiten, und im dreißigjährigen Kriege verbrannte Tiefenbach die sämmtlichen Dörfer umher; Stadt und Schloß wurden von den Kroaten geplündert, und Wallenstein lag 1633 mehrere Tage mit der

Kaiserlichen Armee in der Herrschaft. Kurz nachher ward der Wald angezündet, der sechs Wochen lang brannte, durch seinen unheimlichen Feuerschein weithin in der Runde alles in Schrecken setzend, und durch Vernachlässigung der Schweden brannte auch das damals neue Schloß ab, welches darauf schöner ausgebaut und ansehnlich vergrößert wurde. Auch die Stadt Muskau brannte mehreremal ab und wurde namentlich im Jahre 1766 ganz in Asche gelegt.

Das ist die Vorgeschichte jenes Ortes, den Pückler später mit genialer Hand zu einem Sitz des poetischsten Friedens, zu einem Juwel der Landschafts- und Gartenkunst voll Duft und Blüthenschimmer herrlich umgestaltete.

In der umfangreichen Bibliothek des Schlosses suchte Hermann die alten Chroniken auf, die ihm über jene Vergangenheit Auskunft gaben, aber in solcher Lieblingsbeschäftigung hinderte ihn der unvernünftige Vater, der trotz aller Bitten nicht leiden wollte, daß er die Bücher daselbst benutze. Ueberhaupt verstand er die Natur seines Sohnes nicht entfernt, der sich nach Neuem, nach Außerordentlichem sehnte, und vor Langerweile aus Mangel an passender Thätigkeit fast umkommen wollte.

Er war fünfzehn Jahre alt, als er nach langer Trennung seine Mutter als Gräfin von Seydewitz wiedersah, die eben dreißig, noch in der vollen Blüthe jugendlichen Liebreizes stand, und höchstens wie zwanzig aussah. Er zeigte ein so leidenschaftlich zärtliches Wohlgefallen an der jungen schönen Mutter, daß sein Stiefvater darüber in die heftigste Eifersucht gerieth. Die muntere Gräfin, die über alles im Leben lachte, fand das eine so ergötzlich wie das andere, und scherzte noch lange in ihren Briefen an den Sohn sowohl über seine Verliebtheit, als über die Eifersucht des Gatten.

Da Hermann nirgends für sein Herz eine Anlehnung

fand, so wurden die zurückgedrängten Gefühle in ihm zur
scharfen Ironie, zum zersetzenden Witz. Schon in den
Briefen, die er zu jener Zeit an seinen ehemaligen Lehrer
Bävenroth schrieb — man wechselte seine Hauslehrer beständig, und einer war schlechter und unfähiger als der
andere — finden sich satyrische Anflüge, und eine treffende
Beobachtungsgabe, die seinen Jahren weit vorauseilte, neben
einer natürlichen, kindlichen Unbefangenheit.

Was das Muskauer Schloßleben ihm von Geselligkeit
zeigte, war gerade genug, um die Leichtfertigkeit der Sitten
jenes Kreises zu bezeichnen, und den Glauben an das Gute
in ihm zu schwächen, wenn nicht ganz zu erschüttern. Er
stellte sich über diesen Kreis, indem er ihn verspottete, wobei er auch oft seine Nächsten nicht verschonte, die ihm
freilich reichlich Anlaß zum Tadel boten. Eine schmerzliche
Bitterkeit, die aus seinen ursprünglich edeln Anlagen her-
vorging, bemächtigte sich früh dieses jugendlichen Gemüthes.
Er suchte nach Zerstreuung, um die schwarzen Gedanken zu
bannen. Wie jung schon die Leidenschaft des Spieles ihn
ergriffen haben muß, geht daraus hervor, daß er fünfzehn-
jährig Bävenroth die Versicherung giebt, er sei kein so be-
eiferter Spieler mehr wie früher, er spiele fast gar nicht
mehr, er habe so viel gespielt, daß es ihm zuwider geworden sei. Dagegen spiele er mit Vergnügen Clavier, zeichne,
lese lateinisch Ovid's Metamorphosen und nehme Stunden
in der Mathematik. Auch einige Vergnügungen boten sich
dar. Ein gewandter Tänzer, erschien er auf einer Reboute
zu Muskau als Mohr verkleidet, wo er in dem phantastischen Kostüm viel bewundert wurde. Ebenso erwarb er
sich Lorbeeren auf dem Liebhabertheater des Schlosses, wo
sogar sein Vater, der selbst mitspielte, und der Prediger
Brescius, der ihn eben konfirmirt und ihm das Abendmahl
ertheilt hatte, ihn um die Wette lobten, und behaupteten,

der berühmte Mattausch, den sie in Berlin dieselben Rollen hatten geben sehen, habe es nicht besser gemacht, sondern gerade ebenso. Die Stücke, in welchen er diese Erfolge errang, waren der junge Baron Reinthal, in der „Komödie aus dem Stegreif" von Jünger, August, in der „Braut im Schleier" und Herr von Schmalbruch junior, im „neuen Jahrhundert" von Kotzebue. „Sie fragen mich", schreibt er an Bävenroth, „nach dem Schauspiel, und vermuthen, daß ich einen süßen Herrn gemacht habe, mit einer Lorgnette u. s. w., aber keines von beiden, denn beides ist nicht mehr Mode, im Gegentheil sind die jetzigen Elegants mehr grob als höflich, und eher bitter als süß."

In einem späteren Briefe vom 16. Juli 1801 schreibt er an Bävenroth: „Wenn Sie mich jetzt sähen, ich zweifle, daß Sie mich erkennen würden, ich bin sehr gewachsen, nicht mager, aber auch nicht dick. Mein Gesicht ist zwar weiß, aber männlicher, und ein satyrischer Zug hat sich hineingelegt. Bei diesem Brief aber habe ich mich in Acht genommen, nicht zu satyrisch zu sein, er möchte Ihnen sonst wieder in zu bittere Lauge getaucht zu sein scheinen. Indessen kann man sich wirklich der Satyre nicht so ganz enthalten wie man will, denn die ganze Welt ist ja wirklich jetzt eine wahre Satyre, und die Menschen geben gar zu viel Stoff dazu."

Eine Veränderung seines Lebens wurde dadurch bewirkt, daß er 1801 die Universität Leipzig bezog, um sich der Rechtswissenschaft zu widmen. Immer unter Fremden, ohne Rath, ohne Anhalt, ohne günstige Leitung ist es nicht zu verwundern, daß er sich manchen jugendlichen Verirrungen überließ, spielte, Schulden machte u. s. w., wodurch er den heftigsten Zorn seines Vaters erregte. Doch wenn er sich auch zu manchem Leichtsinn fortreißen ließ, so beurtheilte er doch sich und Andere mit einer Reife des Nachdenkens, die bewundernswürdig genannt werden darf, und es scheint, daß seine große geistige Ueberlegenheit nicht minder als seine Fehler seinem Vater unbequem waren. Das anschaulichste Bild seiner ersten Jugendjahre, seiner Lage und seiner Verhältnisse giebt Pückler selbst in einem Briefe an seinen Vater aus Leipzig, den wir hier einschalten:

„Wenn es wahr ist," schreibt er, „was man so allgemein behauptet, daß die frühere Erziehung des Menschen den Ausschlag für all sein künftiges Thun und Lassen giebt, so ist es wohl natürlich, daß sie das richtigste Augenmerk sowohl des Erziehers als auch vorzüglich des zu Erziehenden sein muß, und nur, wenn beide zusammen daran arbeiten, kann sie gelingen und gute Früchte bringen. Versteht sich, daß hier nicht von der Erziehung eines Kindes die Rede ist, das noch gar keinen Begriff von dem haben kann, was ihm zuträglich oder schädlich sei, sondern von der Leitung des Jünglings, an dem noch immer gebessert werden kann, was am Kinde verdorben wurde.

Du wirst es mir also verzeihen, lieber Vater, daß ich auch einmal in Hinsicht auf eine Sache, die mich doch immer am nächsten angeht, eine Bitte an Dich thue, die nicht mein Vergnügen, sondern bloß mein Bestes zur Absicht hat. Vorher aber erlaube mir einen kleinen Rückblick auf meine bisherige Erziehung zu werfen, wo mir, und vielleicht mit Recht, nie erlaubt wurde, einen Vorschlag zu thun.

In den frühesten Jahren meiner Kindheit, und kaum mir aus dunkler Erinnerung vorschwebend, finde ich mich in den Händen theils roher, theils dummer Bedienten, die mich ziemlich nach Gefallen behandelten, und unter der Oberaufsicht einer Mutter, die, ohne selbst zu wissen warum, mich bald schlug, bald liebkoste, und oft mit mir spielte wie ein Kind mit seiner Puppe. Du, lieber Vater, warst zu jener Zeit zu sehr mit Sorgen, Kummer und Geschäften überhäuft, um ein aufmerksames Auge auf ein Kind zu haben, daß Du bei seiner Mutter gut aufgehoben glaubtest. Danach sorgtest Du für einen Hofmeister, und warst glücklich in seiner Wahl. Gewiß, hätte ich den braven Tamm behalten können, Vieles wäre jetzt anders; der gute Mann hatte aber den Fehler, zu sagen, was er dachte; Damen wollen lieber geschmeichelt sein, meine Mutter konnte sich nicht mit ihm vertragen, und er — ging. Die häufigen Reisen meiner Mutter hinderten sie, meine Erziehung selbst zu übernehmen, ich wurde daher auf's neue einem Manne übergeben, der unter der Maske des Edelmüthigen die niederträchtigsten Gesinnungen verbarg, und zugleich in's Geheim meine bisher ihrem Gemahl wenigstens noch treu gebliebene Mutter zu verführen suchte. Der Antrag meiner Erziehung mußte ihm um so lieber sein, da er dadurch Gelegenheit bekam, seinem Zwecke immer näher zu rücken. Er behandelte mich wider seine besseren Einsichten, ganz nach den sich oft widersprechenden Wünschen meiner Mutter, und führte ihre verrücktesten Gedanken an mir aus. So erreichte ich mein siebentes Jahr, begabt mit allen Fehlern, die aus einer solchen oft widersinnigen Behandlung entstehen mußten. Meine Mutter, der ich zum Spielwerk zu groß wurde, und die meine Erziehung überhaupt zu ennuyiren anfing, drang nun darauf, daß ich aus dem väterlichen Hause weg sollte, obgleich ich noch nicht acht Jahre alt war; Du gabst endlich nach, und ich kam nach Uhyst. Daß gerade dieser Ort für ein Kind meines Temperaments, und das überdies einer ziemlich unbeschränkten Freiheit gewohnt war, am Wenigsten paßte, erkannten Mehrere, schwiegen aber weislich, um nicht die Frau Gräfin, die mich nun einmal absolut forthaben wollte, mit sich unzufrieden zu machen. Von hier kam ich im zwölften Jahre nach Halle. Der Kontrast dieser beiden Anstalten ist zu groß, als daß ich mich sogleich in diese ganz verschiedene Lebensart hätte finden können; viele widerwärtige Umstände kamen noch dazu, und ich kam auch von hier weg. Du überließest dem Doktor Niemeyer gänzlich die Wahl eines Hofmeisters für mich, und schicktest mich mit diesem, ohne ihn zu kennen, nach Dessau, wo ich die allgemeine Stadt= schule besuchte. Dies, lieber Vater, war nun wohl etwas gewagt, mich mit einem Dir ganz unbekannten Menschen an einen Ort gehen zu lassen, wo zu meiner Bildung nichts weiter als eine öffentliche Stadtschule vorhanden war, und meine Gesellschaft nicht gewählt war. Du warst aber ge= rade damals in einer der unangenehmsten Lagen, indem auf der einen Seite Deine ökonomischen Umstände immer noch schwankend und nicht so befestigt waren, wie sie es jetzt sind, auf der anderen Dein Herz durch die unglaub= lichen Verirrungen Deiner noch immer geliebten Gemahlin zerrissen, und es war unmöglich, daß Du bei diesen Um= ständen und die so häufig dadurch veranlaßten Verdrießlich= keiten auch zugleich Deine Aufmerksamkeit auf mich richten konntest, der ich ohnehin abwesend war.

Nach Verlauf eines Jahres, wo die Angelegenheit mit meiner Mutter endlich so ziemlich zu Ende war, ließest Du mich nach Hause kommen, das Beste und Klügste was ge= than werden konnte; denn hier im väterlichen Hause war es, wo ich nach und nach anfing, das zu verbessern, was bisher verdorben worden war, und obgleich Du mich hier mehr nach Deinen jedesmaligen Gedanken als nach einem vorgefaßten Plane behandeltest, so ging es doch besser als es bisher mit Anstalten und Schulen und Hofmeistern ge= gangen war. Von Bävenroth und Nigmann sage ich weiter nichts, Du kennst sie ja sattsam. Nun noch ein Wort über meine Beziehung der Universität. Ich kann mich hier nicht enthalten, eine Bemerkung zu machen, die sich sogar jedem Andern, der mich hier leben sah, aufdrang, und die man sogar oft gegen mich selbst geäußert hat. Wie kam es, daß Du, bester Vater, dessen bester, aufrichtigster Wunsch von jeher mein Bestes war, der keine Kosten an meiner Erziehung gespart hatte, dessen edles Herz und richtigen Verstand ich oft bewunderte, der sich noch neuerlich so freigebig als großmüthig gegen mich bewies, wie kam es, sage ich, daß der in einer für mich so wichtigen Sache so gleichgültig sich bewiesen hat? Wie kam es, daß Du bei der Wahl eines Mannes, der meinen Eintritt in die Welt und alle die Betrügereien und Verführungen derselben, die mir bisher doch nur aus Romanen bekannt waren, leiten sollte, nicht erst vorher einen gründlich kennen zu lernen suchtest, um ihm ein so wichtiges Geschäft zu übertragen, sondern gleich den ersten Besten, der Dir durch die dritte, vierte Hand empfohlen wurde, annahmst, ohne Dich auch nur im Geringsten bei Anderen nach ihm zu erkundigen, denn sonst würde Dir Jedermann hier in Leipzig haben sagen können, daß gerade dieser Kretschmer den allgemeinen Ruf eines liederlichen und läppischen Menschen habe, so wie der Professor den eines Hansnarren der ganzen Stadt. Es sind nur wenige junge Leute hier, die einen Gesellschafter als Hofmeister haben, die wenigen aber sind geprüfte und bewährt befundene Männer, denen es auch zugleich nicht an äußerer Bildung fehlt, wie zum Beispiel der Hauptmann Rüdiger bei den Prinzen Schönburg, der in jeder Hinsicht ein sehr liebenswürdiger Mann ist. Ohne unbillig zu sein, bester Vater, mußt Du selbst gestehen, daß diese Betrachtungen meine begangenen Fehler sehr verringern, und um so eher wirst Du mir verzeihen, daß ich mir die Freiheit genommen habe, sie Dir mitzutheilen. Du siehst zugleich daraus, daß ich Dir nicht schmeichle, um meine Bitte erfüllt zu sehen, sondern bloß von Dir Gerechtigkeit verlange. Jetzt sind die Umstände anders; ich habe Gelegenheit gehabt, in kurzer Zeit viel, zum Theil schmerzliche Erfahrungen zu machen, und ich kann mir jetzt bei meinem guten Willen recht gut allein forthelfen, ohne wieder in Gefahr zu kommen, meiner Gesundheit und meinem Beutel so wie bisher zu schaden, und Du kannst nun sicher einer froheren Zukunft entgegensehen".

Erfüllt von dem Streben nach größerer Ausbildung, als ihm der Aufenthalt in Leipzig gewähren konnte, sehnte Hermann sich fort, auf Reisen. Er wollte andere Länder, andere Verhältnisse kennen lernen, der mystische Zauber, der hinter den Bergen liegt, zog ihn unwiderstehlich an. In diesem Sinne schrieb er wieder an seinen Vater:

"Du hattest, ehe ich nach Leipzig ging, die sehr gute, doch schwer auszuführende Idee, mich nach Lausanne zu schicken; Du fühltest sehr wohl, daß feine Lebensart und eine genaue Kenntniß der französischen Sprache bei einer Carrière wie die meinige unumgänglich nothwendig und nicht früh genug zu erlangen ist. Sprache und eine angenehme Tournüre sind aber beides Dinge, die man vingt ans passée mit vieler Mühe, und nie vollkommen sich zu eigen macht. Beides besitze ich bis jetzt nur noch in sehr geringem Grade, und obgleich ich täglich und stündlich mich darin zu vervollkommnen suche, so ist dies doch hier nicht möglich. Ich bin jetzt noch nicht achtzehn Jahre, fast noch zu jung zur Universität (wo zu Erlernung trockener aber nützlicher Kenntnisse schon etwas mehr Beständigkeit erfordert wird, als man gewöhnlich im achtzehnten Jahre hat), fast zu alt, um den leichten, gefälligen Takt, die Konversation, angenehme Gewandtheit des Körpers und eine gewisse unumgänglich nothwendige Dreistigkeit in Gesellschaft (die ich, obgleich es zuweilen so schien, wahrlich nicht besitze), mit einem Wort, den guten Ton im ganzen Umfang des Wortes sich zu eigen zu machen. Ein Jahr ist es nun, daß ich in Leipzig bin; ich habe wenig gelernt, Sprachen ausgenommen, und viel Geld verthan. Der Grund davon ist ein unaufhörliches Schwanken meines Charakters, das Unbestimmtheit in meinen Handlungen hervorbringt; dies Schwanken aber kommt davon her, daß ich fühle, nicht das zu sein, was ich zu sein wünschte. Um es zu werden, ahme ich fast unwillkürlich Jedem nach, der ein Mann von Welt zu sein scheint, und es ist natürlich, daß ich über dieses Bestreben oft in Thorheiten verfalle, und andere Sachen darüber vernachlässige, ohne je zur Gewißheit zu kommen. Alle Tage finde ich mir in Vergleichung mit Anderen tausend Kleinigkeiten feiner Lebensart fehlen, deren Mangel mich in Verzweiflung bringen möchte, und die ich von mir selbst nicht lernen kann. Der hauptsächlichste unter allen ist die Unwissenheit in der französischen Sprache. Hundert gute Einfälle muß ich oft verschweigen, weil ich nicht im Stande bin, sie in dieser Sprache vorzutragen. Das giebt mir natürlich eine große Schüchternheit, die ich oft umsonst zu verbergen suche, was mich aber auf ganze Tage und länger verstimmt. Daß ich das nicht Jedem sage, und im Gegentheil sehr zufrieden mit mir scheine, um Andere dahin zu bewegen, es auch zu sein, ist kein Beweis, daß ich es bin, und ich lasse diesen Schimmer auch bei Dir fallen, denn Du bist mein Vater und bester Freund, dem ich mich gern, sollte es auch meiner Eigenliebe wehe thun, ganz zeige, wie ich bin. Es wäre über diese Materie noch viel zu sagen, aber ich fühle, daß ich nicht im Stande bin, meine Gedanken ganz so auszudrücken, als ich wohl wünschte; ich sage Dir besser nur das, was ich mir daraus abstrahiren kann, und was gewiß so wahr ist, als daß die Sonne am Himmel steht. Ich werde nie im Stande sein, mich den ernsthaften Wissenschaften mit

Festigkeit und so zu widmen, wie man es thun muß, um
darin zu reussiren, ohne vorher von mir überzeugt zu sein,
den Ton der guten Gesellschaft völlig in meiner Gewalt
zu haben. Es kann dies bei hundert Anderen der Fall
nicht sein, ich fühle es aber deutlich, und bin zugleich über=
zeugt, daß man mit dieser Eigenschaft eher durch die Welt
kommt, als mit aller Gelehrsamkeit, und ohne dieselbe
überall anstößt, besonders ein Gesandter!! dem aber auch
Kenntnisse nicht fehlen dürfen. Dann werde ich auch von
Herzen gern alle Gesellschaft meiden, wenn ich nur nicht
mehr nöthig habe, sie überall aufzusuchen, um in ihr zu
lernen, und dennoch immer mehr unzufrieden mit mir selbst
zurückzukehren. Alle Ambition, die ich jetzt anwende, ein
angenehmes Aeußere zu erlangen, werde ich dann dahin
richten, mir auch nützliche Kenntnisse zu sammeln.

Schicke mich also ein Jahr nach Frankreich zu meinem
Onkel; das ist meine Bitte, und Du kannst wirklich kaum
etwas gegen die Richtigkeit meiner Gründe einwenden; Du
kennst den Grafen als einen Mann, wie er sein muß,
unter seiner Aufsicht werde ich gewiß besser aufgehoben sein,
als unter der, die ich bisher gehabt habe; auch in ökono=
mischer und politischer Hinsicht fahre ich dort weit besser.
Der Aufenthalt bei meinem Onkel auf dem Lande kann
unmöglich sehr kostspielig sein, und für meinen Fleiß in
der Erlernung der französischen Sprache bürgt Dir die
Nothwendigkeit, weil ich sonst gar nicht fortkommen würde.
Vielleicht kann mich der Onkel bei meinem Aufenthalt lieb=
gewinnen, und von wie wichtigen Folgen kann das für uns
sein, besonders bei den jetzigen Umständen, wo meine Mutter
uns sehr starke Striche durch die Rechnung machen könnte.
Und wie groß ist der Nutzen, der meiner eigenen Person
unter der Leitung eines Mannes zufließen muß, der die
Welt gesehen hat, und dessen Erfahrungen ich mir zu eigen

machen kann. Es ist kaum ein Jahr nöthig, um unter allen diesen glücklichen Auspizien nicht alle diese und noch andere dazu gehörigen Kenntnisse zu erlangen. Wenn ich dann nun zurückkomme, bin ich neunzehn Jahre, doch wahrlich kein zu hohes Alter, um auf die Universität zu gehen. Ich lerne dann mit unermüdlichem Fleiß noch einige Jahre, lasse mich examiniren, und kann dann sogleich, wo ich die erworbenen Kenntnisse noch im frischen Andenken habe, in einem Kabinet arbeiten (was jetzt ohne Kenntniß der französischen Sprache unmöglich ist, da die meisten Akten in dieser Sprache abgefaßt werden), und dann entweder reisen, oder mich auch gleich anstellen lassen, weil, wenn ich jetzt ein Jahr in Frankreich bleibe, das Reisen ziemlich unnöthig wird. Daß übrigens nichts hier in meinen Studien unterbrochen werden kann, brauche ich nicht erst zu sagen. Selbst der Magister Demuth hat mir oft gesagt, daß ich das verflossene Jahr ansehen müßte, als wenn ich gar nicht da gewesen wäre, und meine Studien ganz von vorn anfangen.

Bedenke, lieber Vater, daß diese Bitte an Dich nicht die Wirkung einer plötzlichen Laune, oder überhaupt eine Sache zu meinem Vergnügen ist, sondern eine Sache, die meine ganze künftige Carrière genau angeht. Diese wird dadurch beschleunigt, indem das Reisen nicht mehr so nöthig wird; ich selbst habe viel Nutzen davon, was gar nicht abzustreiten ist, kann mit mir selber zufriedener werden; Dir kostet es auf keinen Fall mehr, wo nicht weniger, denn ich sehe nicht ein, wie ich in Frankreich, wo alles noch einmal so wohlfeil wie hier ist, auf dem Lande bei meinem Onkel 3000 Francs verthun will, und die Folgen können, wenn ich dem Onkel gefalle, für die ganze Familie sehr vortheilhaft sein.

Wenn Du Deine Erlaubniß giebst, der Onkel wird

mich gewiß gern aufnehmen, und wird sich eher über diesen Beweis Deines Zutrauens freuen. Zum Ende bemerke ich noch, daß diese Bitte nicht der Einfall des Augenblicks ist, sondern daß ich diese Idee schon lange hegte, sie jetzt aber erst mitzutheilen wage, da ich von der Gewogenheit des Onkels gegen mich überzeugt bin. Das Glück Deines Sohnes ist Dir zu theuer, als daß Du nicht wenigstens über diesen Vorschlag nachdenken wirst, und reiflich über=legen, ob die Gründe dafür oder dawider wichtiger sind. Du hast mich so oft Leuten anvertraut, die Du nicht kann=test, ich glaube, Du kannst es eher mit einem probiren, von dem Du selbst immer mit Achtung gesprochen hast, und der noch überdies mein Anverwandter ist. Du hast mir so oft versichert, daß Dir mein Wohl, das Deiner Kinder mehr als alles am Herzen läge. Du wirst also eine Sache, die dies außerordentlich befördern kann, Deiner Aufmerksamkeit würdigen".

Hermanns Bitten wurden jedoch nicht erfüllt. Die er=sehnte Reise ward ihm vom Vater abgeschlagen.

Interessant ist aus jener Zeit eine die Pückler'sche Familie betreffende Stelle, die sich im Tagebuch von Christian Brescius vom Jahre 1803, Sohn des Superintendenten Brescius in Bautzen, Bruder des Superintendenten Karl Friedrich Brescius befindet. Sie lautet: „Der regierende Graf — sein Sohn ist im Bade abwesend — und seine drei Töchter von circa fünfzehn Jahren wurden von unseren Damen auf dem Schloß besucht. Dieser Graf, welcher die einzige Tochter des Grafen Callen=berg, des eigentlichen Stammherrn der Herrschaft Muskau, geehlicht hat, ist von seiner Gemahlin, der schönsten ihres Geschlechts, geschieden, hat aber gewußt die Herrschaft zu=vor an sich zu bringen, und giebt ihr eine jährliche Apanage von 6000 Thalern. Sie hat dagegen einen Graf Seyde=witz, einen Obersten in baierischen Diensten, doch einen

Sachsen von Geburt, geheirathet, mit dem sie eben so
wenig glücklich lebt. Der junge Graf Pückler, als
einziger Sohn, ist in Leipzig auf der Universität, wo er
keinen Ruhm hat und bei einem ruinirten Körper dem Tode
nahe sein soll. Wahrscheinlich werden die üblen Verhält=
nisse der beiderseitigen Eltern bereinst zu harten Prozessen
Anlaß geben, in welcher Rücksicht der gegenwärtig regierende
Graf sehr ökonomisch und dahin bedacht sein soll, die ein=
fließenden baaren Gelder in auswärtigen Banken zu begeben.
Die Herrschaft enthält gegen 9 Quadratmeilen, hat ihr
eigenes Hofgericht, Zölle und dergleichen Regalia mehr;
der jährliche Ertrag der Herrschaft ist in den letzten Jahren
circa 73,000 gewesen, könnte aber bei einer regelmäßigen
Wirthschaft weit höher gebracht werden".

Glücklicherweise irrte sich Brescius, als er dem „jungen
Pückler" einen baldigen Tod prophezeite, da er bis in sein
86. Jahr hinein lebte!

Da Pückler seinen Lieblingswünschen nicht folgen durfte,
so trat er nun in Dresden als Lieutenant bei den Gardes
du Corps ein. Hier zeichnete er sich vor allem in ritterlichen
Uebungen aus, die kühnsten Wagnisse waren ihm die liebsten,
jede Gefahr lockte ihn, und seine außerordentliche Geschicklich=
keit überwand diese meist siegreich. Als vortrefflicher und
unerschrockener Reiter besonders erregte er in seinem Kreise
Aufsehen und Bewunderung. Manche romantische Aben=
theuer, seine Vorliebe für alles Besondere und Auffallende,
seine wirkliche Originalität, seine Schönheit, Liebenswürdig=
keit und kindliche Gutmüthigkeit, erweckten die Sympathie
wie die Neugierde, wo er erschien. Es wird erzählt, daß
er an einem Sonntage, wo die große Elbbrücke und die
Brühl'sche Terrasse mit Spaziergängern gefüllt waren, auf
einem schönen Pferde, selbst in jugendlicher Schönheit leuch=
tend, stattlich und keck daher gesprengt kam, und zum großen

Schrecken der staunenden Menge plötzlich über das Geländer in die Elbe sprang, und unten unverletzt angelangt, ruhig durch die strömende Fluth dem Ufer zuschwamm.

Als Schütze hatte Hermann kaum seines Gleichen; von seiner Fertigkeit im Pistolenschießen wurden Wunder erzählt.

Auch als Schauspieler versuchte er sich während seines Dresdener Aufenthaltes, seiner mündlichen Mittheilung zufolge, die von Paul Wesenfeld in der „Gartenlaube" berichtet wird. Es heißt darin: „Einen anderen Scherz erzählte der Fürst selbst: ‚Als ich in Dresden diente, hatte ich eine Menge heiterer Kameraden. Dresden ist sehr schön, und bot damals schon genug Amüsement; wie es aber in der Jugend kommt, daß man zu allerlei pikanten Dingen aufgelegt zu sein pflegt, so ging es auch uns. Nun hatten wir Kenntniß davon erhalten, daß eine etwas heruntergekommene Schauspielertruppe auf einem Dorfe ein paar Meilen ab gastirte. Wir ritten also eines Tages hinüber. Da fanden wir denn ein so drolliges Völkchen beisammen, dem es zwar nicht an gutem Willen, desto mehr aber an Geld und ausreichenden Kräften gebrach, daß wir mit dem Direktor einen förmlichen Pakt schlossen, hin und wieder an gewissen Tagen und zur Aufführung gewisser drastischer Stücke wiederzukommen, und auf der Bühne thätig mitzuwirken hätten. Das geschah auch einigemal. Ich vergesse diese Stunden in meinem Leben nicht, wie wir inkognito dort Schauerdramen aufgeführt haben, und dann nach einem mit den gesammten Thespisjüngern eingenommenen Mahle des Nachts im besten Frohsinn nach Dresden zurückgeritten sind'".

In leichtsinnigem Uebermuth verschwendete Hermann die Summen, die er von Hause erhielt, ohne Maß und ohne Ueberlegung, und als diese nicht mehr ausreichten, machte er Schulden auf Schulden, worin ihn seine gewissenlosen

Kameraden bestärkten, die ihm beständig vorredeten, sein Vater sei der reichste Mann in Sachsen, und es sei unverantwortlich, daß er dem Sohne nicht reichlichere Mittel gewähre. Der arme junge Graf gerieth hierauf natürlich in die schlechtesten Hände. Die nichtswürdigsten Wucherer mißbrauchten seine jugendliche Harmlosigkeit. Es waren abgefeimte Subjekte unter diesen, die würdig gewesen wären, in den Lustspielen von Molière und Goldoni eine Glanzrolle zu spielen. Obenan unter ihnen verdient der Uhrmacher Müller genannt zu werden; um von diesem 100 Louisd'or baares Geld zu bekommen, mußte Pückler einen elenden alten Wagen und dreißig silberne Uhren in den Kauf nehmen, und dafür einen Wechsel von 3000 Thalern unterschreiben. Ohne irgend solche unnütze Beilagen war fast keine Anleihe möglich; solche bestanden gewöhnlich in unbrauchbaren Pferden, schadhaften Wagen, einem unvollständigen Porcellanservice, Hunden u. s. w., die zu einem zehnmal höheren Werthe berechnet wurden, als beim Wiederverkauf zu erlangen war. Zwei jämmerliche abgemagerte Windhunde, deren ganzer Lebensberuf darin bestand, bei solchen Anlässen von einer Hand in die andere zu gehen, mußte Pückler auch einmal zu hohem Werthe annehmen. Ein Leihbibliothekar verlangte für 163 Thaler Lesegeld! Die unverschämtesten Forderungen bestürmten den jungen Grafen.

Der alte Pückler wollte außer sich gerathen, als der Schwarm dieser Gläubiger endlich bei ihm seine Ansprüche anbrachte. Er klagte jämmerlich, wo er hinreise, müsse er sich unter einem fremden Namen verbergen, um nicht von den wüthenden Kreditoren des Sohnes angefallen zu werden, und er dürfe nicht einmal wagen seine Töchter, wie sonst wohl, zum Besuche nach Dresden zu geleiten, ohne sich dem bittersten Verdruß und den übelsten Widrigkeiten auszusetzen.

Hermann seinerseits litt unterdessen nicht minder von diesen Verlegenheiten, und hatte den Tadel und die Vorwürfe des Vaters noch dazu. Und auch die Bewunderung, die er in seinem Kreise erregte, reichte nicht lange aus, um ihm Befriedigung mit seiner Lage zu gewähren. Er wurde des Treibens bald müde, und sein unruhiger Sinn, sein stets nach Höherem strebender Geist, verlangten nach neuen und gesteigerten Anregungen. Die ewige Plage der mahnenden Gläubiger, und noch mehr der ihm unerträgliche Kleinigkeitsgeist der damaligen sächsischen Stabsoffiziere, machten ihm Dresden vollends zuwider. Er suchte seinen Abschied nach, und erhielt ihn mit dem Grade eines Rittmeisters. Unverzüglich verließ er nun Dresden den 15. September 1804, und rief wie Diogenes, als er aus Synope vertrieben nach Athen ging, seinen theuren Landsleuten zu: „Ihr relegirt mich in die weite Welt, und ich relegire Euch in Eure Häuser!"

Länger ließ er sich nun nicht zurückhalten, und mit unerschütterlichem Eigenwillen faßte er den Entschluß, um jeden Preis weit fortzugehen, eine große Reise anzutreten.

Dritter Abschnitt.

Drohende Enterbung. Vorwürfe der Mutter. Scharfe Antwort darauf. Reise nach Wien. Dem jungen Grafen wird eine Hofmeisterstelle angetragen. Vorwürfe des Vaters. Der Sekretair Wolff. Widersacher, Weiber, Schulden!

Hermanns Vater ging unterdessen ernsthaft mit dem Gedanken um, seinen Sohn für einen Verschwender erklären zu lassen, und ihm die Herrschaft Muskau gar nicht, oder doch nur mit solchen Einschränkungen zu geben, daß er auch nach dem Tode seines Vaters nicht frei darüber verfügen könne; am besten, meinte er, wäre es, wenn Graf Hermann sich nicht in einigen Jahren ganz ändern sollte, die Erbfolge an dessen älteste Schwester Clementine übergehen zu lassen. Diese Pläne verhandelte der Graf gemeinschaftlich mit seiner geschiedenen Gemahlin, und es fehlte wenig, daß sie zur Ausführung kamen, wie der folgende Brief des Grafen Ludwig Erdmann Pückler an den Oberamtshauptmann* beweist, in welchem der Leichtsinn des Sohnes der schärfsten Beurtheilung unterzogen wird.

„Wir wünschten", schreibt er, „zu den Reces noch eine Akte hinzuzufügen, worinnen wir beide erklären, daß es unser Wille sei, unserem Sohn Hermann, wenn er fortfährt, ein Verschwender zu sein, wie er es bis jetzt gewesen, die Herrschaft Muskau nicht zu geben, oder doch wenigstens mit der Einschränkung, daß er nicht frei darüber disponiren kann, sondern daß solche nach meinem Tode von einem aus dem Amte dazu zu Ernennenden oder von mir Ernannten bewirthschaftet, und ihm nur der Ueberschuß der Revenüen gegeben würde, und so, daß er keine Schulden auf die Herrschaft machen kann, denn bekäme er jetzt die Herrschaft zu seiner Disposition, so wäre er in Jahr und Tag, und noch eher, damit fertig, besonders, da die Herrschaft Muskau weit eher als eine andere Besitzung ruinirt werden kann. Holz ist die Seele derselben, dieses ist aber, wenn man es recht wohlfeil weggeben will, leicht zu verkaufen. Bei den jetzigen Gesinnungen meines Sohnes wäre es gewiß, daß, wenn ein Jude mit 1000 Louisb'or käme, er ihm den ganzen Wald zur freien Disposition überließe, und wäre dieser ruinirt, so wäre auch die Herrschaft auf immer verloren, die Fabriken gingen ein, viele tausend Menschen, die ohne den dabei vorkommenden Verdienst weder leben noch ihre Abgaben entrichten können, gingen zu Grunde, und so stürzte ein mit so vieler Mühe und Kummer erbautes Gebäude wieder zusammen.

Es wäre doch traurig, wenn es Eltern nicht freistünde, da ihr Sohn noch unmündig ist, ihn, wenn er es so sehr, als hier der Fall ist, verdient, das, was man ihm in der Hoffnung, er würde ein vernünftiger Mensch werden, zugedacht hat, wieder zu nehmen, oder doch wenigstens einzuschränken, daß er es nicht muthwillig verthun kann. Denn nicht allein nähmen wir den Kummer mit in die Erde, daß unser sauer erworbenes Vermögen unter die Juden verthan würde, sondern die Krebitoren, die ihr Geld uns anvertraut haben, wo es sich auch so sicher als in Abrahams Schooß befindet — könnten durch einen plötzlichen Todesfall in Gefahr kommen, denn leider muß ich es sagen, mein Sohn erlaubt sich alles, um Geld zu bekommen, er hat nicht allein schöne Güter, die mir gehören, sondern auch einige, die mir nicht gehören, verpfändet; aus der Beilage ist zu ersehen, daß er zur Verbesserung seines im Kottbusser Kreise gelegenen Rittergute Haasow 500 Rthlr. aufgenommen hat. Diese Obligation ist in Dresden gerichtlich rekognoszirt, und das Gut gehört größtentheils einem Herrn von Schöneich, und ein Theil davon meinem Vater.

Als ich neulich nach Dresden fuhr, nahm ich von Dresden einen Lohnkutscher, ich gab mich für einen Herrn von Pannwitz aus dem Kottbussischen aus, da erzählte mir der Kerl, daß er auch auf einem Gut Kiekebusch im Kottbussischen 1000 Rthlr. stehen hätte, es gehöre einem Garde du Corps Lieutenant Graf Pückler. So sind alle meine Güter verpfändet. Er sagte zwar, das hätte nichts zu sagen, dergleichen Obligationen wären 8 bis 10,000 Rthlr. ausgestellt worden, (er wüßte es nicht gewiß), er hatte schon einem Kerle, ich glaube einem Gastwirth oder Weinhändler gegeben, der hatte versprochen, ihm Geld darauf zu schaffen, aber er habe nichts erhalten — Wechsel von 300 Rthlr. Mehrere Louisb'or sind auch in Umlauf. Die, sagte er, hatte er verspielt, nachher aber wieder gewonnen, und vergessen zurückzufordern — er hat mir selbst gestanden, daß, wenn man Leute seiner Art nur zum Spiele ließe, so wäre es so gut, als schenkte man es ihnen, denn er wäre ja nicht mündig, und dennoch hat er, wie aus beiliegendem Wechsel zu ersehen ist — auf seine Ehre versichert, daß er mündig sei — bei diesen Gesinnungen soll ich ihm unbedingt mein sauer erworbenes Vermögen überlassen, seine Mutter, die aus gutem Herzen die Herrschaft zu Gunsten ihrer Kinder abgetreten hat, soll riskiren, wenn ich eher als sie sterbe, ihre Leibrente zu verlieren, und auf ihre alten Tage Noth zu leiden, meine Töchter können gleichfalls ihr aus der Herrschaft zu erhaltendes Vermögen verlieren, und das alles deswegen, weil wir es einem Sohn zugedacht haben, von dem wir nicht voraussehen konnten, daß er halb närrisch werden würde; ich dachte, das müßte doch jetzt, da er noch nicht mündig ist, wenn wir beide vereint darum bitten, geändert werden können.

Am besten wäre es, daß festgesetzt würde, wenn er sich binnen sechs bis acht Jahren nicht ganz änderte, die Herrschaft an meine älteste Tochter, — die, wenn er sterben sollte, ohnedem die Erbfolge hat — fiele, oder wenn er solche bekommen muß, mit der oben angeführten Einschränkung. Wenn sich mein Sohn durch seine Aufführung der Herrschaft verlustig machen sollte, und meine älteste Tochter solche bekäme, muß sie ihm jährlich, so lange er lebt, 4000 Thlr. geben. Lieber wäre es mir aber doch, wenn die Herrschaft beim Namen Pückler bleiben könnte, und ein Administrator gesetzt würde, der solche verwaltete, und Hermann über nichts als über die Revenüen disponiren könnte.

Auf alle Fälle aber wollen wir nicht, daß der Kommissionsrath Hempel, der sich mit Hesse auch hereingemischt hat, dabei was zu thun haben soll, dieser muß gänzlich ausgeschlossen sein, das ist unser beiderseitiger Wille.

Und nun ersuchen wir Sie, theurer Freund unseres Hauses, mit Zuziehung des Herrn Amtssekretairs Bernauer, dessen Freundschaft ich mich auch schmeichle, etwas aufzusetzen, welches wir beide unterschreiben, und im Amte übergeben wollen, wodurch allen Uebeln vorgebeugt wird, und wir ruhig leben und sterben können.

Mit dieser Sache muß freilich geeilt werden, weil mein Sohn schon den 30. Oktober dieses Jahres mündig wird.

          L. Graf Pückler."

Aus diesem Briefe ersieht man, daß Graf Pückler keine Ahnung hatte von dem, was noch einst aus seinem Sohne werden würde, und daß dieser, anstatt „den ganzen Wald für 1000 Louisd'or einem Juden zur freien Disposition zu überliefern," wie der Vater sich aristokratisch ausdrückte, den Wald liebevoll pflegen, und mit seinem Künstlergenie die ganze Herrschaft zu nie vorher gekannter Herrlichkeit und Schönheit erheben würde.

Während solche Gewitter über dem Haupte unseres armen Helden schwebten, machte ihm seine Mutter auch noch Vorwürfe, daß er den sächsischen Militairdienst verlassen, und nun ohne Amt und Stellung in der weiten Welt umherschweifen wolle. Von allen seinen Nächsten als ein ungerathener Sohn behandelt, mit Tadel und Anklagen überhäuft, fühlte er sich um so mehr gekränkt und verletzt, da das Bewußtsein seiner geistigen Kräfte und Begabung ihn die Fluth der Schmähungen, die er erlitt, als das größte Unrecht empfinden ließ. Deutlich spricht sich diese Stimmung in dem folgenden Briefe an seine Mutter aus, der ohne Datum ist, aber in jene Zeit fallen muß.

„Gnädigste Mutter!

Obgleich meine gnädige Mutter mich für einen Pfuscher in allen Dingen hält, so ist mir doch gerade Verstand noch genug geblieben, um durch ein solches Lob nicht eitel zu werden — übrigens muß ich der Wahrheit zu Ehren versichern, daß mein Dasein weder schrecklich noch unthätig ist, schrecklich sind mir aber langweilige Sentenzen, und unthätig möchte ich sein, wenn ich sie beantworten muß; dann bin ich auch zu beklagen, aber nicht deßwegen, weil ich weiter nichts als Titular-Rittmeister bin, ich sehe gar nicht ein, warum ich etwas mehr zu sein nöthig hätte, als Graf Pückler und ein ehrlicher Mann; nur die Leute, die in sich selbst gar nichts sind, glauben, daß Glück und Ehre bloß an fremden äußeren Titeln oder Aemtern hängt, der Weise erfüllt seine Pflicht als Mensch, und dankt Gott, wenn er nicht noch die Pflichten eines Amts auf sich zu laben nöthig hat; er bescheidet sich gern des eiteln Wunsches, dem Menschengeschlecht nutzen zu wollen, weil er die Schwäche seines Wesens kennt, das die Folgen keiner Handlung, auch der besten, in seiner Gewalt hat; eine höhere Macht regiert die Weltschicksale, und wir sollen uns nur selbst zu regieren suchen; gelingt uns das, so haben wir mehr gethan als Tausende, die sich für wichtig halten, und nur lächerlich sind. Braucht jemand zu seiner Zufriedenheit ein Amt, so bewerbe er sich darum, lebt aber einer zufrieden ohne dasselbe, so lasse man ihn in Ruhe, jeder muß am besten wissen, was ihm frommt; müßig geht deswegen kein Mann von Geist, wer aber glaubt, daß man ein Amt haben müsse, um beschäftigt zu sein, der muß geglaubt haben, ohne vorher gedacht zu haben.

Kann ich im Stande sein, der Frau von Bobenhausen nützlich zu werden, so thue ich es gewiß, ich erinnere mich ihrer noch mit vielem Vergnügen, und bedaure sehr ihre unglückliche Lage; den Bedürftigen zu helfen, halte ich übrigens immer für mein Amt.

Ich habe mit der vollkommensten Hochachtung die Ehre zu sein

meiner gnädigsten Mutter
unterthänigster Sohn
H. Graf von Pückler, Titular-Rittmeister.

Bei den meisten Menschen zeigen sich die Grundlinien des Charakters und ihre Eigenart schon sehr früh. Auch in diesem Jünglingsbriefe bekundet sich schon ganz die geistige Unabhängigkeit und Eigenthümlichkeit, durch die sich Pückler später auszeichnete.

Ueber so viele Wiorigkeiten halfen ihm jedoch Jugendfrische und Jugendmuth glücklich hinweg. Voll brennender Reiselust, voll ungeduldigem Drang, die Welt kennen zu lernen, Neues zu sehen, nahm er zuerst seinen Flug nach Wien, wo er mit Glanz auftrat, und in der vornehmen Gesellschaft als eine ausgezeichnete Erscheinung Aufsehen erregte. Doch fehlte es ihm immer und immer an Geld, da der Vater ihm bedeutende Abzüge machte, um die ungeduldigsten unter den mahnenden Gläubigern zu bezahlen.

Da wurde ihm ein gar seltsamer Antrag gemacht! Sollte man es glauben: ihm, dem Grafen Hermann, wurde eine Hofmeisterstelle angeboten! Ihm, der sein Leben so leichtsinnig, mit so rücksichtslosem Uebermuth begonnen, und bisher durchaus nicht die Eigenschaften gezeigt hatte, die man von einem weisen Mentor zu erwarten pflegt. Und nicht etwa von einem Fremden, der ihn wenig oder gar nicht kannte, kam ihm dieser Vorschlag, nein — von seiner eigenen sorglosen Mutter, die ihm allen Ernstes anbot, der Hofmeister seines Stiefbruders, ihres Sohnes Max aus ihrer Ehe mit Graf von Seydewitz zu werden, nicht nur dem Titel nach, sondern in Wahrheit, wofür sie ihn kostenfrei bei sich aufnehmen wollte!

Er antwortete ihr darauf aus Wien den 6. Januar 1807 wie folgt:

„Ma chère et digne Mère!

J'ai reçu votre aimable lettre du 23; comment vous peindre tous les sensations diverses que j'ai éprouvé en la lisant, plaisir, repentir, admiration, amour, ont tour à tour agités mon coeur palpitant, j'ai versé les larmes les plus douces, elles étaient consacrées à la meilleure, à la plus aimable des femmes. Dieu! quel avenir séduisant daignez vous me faire entrevoir — je serai toujours avec celle que je chéris beaucoup plus que moi-même, je profiterai de ses leçons, de son exemple, je jouirais continnellement de son commerce agréable et je deviendrai moi-même tous les jours meilleur en l'imitant — quel serait l'être assez misérable pour ne pas tréssaillir de joie à une pareille perspective. Oh! ma mère, si vous n'avez fait que vous jouer de moi, que Dieu vous le pardonne, vous aurez ajoutée aux malheurs d'un fils qui, croyez-le moi, est bien plus malheureux que coupable, et qui malgré tous ses défauts est encore digne de votre affection.

Vous m'observez que vous ne dépendez pas de vous-même, quelle est la dépendance qui pourrait vous empêcher de demander votre fils auprès de vous? Au reste, cela pourrait facilement s'arranger comme par hazard, et il vaudrait même mieux sous tous les rapports que ça se fisse ainsi; vous n'avez, ma chère mère, qu'à m'indiquer le jour où vous arriverez à Strasbourg (ou quel autre endroit que vous choisirez), je vous y joindrai, et nous aurons tout le temps nécessaire pour former un plan solide pour l'avenir — peut-être que je pourrais encore vous être bon à quelque chose, une voix secrète me dit que vous ne vous repentirez pas de m'avoir choisie pour votre chevalier. Quand à mon petit frère, je suis assez vain de croire que je ne lui serai pas un si mauvais gouverneur que vous le pensez; j'ai fait de tristes expériences, j'ai été jeté de bonne heure dans le monde, et je pourrai lui donner de bons conseils, ayant, quoique jeune, lu de vieux livres.

Si ma proposition vous plait, mandez-le moi an plutôt, mais surtout n'en faites rien transpirer avant le temps, j'ai des ennemis très-habiles, qui ont constamment les yeux attachés sur moi, et qui savent tourner toutes mes actions en mal, mon père avec plus d'esprit que tous ces coquins-là, n'en est pas moins leur dupe, étant lui-même de trop bonne fois pour soupçonner les autres, et avec une singulière méfiance de ses propres lumières, trop ami du repos pour approfondir des cabales, dont la découverte ne manquerait pas de le mettre dans une situation pénible; vous concevez que je dois user des plus grandes précautions pour faire tête à l'orage qui me menace, et qui est prêt à fondre sur moi; je n'ai même que fort peu d'espérane de lui échapper, cependant je ne veux pas par une étourderie moi-même accélérer ma perte; au reste, tout ira comme il voudra, il me restera toujours la force de quitter la terre, si elle ne m'offre plus rien de désirable — vous! qui en faites un des principaux ornements, daignez me secourir de vos conseils, et laiasez-moi toujours trouver dans votre amour maternel une consolation contre les revers de la fortune.

J'attends avec crainte et impatience votre réponse, elle doit me rendre le plus heureux ou le plus malheureux des hommes. Salut et amitié à Max; le petit présent que je lui ai destiné, la poste de lettre n'ayant pas voulu le recevoir, arrivera avec la diligence. Je suis avec l'attachement et le respect le plus sincère, ma chère mère,

votre très-obéissant serviteur et fils
Hermann Pückler."

Graziös, artig, ja zärtlich! Aber doch mehr nur in der äußeren Form, als aus der Fülle des Herzens! Auch besaß Pückler viel zu viel Takt, um nicht das Bedenkliche und Unpassende dieses Vorschlages zu fühlen, und die falsche Stellung, in die er dadurch seinem Vater gegenüber auf der einen, und nicht minder auf der anderen Seite seiner Mutter selbst, seinem Stiefvater und auch seinem Stiefbruder gegenüber getreten wäre. Vielleicht zweifelte er auch an dem ernsten Willen seiner launenhaften, unzuverlässigen Mutter.

Nachdem bei Hermann der erste Zorn verraucht war, daß sein Vater ihn mit liebloser Strenge als ungerathenen Sohn behandelte, gewannen doch bald wieder Gutmüthigkeit und kindlicher Sinn bei ihm die Oberhand, und er schrieb herzlich an seinen Vater, und schickte ihm noch dazu eine Tabacksdose; dieser aber wollte den Ton der Vorwürfe und Klagen so bald nicht aufgeben, und schrieb ihm wie folgt; aus Muskau, den 14. Februar 1807:

„Lieber Hermann!

Ich danke Dir zwar recht sehr für die schöne Dose. Allein ich hätte lieber gewünscht, daß Du das Geld behalten hättest. Du wirst es brauchen, und ich bin an schlechte Sachen gewöhnt, meine Achtgroschendose thut mir die nämlichen Dienste, indessen verkenne ich Deine gute Absicht keineswegs, und danke Dir nochmals dafür. — Der Mann, der Dir gesagt hat, die Ober-Lausitz zahle keine Kontribution, ist schlecht unterrichtet gewesen, wir müssen 80,000 Rthlr. geben, auf den Görlitzer Kreis kommen 180,000 Rthlr. und von diesem Kreis macht die Herrschaft Muskau ein Drittel aus. Du kannst also denken, wie ich daran bin; mein bischen sauer erworbenes Vermögen ist dahin, und ich bin ärmer als ich war, da ich die Herrschaft übernahm. Dazu kommen nun noch die Folgen Deiner Ausschweifungen (ich will Dir keine Vorwürfe machen, denn es ist leider nicht mehr zu ändern), aber sagen muß ich es doch, denn diese Ausschweifungen fallen jetzt mit Centnerlast auf mich Unschuldigen. Ich erhalte die gröbsten Briefe von Deinen Schuldnern, die mir sagen und vorwerfen, ich gäbe Dir eine große Pension, und nähme daher Theil an Deinen Betrügereien u. s. w.

Hempel, der überall Komplimente gemacht und versichert hat, alles zu arrangiren, wird heruntergerissen wie ein Betteljunge, und darf sich eben so wenig wie ich mehr sehen lassen. Die Noth ist groß, die Leute sind daher ganz besperat, ich fürchte noch eine Inhibition zu bekommen, Dir nichts mehr zu schicken. Nun fangen auch die Kirsten'schen Obligationen an, in Umlauf zu kommen. Vor acht Tagen schrieb ein Advokat an mich, und bat mich, ihm 1000 Rthlr., die Du zur Verbesserung Deines Rittergutes Kiekebusch aufgenommen hättest, zu bezahlen, sonst müsse er bei der Regierung zu Küstrin einkommen, damit das Gut in Sequestration genommen würde: unglücklicherweise kommt dieser Brief meinem Vater in die Hände, Du kannst denken, wie böse er darüber ist. Und ich, der gegenwärtig ist, muß das Bad ausbaden. Täglich fürchte ich mich, daß ein ähnlicher Antrag wegen der Verbesserung, die Du in Haasow gemacht hast, ankommen wird; da wird ein Mordspektakel entstehen. Denn der größte Theil dieses Guts gehört dem Herrn von Schöning, welcher halb närrisch ist, und keine Raison annimmt, also Gott weiß was vornehmen wird. Hempel, der alles auf die leichte Achsel nimmt, wird nun selbst Angst dabei. Denn die Dokumente über die Güter sind alle in bester Form Rechtens ausgestellt, und auf gültige Dokumente kann ein Jeder Geld geben. Denn was hilft's, wenn man auch sagte, der p. L. Graf Pückler ist toll gewesen, als er sie ausgestellt, und der Kirsten ist ein Spitzbube, so antworten sie: der Rath zu Dresden, der die Dokumente rekognoszirte, hat davon nichts gemerkt, und ist Kirsten ein Spitzbube, so haltet euch an ihn, wir müssen aber unser Geld haben u. s. w. und gesetzt auch, wir könnten durch Advokatenkniffe die Sache abmachen, so ist doch der Name Pückler gebrandmarkt. Hempel ist wie ein Arzt, der dem Patienten seine wahre Krank=

heit verhehlt, und nur immer verspricht, seine Wunderpillen würden ihn gewiß gesund machen, so lange bis alle Hülfe verloren, und der Patient todt ist. Alle diese schönen Sachen sind nun schon weltkundig geworden, und da man glaubt, daß Du nach meinem Tode die Herrschaft Muskau schlechterdings haben mußt, so ist der Kredit, ohne welchen Muskau nicht bestehen kann — dahin! Aufgekündigt werden Kapitalien genug, aber borgen thut niemand nicht mehr auf die Herrschaft, und wie kann man es auch jemanden zumuthen. Denn sie denken: ein Mensch, der fremde Güter dem ersten besten Schurken verschreibt, wie wird der es erst mit seinen machen u. s. w. Daß Du Dich nun besserst, das glaubt niemand, und ehe sie sich davon überzeugen, ist alles verloren. Ich bin in der schrecklichsten Lage. Um mich zu retten, dürfte ich Dich nur für einen Verschwender erklären lassen, wozu überflüssiger Stoff vorhanden ist. Auch hat man mir dazu gerathen. Allein, wenn nur noch ein Funken Hoffnung, auf eine andere Art hinauszukommen, vorhanden ist, — werde ich es nicht thun, denn Du bist mein Kind, und ich liebe Dich herzlich, wie meine anderen Kinder, bin auch überzeugt, daß Du es bereust, mich in dieses Elend versetzt zu haben. Es wäre auch nicht so weit gekommen, wenn mich nicht der schreckliche Krieg um alle Ressourcen gebracht hätte. Etwas muß aber gethan werden, um den Kredit wieder herzustellen. Ich habe meinen alten Freund, den Steuersekretair Schubert, der mir jetzt schon aus mancher Verlegenheit geholfen hat, zu Rathe gezogen, er hat mir versprochen, darauf zu denken, und dann mit Dir zu korrespondiren. Gott weiß, ich habe nur für meine Kinder gelebt und gearbeitet: wenn aber der Kredit der Herrschaft nicht wieder hergestellt und dadurch Deine Schulden getilgt und behandelt werden, kann ich nicht mehr wirken. Wo ich hinreise, muß ich unter

fremdem Namen reisen, sonst riskire ich überall von Deinen
wüthenden Gläubigern angefallen zu werden. Einem Mann,
der so wenig als ich dergleichen verdient hat, ist so etwas
doppelt empfindlich. Lebewohl!
Dein treuer Vater Pückler.

Schicke mir nur Deine Adresse, daß Dich die Briefe
sicher finden, weil ich mit verschiedenen Personen sprechen
und Dir den Erfolg melden will."

Heftig und aufbrausend, wie Hermann war, mag er
nun auch seinerseits scharf geantwortet haben, und das Ver=
hältniß wurde dadurch keineswegs besser. Freundliche Stütze
und Anhalt fand er dagegen bei dem Sekretair seines
Vaters, Wolff, einem schlichten, einfachen Manne, durch
viele Jahre pflichttreuen Dienstes bewährt, und dem jungen
Grafen herzlich und aufrichtig zugethan. Wolff scheint in
der That der einzige in diesem ganzen Kreise gewesen zu
sein, der da, wo die Anderen nur Thorheit, Leichtsinn, Ge=
wissenlosigkeit und was noch sonst alles sehen wollten, ein
edles liebenswürdiges Gemüth, einen nach Höherem streben=
den Sinn und ein ausgezeichnetes Naturell erkannte. So
ließ denn auch Wolff keine Gelegenheit unbenutzt, bei dem
alten Grafen Fürsprache für den Sohn zu thun, und nach
besten Kräften für ihn zu wirken. Pückler seinerseits be=
wies ihm dafür die zärtlichste Dankbarkeit, die seinem
Charakter eigen war, denn man darf wohl behaupten, daß
er in seinem langen Leben in seinen unzähligen Menschen=
beziehungen nie eine ihm erwiesene Güte und anhängliche
Gesinnung unerwiedert gelassen.

Wenn er von niemand sonst aus Muskau Nachricht
erhielt, so schrieb ihm doch stets getreulich der alte Wolff,
und gab ihm Nachricht von allem, was er zu wissen ver=
langte. Hermann, von dem eine Reihe Briefe an seinen
väterlichen Freund aufbewahrt sind, zeigt sich darin voll

natürlicher Offenheit und jugendlicher Wärme. Er schrieb ihm den 11. Juli 1807 aus Wien:

„Mein lieber, guter Wolff!

So viele bestürmende Gefühle haben mich bei Lesung Ihres Briefes ergriffen, daß ich kaum weiß, womit ich meine Antwort anfangen soll. Wie konnte ich so lange es vernachlässigen, die Freundschaft des braven Mannes zu suchen, der vielleicht der Einzige in meiner Vaterstadt ist, der mit aufrichtiger Anhänglichkeit meiner gedenkt? Ja, lieber Wolff, alter Freund meines zu früh verstorbenen Großvaters, seien Sie auch der meinige, von nun an lege ich mein Wohl in Ihre Hände; vertreten Sie mich bei meinem Vater, an dessen Liebe ich noch nicht ganz zweifle, da er Sie gewählt hat, mir den Verlust derselben anzukündigen. Gott weiß es, mir ist es unerklärbar, was meinen Vater zu solchen Maßregeln hat bewegen können, meine Aufführung in Wien ist von der Art gewesen, daß ich mir eher hätte Vermehrung als den Verlust seiner Zuneigung davon erwarten können; ohne die geringste neue Schuld zu kontrahiren, habe ich vielmehr von den erhaltenen 3000 Rthlrn. alte Wechsel von ohngefähr 500 und etlichen 20 Louisd'or eingekauft, um meinem Vater dadurch eine Freude zu machen. Der einzige Grund seines Zorns liegt in einem übereilten Briefe, den ich ihm neulich in einer der unangenehmsten Stimmungen meines Lebens schrieb, und dessen ich mich leider gar nicht mehr erinnere. Freilich müssen zu harte Ausdrücke mir in demselben entflohen sein, da er meinen Vater so aufgebracht hat, aber er sollte mich doch besser kennen, er sollte wissen, wie wenig böse eine Sache gemeint ist, die ich im Augenblick der Leidenschaft sage, und wie wenig sie oft mit meiner wirklichen Denkungsart übereinstimmt. Ich bin, Gott ist mein Zeuge, wohl unglücklich und bitter gestimmt, aber wahrlich nicht böse! Keinem Menschen will ich übel, und treffe doch nur überall auf Leute, die mich verkennen und meinen unüberlegten aufbrausenden Leichtsinn für Charakterverderbtheit halten. Sie können denken, lieber Wolff, wie schrecklich mir das jetzt obwaltende Verhältniß mit meinem Vater sein muß, die gänzliche Entziehung aller Unterstützung wäre mir weniger schmerzhaft gewesen — nie hätte ich geglaubt, daß ein Vater seinem Sohn so leicht entsagen könne, und in welcher Periode? Gerade da, wo er sich zu bessern, seine gemachten Fehler wieder gut zu machen anfängt, aus dem einzigen Grunde eines übereilten Briefes, der wohl Strafe, aber doch keine ewige Trennung verdient.

Können Sie, guter Wolff, des Vaters Herz mir wieder zuwenden, so seien Sie überzeugt, daß Sie mir nie einen größeren Dienst erweisen könnten, daß ich bis an den Tod mich nennen würde Ihren dankbarsten und treuesten Freund

Hermann Pückler.

Ein andermal, lieber Wolff, von Geschäften — in meiner jetzigen Stimmung ist es mir unmöglich. Antworten Sie mir bald, und leben Sie wohl mit Ihrer ganzen liebenswürdigen Familie, der ich mich empfehle, so wie dem Hofrath Röde und seinem Sohne.

Seit jenem unglücklichen Brief, der mir meines Vaters Haß zugezogen hat, habe ich sechs andere geschrieben, in welchen zwei neuerlich eingelöste Wechsel beigefügt waren, auf die ich alle keine Antwort erhalten habe. Erkundigen Sie sich doch, lieber Wolff, ob mein Vater sie **wirklich alle erhalten hat?** Beiliegenden Brief an ihn bitte ich ja selbst zu übergeben. Was die Ressource=Weinrechnung betrifft, so bitten Sie meinen Vater, sie mir beim nächsten Quartal abzuziehen, für die Bezahlung des Kochs, der noch etwas warten kann, will ich bis dahin zu sorgen suchen, denn wenn mir auf einmal alle beiden Schulden abgezogen werden, so bleibt mir selbst ja gar nichts zu leben."

Wolff war Pückler's Vertrauter bei seinen ewigen Geldverlegenheiten und anderen Verwicklungen, an denen es in seiner Jugend nicht fehlte, auf die der Goethe'sche Vers:

"Widersacher, Weiber, Schulden,
Ach! kein Ritter wird sie los!"

als passendstes Motto seine volle Anwendung fand.

Die letzteren ließen ihm auch in Wien keine Ruhe, und er schrieb, er müsse bald von dort abreisen, da er wegen Klagen seiner Gläubiger nicht sicher sei. Er bereue aufrichtig, versicherte er, diese Schulden in seiner jugendlichen Unerfahrenheit gemacht zu haben; doch sei er nun radikal von diesem Fehler geheilt, denn wie ein französisches Sprichwort sage: je später der Wein ausbraust, je besser. Er macht die besten Versprechungen, und meint, wenn sein Vater ihm in's Herz sehen könnte, er würde nicht mehr so argwöhnisch gegen ihn sein.

Vierter Abschnitt.

Bevorstehender Zweikampf. Abreise von Wien. München. Ungeduldiges Abwarten. Veranlassung der Forderung. Graf Colloredo. Ein neuer Lebensplan. Der Vater bringt auf Rückkehr, und klagt entsetzlich. Neue Vorschläge des Sohnes.

Eines Tages — es war im Herbst 1807 — versetzte Hermann den alten Wolff in nicht geringen Schrecken durch einen Brief, in welchem er damit begann, daß er seinen Schwestern drei Pfund Chokolade schicke, und dann kaltblütig hinzusetzte, er reise in einer Stunde von Wien ab, nach der bairischen Gränze, um sich auf Pistolen zu schießen. Sein Vater dürfe aber davon nichts wissen, denn laufe das Duell gut ab, so sei es unnöthig gewesen, ihn in Angst zu setzen, und werde er todt geschossen, so erfahre man es ohnehin. Nur Geld solle Wolff ihm so rasch wie möglich schicken — dieser besorgte immer die Geldsendungen des alten Grafen an seinen Sohn — damit er nicht vielleicht etwa in Baiern verwundet ohne Mittel liegen bleiben müsse. Uebrigens versichere er ihn zu seiner Beruhigung, daß man diesmal mit Gewalt Händel mit ihm gesucht habe, und daß ein so ernster Zweikampf nicht zu vermeiden sei, ohne die Ehre zu verletzen.

Hermann verließ Wien den 15. September 1807, gerade an demselben Datum, an welchem er drei Jahre zuvor von Dresden abreiste. In München angelangt, wartete er voll Ungeduld auf eine Entscheidung, die sich jedoch verzögerte.

„Bester Wolff," schrieb er aus München den 14. Okt. 1807, „Ihr Brief freut mich sehr, denn ich glaubte schon, Sie wären krank oder mein Vater wäre wieder böse auf mich, und hätte Ihnen gar verboten, an mich zu schreiben; wenn mein Vater wüßte, wie so sehr viel Gewicht für mich seine Stimmung hat, und wie schmerzlich es mir ist, in einem so wenig häuslichen, kindlichen Verhältniß mit ihm zu stehen, er würde mich wohl liebe- und vertrauensvoller behandeln.

Mein Duell ist noch immer nicht sicher bestimmt, wird es aber, hoffe ich, in diesen Tagen werden. Zu Ihrer Beruhigung kann ich Ihnen auf Ehre versichern, daß ich diesmal ganz unschuldig dazu gekommen bin, und meine Ehre schlechterdings es unumgänglich macht. Der Antheil, den Sie an mir nehmen, rührt mich sehr, und ich bitte Sie, meinen aufrichtigen Dank dafür gütig aufzunehmen.

Noch um Eins muß ich Sie bitten, lieber Freund, lassen Sie in Ihren Briefen die Titulaturen weg, nennen Sie mich, wenn einmal ein Titel sein muß, lieber Graf, und nichts mehr; ich werde es als einen Beweis Ihrer Freundschaft ansehen, wenn Sie mein Gesuch erfüllen, denn ich hasse die Ceremonien, wo sie unnöthig sind, und mache in jedem Verhältnisse gern der Etikette ein X für ein U.

Meinem guten Freund und Lehrer, dem würdigen Hofrath Röbe, empfehlen Sie mich auf's angelegentlichste, und behalten Sie in gütigem Andenken

Ihren ehrlichen Freund Pückler."

Nach vier Wochen vergeblichen Harrens steigerte sich Hermanns Unmuth. „Ich kann Ihnen versichern," schrieb er an Wolff aus München den 15. November 1807, „daß ich meines Lebens so überdrüssig zu werden anfange, daß ich den segnen will, der mir auf eine gute Art davon hilft;

ich habe nichts mehr wie Verdruß und Aerger, und auch Mangel — denn die fatale Affaire, die sich immer noch in die Länge zieht, hat mir schon so viel Hin- und Herreisen und Kosten verursacht, die mich (da ich von Hrn. v. Goetz die baar vorgeschossenen 500 Thaler nicht bekomme) jetzt schon so ziemlich auf's Trockne gebracht haben."

Den Anlaß zum Duell lassen wir Hermann mit seinen eigenen Worten berichten, wie er ihn Wolff später mittheilt, mit dem Auftrag, ihn auch seinem Vater bekannt zu machen.

"Bei einem Duell vor mehreren Monaten in Wien," schreibt er aus München den 30. Dez. 1807, "sekundirte meinen Gegner der Graf von Colloredo, Sohn des Reichskanzlers Fürst Colloredo, ein roher, sehr rüder, aber sehr reicher junger Mensch. Durch sein und meines Sekundanten Zureden wurde unser Streit friedlich beigelegt, und da mein Gegner Geschäfte halber sogleich Wien verlassen mußte, so bat er mich, ihm wo möglich zu folgen. Es war damals gerade um die Zeit meines Quartals, und da ich kein Hinderniß sah, überdies selbst gern Wien verlassen wollte, versprach ich es ihm; unglücklicherweise kam mein Geld zwei Monat später an, als ich es erwartet hatte, und ich konnte mein Versprechen nicht halten. Einige Zeit darauf begegne ich dem Grafen Colloredo an einem öffentlichen Ort; er fängt ohne die geringste Veranlassung Streit mit mir an, vergißt sich so weit, mich öffentlich zu schimpfen, und endigt damit, zu sagen, ich sei ein Schurke, der sein Wort gebrochen habe, binnen 24 Stunden Wien zu verlassen, wie ich ihm mein Ehrenwort gegeben hätte. Ich gestehe, daß eine so infame Lüge und ähnliche Beschimpfungen vor vielen Zeugen mich so erschütterte, daß ich fast die Besinnung verlor; allein, ohne nur einen Stock bei mir zu haben, gegen ihn mit zwei Freunden eine Prügelei anzufangen, war unmöglich; ich antwortete also blos mit ähnlichen Benennungen, und ging fort. Den anderen Tag ließ ich ihn durch den Prinzen von Hessen-Homburg um Satisfaktion ersuchen. Er antwortete diesem, er könne sie mir nicht geben, bevor ich nicht mich mit dem alten Gegner geschlagen habe, der ihm überdies geschrieben, daß, obgleich er sich mit mir versöhnt habe, er doch unseren Streit noch nicht als ausgemacht ansähe; überdies wiederholte er, was er schon gestern vorgebracht hatte und machte eine niederträchtige Erzählung von meinem über alle Begriffe feigen Betragen auf dem Platz, und wie ich beinahe fußfällig meinen Gegner um Vergebung gebeten hätte, nur um vom Duell loszukommen. Alles dieses suchte er noch denselben Tag durch seine Freunde in ganz Wien auszubreiten.

Es blieb mir nun nichts übrig, als ihn zu prügeln; ich suchte ihn einige Tage vergebens, bis ich hörte, er reiste ab; ganz allein warf ich mich auf ein Miethpferd (denn kein Wiener hätte gewagt, mich gegen einen Grafen Colloredo, der vornehmsten Familie in Wien, zu begleiten), ritt ihm nach, und holte ihn in der Wiener Vorstadt Mariahilf noch ein, wo er mit zwei Freunden in seinem Wagen sehr schnell davonfuhr. Ich ritt heran, rief ihm zu, ob er vielleicht abreise, ohne mir Genugthuung geben zu wollen, und da er dies mit höhnischer Miene bejahte, hieb ich ihn mit der Reitpeitsche aus Kräften über den Buckel. Er ließ halten, schimpfte und fluchte nebst seinen Freunden (wovon einer der sächsische Graf von Loeben war, der in österreichischen Diensten und eine Kreatur des Grafen Colloredo ist, der ihm oft Geld und zu essen giebt), da er mir aber nichts anhaben konnte, fuhr er fort. Ich mußte nun abreisen, theils der Folgen wegen, theils um den Prinzen L., meinen alten Gegner, aufzusuchen, um mit ihm meine alte Sache auszumachen, die er, wie der Graf Colloredo behauptet hatte, als nicht beendigt ansähe; ich hörte, er sei in Stuttgart.

Nachdem ich meinen Kammerdiener verabschiedet hatte, reiste ich (auf meine Ehre!) mit der ordinairen Post ganz allein mit 80 Dukaten, die mir der Sekretair vorschoß, denn ich hatte nichts, bis Braunau, von wo ich äußerst ermüdet Extrapost nahm, und meinen Weg nach Stuttgart fortsetzte. Einige Stationen vor dieser Stadt begegnete mir ein bairischer Offizier, der nach seiner Garnison Augsburg zurückreiste, von dem ich höre, daß der Prinz L. dort und von Stuttgart zurück ist. Ich kehrte also wieder mit ihm um, und erhielt in Augsburg vom Prinzen, der von allen Lügen des Grafen Colloredo nichts wußte, eine schriftliche Erklärung, die dem Grafen das Dementi gab, jedoch wurde sie so gestellt, daß der Prinz den Grafen Colloredo nicht namentlich angriff, weil er ihm 4000 Florin schuldig, und in Furcht ist, daß aus Rache der Graf Colloredo an seinen Vater schreiben möchte, mit dem er ohnehin schon in keinem guten Vernehmen steht. Nun ging ich nach München, mit nun noch weniger Dukaten; zum Glück kannte die Wirthin im Adler meine Mutter, und gab mir Kredit. Da ich nicht wußte, daß meine Reisen ihrem Ende so nahe wären, so nahm ich wieder den Bedienten an, ließ mich bei Hof vorstellen, und in alle Gesellschaft einführen, und hoffte nach der Erklärung des Prinzen L., die ich nach Wien geschickt hatte, würde der Graf Colloredo mir bald Ort und Zeit unseres Duells bestimmen. Aber seit beinahe vier Monaten, die ich hier zubringe, habe ich nichts von ihm erfahren können, bis ich vorgestern den infamen Brief voll Schimpfwörter und Betheurungen, es möchte gehen wie es wolle, er schlüge sich nicht mit mir, erhielt. Ich lasse daher jetzt die ganze Geschichte zu Rechtfertigung meiner Ehre, und Widerlegung aller der Verläumdungen, die über mich durch den Grafen Colloredo und Konsorten in Wien ausgebreitet worden sind, in die Frankfurter Zeitung setzen, wovon ich

Ihnen einige Exemplare zuschicken werde, aus welcher Sie die ganze Sache weitläufig lesen können. Sie werden einsehen, daß ich jetzt unumgänglich abwarten muß, was der Graf Colloredo auf meine Erklärung in den Zeitungen antworten wird, worauf ich wieder (jedoch dann zum letztenmal) antworten muß, wenn er darauf beharrt, sich nicht zu schlagen. Aus obiger Erzählung wird es sowohl Ihnen als meinem Vater, dem ich den ganzen Brief mitzutheilen bitte, einleuchten, daß ich an dieser Geschichte völlig unschuldig bin, und daß ich der elendeste, feigste Schuft sein müßte, wenn ich ruhig dabei geblieben wäre, und daß meine Ehre und Namen unumgänglich fordert, daß ich sie so öffentlich als möglich mache, und bis an's Ende verfolge, es mag daraus werden was wolle; meine Erklärung in den Zeitungen wird allerdings das äußerste Aufsehen machen, sie ist aber sowohl nach meinem als nach dem Urtheil Aller nothwendig."

Unterdessen reifte in Pückler's Phantasie ein abentheuerlicher Plan. Er war es müde, seinen Lebensunterhalt von dem stets klagenden Vater zu erhalten, der diesem schon viel zu viel dünkte, und mit dem der vornehme, elegante Kavalier doch nicht einmal auszukommen wußte. Unter 4000 Thalern jährlich, behauptete Hermann, könne er seinem Stande angemessen in der Fremde nicht leben; nun aber wollte er versuchen, unter fremdem Namen sich in der Welt einige Jahre durchzubringen, wozu ihm ein sehr geringer Zuschuß seines Vaters genügen sollte; 1200 Thaler jährlich, meint er, würden hinlänglich sein, und dieses Dasein wolle er fortsetzen, bis seine Schulden getilgt wären. Ohnehin sei es ganz unnöthig, daß er zum Arrangement seiner Schulden nach Muskau zurückkehre, da sein Vater allein die geldgierigen Wucherer weit besser abfinden könne, als wenn er selbst gegenwärtig sei. Auch könne man nicht wissen, meint er, welches Glück sich ihm unverhofft in der Welt darböte; "der Gedanke, vielleicht einmal unvermuthet meine eigene Lage verbessern zu können," schreibt er an Wolff, "macht mich heiterer, als ich wahrlich seit langer Zeit gewesen bin, denn ich gestehe es Ihnen aufrichtig, bis jetzt bin ich wahrlich, ungeachtet des äußeren Scheins, meines Lebens noch wenig froh geworden, und habe oft den Tagelöhner um seinen frohen Muth beneidet — so gewiß ist es, daß äußere Güter nur dann zum Glück des Menschen beitragen können, wenn man zu ihrem weisen Gebrauch vorbereitet worden ist."

Der alte Graf nahm die romantischen Vorschläge des Sohnes sehr wenig liebenswürdig auf; er glaubte nicht an den glänzenden Erfolg dieses kühnen Glücksritterthums und an die schönen Gaben Fortuna's, die auch ihm daraus erblühen sollten. Diesen unsicheren Träumen gegenüber sah er als nackte Wirklichkeit die Gläubiger von nah und fern, die sich persönlich und schriftlich in Muskau meldeten, um ihre Rechte geltend zu machen. Er verlangte daher, sein Sohn solle ohne Verzug nach Muskau kommen, mit den Kreditoren einen Vergleich treffen, und mit 1000 Thalern jährlichem Taschengeld dort ruhig und eingezogen leben, bis alle Schulden getilgt worden. Zugleich klagt der Vater gegen Wolff, damit dieser es dem Sohn berichte, er selbst sei in der drückendsten Verlegenheit, alle Zweige der Einnahmen seien verstopft, die Hämmer wegen Mangel an Absatz in einem Rückstande von 8000 Thalern, die Holzhändler, die nach langverflossenen Terminen schuldig, könnten nicht zahlen, der Alaunbebit sei unterbrochen, der Fischpächter, der seine Pacht zu entrichten habe, beweise die Unmöglichkeit der Zahlung in dem noch völligen Bestand seiner Fischerei, und die Unterthanen blieben mit ihren Abgaben zurück. Er habe Anleihen negociirt zu ansehnlichen Summen, und anstatt des erwarteten Geldes erfolgten Unmöglichkeitsbeweise. Kurz, alles stocke in diesen drangvollen Tagen, und doch müßten die Zinsen und der letzte Theil der Kriegskontribution pünktlich entrichtet, und die nöthigen Bedürfnisse der Herrschaft bestritten werden.

Hermann war der Gedanke an eine Rückkehr unter den gegebenen Verhältnissen geradezu entsetzlich, die er als die traurigste Gefangenschaft fürchtete, und die auch Wolff nicht umhin konnte, als eine solche zu betrachten. Wenn seinem Vater in seinen jetzigen traurigen Umständen, schrieb er, 1200 Thaler jährlich ihm zu geben, zu viel dünkten, so wolle er sich auch mit 1200 Gulden, und wenn es durchaus nicht anders sein könne, auch mit noch weniger begnügen, und ihm mit keiner Bitte mehr jemals beschwerlich fallen, „nur mit dem Zuhausekommen soll er mich verschonen; könnte meine Gegenwart meinem Vater etwas nützen, oder ihn nur amüsiren, ich würde alle anderen Rücksichten fahren lassen, aber ich bin vom Gegentheil überzeugt. Er ist traurig und mißvergnügt, ich müßte mir den schrecklichsten Zwang anthun, wenn ich vergnügt scheinen wollte, die geringste kleine Unüberlegtheit oder ein scherzhaftes Wort, was den Stempel auch der unschuldigsten Satyre trüge, und das mir leicht einmal entwischen könnte, würde ihn aufbringen, und da seiner Geschäfte wegen er meine Gesellschaft außer bei Tische nur überlästig finden würde, so müßte ich die übrige Zeit wie bei meinem letzten Aufenthalt in Muskau, wo mir sogar aller Bitten ungeachtet der Gebrauch der Bibliothek versagt war, vor Langerweile unsinnig werden; jeder Brief eines Schuldners brächte mir neue Qual, täglich müßte ich meine Existenz auf dem mir verhaßten Amthause verwünschen, und würde nur die wenigen freien Augenblicke haben, wo ich von meinem wahrhaft geliebten Vater einmal in guter Laune freundschaftlich und mit Vertrauen behandelt würde. 1200 Gulden jährlich können doch meinen Vater nicht inkommodiren, und der Vogel hungert ja lieber, als daß er sich im Käficht satt frißt. Leben Sie wohl.

Ihr betrübter Freund H. P."

Er wollte seinen Willen durchsetzen, und er setzte ihn durch. Sein Vater versprach endlich die 1200 Thaler jährlich, wobei Wolff's Vermittlung wesentlich einwirkte.

Fünfter Abschnitt.

Abreise. Sekretair Hermann. Ausflug in die weite Welt. Ulm. In der Pfauengasse beim Kartenmacher. Der junge Reichsgraf putzt sich selbst die Stiefel. Ernst und Zurückgezogenheit. Geldmangel. Einladung der Mutter; ihre Pläne. Bittere Antwort. Die Colloredo'sche Sache.

Der neue Lebensabschnitt, den Hermann nun begann, hatte trotz seiner Beschwerden und Entbehrungen doch etwas ungemein Reizendes für ihn. Die Lust an romantischen Ereignissen, der Drang nach Abentheuern und Schicksalen, die überhaupt der Jugend eigen zu sein pflegen, waren in ihm besonders stark, und er durfte um so mehr ihre Befriedigung hoffen, wenn er eine bescheidene Verkleidung annahm, sich einfach Sekretair Hermann oder Herr Pückler nannte, in Mansarden wohnte, und mit dem selbstgetragenen Bündel beschwerliche Strecken zu Fuß zurücklegte, und dadurch auch Lebenssphären und Verhältnisse kennen lernte, in die er sonst, seiner gesellschaftlichen Stellung nach, nicht eingedrungen wäre. So ließen ihn frisches Leben auf der einen, Unabhängigkeitsgefühl und Trotz gegen seine Familie auf der anderen Seite, seinen kühnen Vorsatz mit leidenschaftlicher Heftigkeit zur Ausführung bringen.

Da Graf Colloredo sich einmal durchaus nicht schlagen wollte, trotz der Behandlung, die er von Hermann erfahren hatte, so entschloß dieser sich denn endlich, den 16. Januar

1808, dem zwecklosen Warten ein Ende zu machen, und München zu verlassen. Er hatte nur 50 Dukaten in der Tasche, die ihm nach Berichtigung seiner Ausgaben und dortigen Schulden übrig geblieben waren. Und dabei hatte er alle Werthgegenstände, die er besaß, seine goldene Uhr mit Petschaften, seinen Galanteriedegen, seine Pistolen, sein schönes goldenes Achselband, eine Kassette mit wohlriechenden Essenzen, Pulvern und Pomaden, und eine Pariser Tasse nebst Reiseetui zu Gelde gemacht. Und nach all den Opfern doch nur 50 Dukaten!

Auf der ersten Hauptstation verabschiedete der junge Reichsgraf die Extrapost, in der er abgefahren, sowie seinen Bedienten, um, wie er mit edlem Selbstgefühl seinem Vater schrieb, „meine Reise in dem mir wirklich angeborenen Stande, dem eines einfachen Menschen, ohne erborgten fremden Prunk, frei und all das meinige mit mir tragend", fortzusetzen! „Deine Güte," setzt er hinzu, „schützt mich reichlich gegen allen wahren Mangel, und wenn meine unangenehme Geschichte mit dem Grafen Colloredo beendigt wäre, so würde ich mich nie glücklicher und zufriedener geschätzt haben. In meinem nächsten Briefe werde ich Dir meine neue Adresse, und den einstweiligen Ort meines Aufenthalts, bis obige Unannehmlichkeit vorbei ist, melden. Vielleicht setzt das launenhafte Glück mich einmal in den Stand, lieber Vater, die Fehler meiner Jugend wieder gegen Dich gutzumachen, auf jeden Fall kannst Du sicher darauf rechnen, daß Deine Ruhe nie mehr gestört werden soll, und kein Verdruß Dir verursacht durch Deinen Dich innig liebenden Sohn H. Pückler." In der Nachschrift sagt er: „Noch ein Wort kann ich mich nicht enthalten zu sagen. Du schreibst, lieber Vater, daß Du mich für einen schlechten Menschen halten müßtest, wenn Du mich nicht noch mit Leichtsinn entschuldigen wolltest, weil ich mich wundere, daß Du so böse auf mich bist. Ich gestehe, daß dieser harte Ausdruck mir in meiner jetzigen Lage Thränen ausgepreßt hat; ich glaubte, da ich einmal Deine Verzeihung erhalten und keinen neuen Anlaß gegeben hatte, auf mich böse zu sein, daß die Folgen des alten Fehlers mir nicht Dein Herz von neuem abwendig machen könnten, wenn sie Dir auch leider Verdruß machten. In dieser Voraussetzung schrieb ich so an Hempel'n, wie ich geschrieben habe, und meinte es nicht übel."

Auch dem alten Wolff dankte Hermann gerührt für seine ihm bewiesene Anhänglichkeit. „Auch Ihnen bin ich viel Dank schuldig," schreibt er ihm den 15. Januar 1808 aus München vor der Abreise, „für die Freundschaft, mit der Sie sich für mich interessiren, und mir ein so treuer Fürsprecher bei meinem Vater sind; die Güte, mit der Sie mich an die Erhaltung meiner Gesundheit erinnern, ist mir theurer als ihr Gegenstand; über fünfzig Jahr sind wir doch alle todt, was kann ein Unterschied von so wenigen Jahren für einen Werth für den denkenden Menschen haben; das Leben ist ein Augenblick, der Tod ist auch nur einer, sagt Schiller; ich fühle ganz die Wahrheit dieses Wortes."

Ein Brief von Pückler aus jener selben Zeit an den Prediger Brescius in Muskau ist hier noch nachzutragen, da er nach anderer Richtung hin Hermanns damalige Stimmung bezeichnend schildert. Er lautet:

„München, Mitte Januar 1808.

Lieber Brescius!

Ein Brief von mir wird Ihnen unerwartet kommen, sein Inhalt wird es vielleicht noch mehr, aber Sie verstehen mich allein. Sie waren zum Theil der Lehrer meiner Jugend, und ich fühle das Bedürfniß der Mittheilung gegen einen Mann, den ich schätze. Eine Veränderung ist mit mir vorgegangen, die, obgleich ich sie wohl begreife, doch so plötzlich mich wie Zauber überrascht hat. Der charakterlose, dem schwankenden, von jedem Hauch bewegten Rohre gleiche Jüngling ist in einem Augenblicke zum Manne geworden. Eine heitre, nie gefühlte Ruhe erfüllt meine Brust, und mit Bedauern übersehe ich die vergangene nichtige Zeit. Wohl immer seit ich denken lernte, fühlte ich unbestimmt, daß mir etwas fehlte, was keine sinnliche Freude mir ersetzen konnte; oft in stiller Einsamkeit vertieften sich meine Gedanken über das Räthselhafte unserer Existenz, über den Zweck der Welt und über die ewige Nacht, in der wir endlos tappen. Schrecklich schienen mir Lessing's Worte:

>Der Mensch, wo ist er her,
>Zu schlecht für einen Gott, zu gut für's Ohngefähr?

Auf einem solchen einsamen Spaziergange war es, wo, voll düsteren Sinnens in dem Anblicke der untergehenden Sonne verloren, es plötzlich wie ein Schleier von meinen Augen gezogen wurde, und wie von der Wahrheit selbst mir aufgedeckt, fühlte ich auf einmal im Innersten der Seele in seiner ganzen Kraft, was meinem Ohr bisher nur Schall gewesen war; zwei Pflichten giebt es nur für den denkenden Geist:

>Verehrung dem unendlichen, dem unfaßlichen Wesen, das aus der flammenden Sonne wie aus dem Sandkorne zu uns spricht;
>Wohlwollen gegen alle unsere Mitgeschöpfe, das große Wort Humanität.

Worte, wie einfach, und doch wie tiefen Sinnes! wie oft hört' ich euch, ohne euch zu verstehen. Wohl ist es wahr, was Schiller sagt:

>Die Tugend, sie ist kein leerer Schall.

Ich fühle es, man kann sie lieben um ihrer selbst willen, unbekümmert, ob das sich bewußte Leben auch noch über das Grab hinausreichen wird. Es liegt ein natürliches Bedürfniß in uns, ein bestimmtes Bewußtwerden unserer Pflicht, selbst zu erringen, und eher können wir unmöglich ganz ruhig werden. Drum denke jeder nach, und sinne und erwäge; wahrlich, wird einst die Welt nur aus solchen Menschen bestehen, denen die göttliche Fackel der Philosophie leuchtet, das Menschengeschlecht wird glücklicher dadurch werden, als alle Religionen von Confuzius bis auf Mahomet es haben machen können.

Leben Sie wohl, und antworten Sie mir nicht als Prediger einer Sekte, sondern als Mensch und als Freund.
H. Pückler."

Hermann bat den treuen Wolff, daß er seinen Vater veranlasse, ihm in Dresden einen Kabinetspaß ausfertigen zu lassen für einen Herrn Hermann nach Baiern und Frankreich, vom bairischen und französischen Gesandten unterschrieben. So sollte das Incognito vollständig sein, und der junge Graf Pückler einstweilen vom Lebensschauplatz verschwinden. Er bat Wolff, den Paß ihm unter seiner Münchener Adresse zugehen zu lassen, da er mit der Wirthin im Goldenen Adler ausgemacht, daß sie ihm die Briefe überall nachschicke.

Denn wohin? das wußte er ja selbst noch nicht. Er ging eben in die weite Welt, und das war gerade das Reizende, das Bezaubernde für ihn. —

Das Leben in der „weiten Welt" begann damit, daß er sich Ulm zu seinem ersten Aufenthaltsort wählte, wo er den Ausgang der Streitsache mit Colloredo abwarten wollte, die er zu seiner Rechtfertigung in den Zeitungen zu veröffentlichen gedachte. Sein Geld war bei seiner Ankunft, den 17. Januar, nun schon auf 30 Dukaten geschmolzen, und er sollte doch damit bis Ostern auskommen! —

Er nahm sich also eine „Poetenstube" im dritten Stock in der Pfauengasse bei einem Kartenmacher, dessen lärmende

Beschäftigung ihn oft beim Lesen und Schreiben störte.
Dazu wurmstichige, verfallene Möbel, nicht die geringste
Bequemlichkeit, jämmerliche Kost für 12 Florin monatlich,
und zur Aufwartung eine ungeschickte Magd für 2 Florin
monatlich, deren bäurisch-schwäbische Mundart er sich vergeblich anstrengte zu verstehen. Er selbst reinigte sich die
Kleider, und putzte sich die Stiefel. Brennholz konnte er
sich so wenig kaufen, daß er oft, um sich zu erwärmen, in
dem ungewöhnlich strengen Winter in's Freie hinauslief, und
wilde Spaziergänge in Schnee und Eis unternahm. Wenn
die Witterung hiezu zu schlecht war, bestieg er den Thurm
des Domes, oder wandelte unter dessen majestätischen Bogen-
gängen auf und nieder.

In solcher Weise lebte er, zurückgezogen und voll Ent-
sagungen trotz seiner Jugend, den Leichtsinn plötzlich mit
dem Ernst vertauschend, das Leben eines Weisen, ohne
andere Gesellschaft als die seiner Bücher, sich fleißigem
Studium hingebend, und dem forschenden Nachdenken über
sich selbst überlassend. Die Einsamkeit war ihm für eine
Zeitlang eine neue unterhaltende Wollust, und seine stets
thätige Phantasie malte ihm aus, daß wenn er katholisch
wäre, was er bedauerte nicht zu sein, es ihm erwünscht sein
könnte, ein Mönch zu werden. — „Sie werden vielleicht
lachen," schreibt er den 1. März 1808 an Wolff, „aber es
ist mein völliger Ernst — der Philosoph gedieh schon oft
unter der Kutte, und eine Narrenkappe müssen wir doch
einmal tragen, es sei nun eine katholische, protestantische,
kalvinistische oder türkische. Sapienti sat."

Neben solcher Befriedigung hatte er noch die andere in
kindlicher Lust am Komödienspiel, alle seine Briefe in die
Heimath als Sekretair Hermann zu unterzeichnen, und eifrigst
anzuempfehlen, daß auch die an ihn gerichteten Briefe ja

ebenso an ihn adressirt würden. Seine poetische Seele formte so gern die Wirklichkeit zu einer Dichtung, zu einem Roman um.

Als aber Ostern herannaht, und der ersehnte Wechsel von seinem Vater noch nicht da ist, da schreibt er voll Sorge an Wolff, wenn er das verheißene Geld nicht rechtzeitig erhalte, so müsse er verhungern oder für Tagelohn arbeiten, da er hier unter fremden Menschen niemand habe, der ihn aus der Verlegenheit zu reißen vermöge.

Unerwartet erhielt er einen Brief seiner Mutter, die ihn zu sich nach Paris und Neumarkt einlud, wo des Grafen Seydewitz Regiment damals stand. Letzterer Ort war nur drei Tagereisen von Ulm entfernt; Pückler aber widerstrebte es, auf Kosten des Grafen von Seydewitz leben zu sollen, auch fand er es allzu bemüthigend, in seinem damaligen Aufzug dort zu erscheinen. Er wollte sein Vaterland lieber niemals wiedersehen, als in nicht standesgemäßen Verhältnissen, obgleich seinem klaren Urtheil keineswegs entging, was es mit dem inneren Werth solcher Rangverhältnisse auf sich hat. Er lehnte daher unter mancherlei geschickten Vorwänden die Einladung der Mutter ab.

Die Gräfin scheint dies übel genommen zu haben, und wollte den Sohn nun bereden, wenn er nicht zu ihr komme, doch in die Heimath zurückzukehren, und etwa die diplomatische Laufbahn einzuschlagen.

Er antwortete ihr darauf aus Ulm den 11. März wie folgt:

C'est dans ce moment que je reçois votre lettre de Strasbourg, qui me remplit d'étonnement. A peine suis-je d'accord avec mon père que ma mauvaise fortune, par votre moyen, recommence à me désespérer. Il semble que vous ne cessez de me prendre pour l'enfant de six ans qui jadis vous servit de poupée.

Quelle est donc, je vous prie, cette fureur de vouloir me tirer par les cheveux dans un pays où chaque objet que j'envisage ne peut me présenter que des souvenirs odieux? Voulez-vous m'en dédommager en me faisant sécretaire de légation, poste à-peu-près égal à celui d'un valet de chambre, au moins en Saxe, car les sécretaires de légation de Vienne et de Munic, que j'ai connu n'étaient guères autre chose que les premiers sécretaires de leurs ministres! J'ai pris même huit jours le dernier pour un laquai. J'avoue que je ne me sens aucune disposition pour un emploi pareil, d'autant plus que pour avoir dans la suite, si jamais l'idée m'en prend, la place d'un envoyé, il n'est pas du tout nécessaire d'avoir été auparavant sécretaire de légation. Pourvu qu'on ait beaucoup de fortune et un peu de savoir-faire, c'est tout ce qu'il faut. Moi, dont le sort est de vivre des bienfaits d'autrui — je serai bien inconsidéré de vouloir embrasser une pareille carrière. Quand à ce que vous dites de mon éducation, vous devez savoir mieux que personne, que, grâce à dieu, je n'en ai reçu quasi aucune, et il me semble qu'il est un peu trop tard d'y penser à-présent. Vous parlez ensuite des grands plans, que vous aviez formés autrefois pour mon bonheur, et qui ont échoués par ma faute. C'est avec confusion que je confesse ici l'infidélité de ma mémoire. Le seul plan, dont je puis me souvenir, est celui que vous formiez d'accord avec mon père de reprendre ce que vous m'aviez autrefois donné, et je pense que ce plan-là vous a passablement bien réussi. De quoi vous plaignez-vous donc, ma chère Maman?

Votre histoire de Wolff et de ses 500 écus est pour moi un énigme, dont je ne suis pas assez heureux d'avoir la clef. Tout ce que je sais, c'est qu'au lieu de mille écus que j'attendais, on m'en envoyait 500, il y a quatre mois, qui suffisait à peine pour payer les frais de mon séjour à Munic, de manière que quand je quittais cette ville, je n'avais plus que 50 ducats en poche, desquels j'ai vécu fort misérablement depuis — tout le reste de votre anecdote m'est incompréhensible. Je vous rends bien des grâces de la bonne opinion que vous avez de ma tête, mais elle n'est cependant pas assez bonne pour apprécier dignement toute l'excellence de vos conseils, en raison de quoi je vous supplie de m'excuser si je ne puis entrer dans aucune de vos vues.

J'ai l'honneur d'être avec le plus profond respect, Madame
  Votre très-humble et très-obéissant serviteur et fils
    H. Comte de Pückler.

Monsieur Schmidt, votre confident, doit avoir eu des visions, quand il m'a vu à Munic, car il y a près de trois mois que je ne sors presque pas de ma chambre, qui est à côté d'un grénier dans la plus mauvaise baraque qui se trouve à Ulm.

    Ce 13 mars 1808.

En relisant aujourd'hui ce que j'ai écrit avant-hier, je m'aperçois que le chagrin m'a fait écrire avec un peu trop d'emportement, mais pourquoi aussi me parler de retourner en Saxe, et me faire des reproches qui n'ont aucun fondement? Je me tais à présent, mais si vous l'exigez, il me sera facile de vous convaincre de la justesse de ma cause. En attendant je n'ajouterais que quelques mots sur votre projet diplomatique. Il n'y a aucune place de cette sorte qui pourrait me convenir, excepté celle d'un attaché à la légation à

Paris. Si mon père était en état de me continuer ma pension de 4000 écus, je ne balancerais pas un moment à embrasser cette carrière, pour vous obliger, quoique ce serait à regret, aimant mieux à voyager. Mais actuellement, où mon père, qui a enfin consenti à payer mes dettes, est hors d'état de me donner plus de 200 louis par an — il serait folie d'y penser. Laissez-moi donc, ma chère mère, parcourir le monde quelques années sous un nom emprunté — rien au monde peut m'être d'une plus grande utilité, et plus conforme en même temps à ma situation. En attendant, mes dettes sont payés, et quand je reviens en trois ans, je ne trouve plus aucun obstacle à retourner à Dresde pour y solliciter la clef de chambellan, et le poste d'un sécretaire de légation à Paris etc. Ça ne me menera pas fort loin, à la vérité, car ma fortune apparemment ne me permettra jamais à me pousser davantage, mais au moins j'aurai en le plaisir de remplir vos volontés.

Je vous demande pardon des ratures, mais considérez que c'est au lit que je vous écris, et que je ne puis faire le brouillon, le papier étant trop cher. Je crains même de me voir bientôt réduit à ne pouvoir plus faire les points sur les i, malgré les 500 écus que vous avez la bonté de me faire envoyer par Wolff."

Die tiefe Bitterkeit, die aus diesen Zeilen spricht, zeigt, wie viel er in seinen intimsten Familienbeziehungen zu leiden hatte. Le papier étant trop cher, sollte eine harte Demüthigung für die lustige verschwenderische Gräfin von Seybewitz sein, die ihren Sohn in solcher Bedrängniß ließ.

Auch die Colloredo'sche Sache fuhr fort, Hermann Verdruß zu machen, da sogar seiner Veröffentlichung des Hergangs sich Schwierigkeiten in den Weg stellten. Die Censur wollte Dinge dieser Art nicht passiren lassen, und einen Buchdrucker dahin zu bringen, heimlich den Druck zu übernehmen, wäre eine ansehnliche Belohnung erforderlich gewesen, zu der er nicht die Mittel besaß. Bezeichnend für die damaligen Zustände ist es, daß der Redacteur der Augsb. Allg. Zeitung außer den Druckkosten ein Douceur von 30 Dukaten für sein Risico verlangte. Endlich gelang denn doch, den heimlichen Druck zu bewerkstelligen. Wir theilen hier das Schriftstück mit. Es lautet:

„Ayant trouvé des difficultés à faire insérer l'exposé suivant dans les papiers publics, je me sers de la voie présente pour ne pas en retarder plus long tems la publication.

Etant sur le point de quitter l'Allemagne, je me vois obligé de donner à mes amis et à tous ceux qui ont la bonté de s'intéresser à moi, une exposition exacte des faits suivans touchant un événement qui, étant très répandu, pourrait être dénaturé par des personnes ou mal instruites ou mal intentionnées. Il y a à-peu-près neuf mois qu'ayant eû a Vienne une altercation avec M. le Pr. de L....*) nous convinmes de la vuider en nous battant au pistolet; cependant nos deux seconds, M. le Comte Ferdinand de Colloredo Mansfeld de la part de M. de Prince de L...., et M. le Comte de S...**) de la mienne, tâchèrent, surtout le premier, de terminer le différend à l'amiable, et réussirent enfin à nous réconcilier. M. le Prince de L.... étant obligé de se rendre sur le champ à M...***), désirait que je l'y suivisse pour éviter tous bruits équivoques

---

*) Löwenstein.
**) Saer.
***) Munic.

au désavantage de l'un ou de l'autre, que le départ précipité d'un seul aurait pu causer; comme c'était d'ailleurs ma route pour aller en France, je n'hésitais pas à le lui promettre; cependant je fus retenu à Vienne, de semaine en semaine par des empêchemens imprévus. C'est de là que M. le Comte F. de Colloredo, sans la plus legère provocation de ma part, se permit envers moi des propos aussi bas qu'insultans, me rencontrant tout seul dans un endroit public, lui étant avec deux de ses amis; quoique nullement accoutumé à un langage aussi vil, je tâchais cependant de répondre à M. de Colloredo en termes analogues aux siens, et le lendemain je lui fis annoncer, que j'en exigais la satisfaction qu'un homme d'honneur doit en pareil cas — combien m'étais je trompé en regardant comme tel le Comte de Colloredo — il me répondit qu'il ne saurait m'accorder ma demande, avant que j'eusse vuidé mon précédent différend avec M. le Prince de L....; sentant cependant, à quel point ce subterfuge était absurde, ayant lui-même en qualité de second du Prince, contribué le plus à notre accommodement, il ajouta que M. le Pr. de L.... lui avait écrit plusieurs fois, qu'il se répentait infiniment de s'être réconcilié avec moi, en cédant à mes prieres!!, mais que malgré cela il ne regardait pas l'affaire comme terminée. Poussé à bout par une calomnie si odieuse, je n'hésitais plus à qualifier publiquement le Comte de Colloredo du titre seul convenable en pareille occasion, et ne pouvant vaincre sa répugnance pour les armes, je résolus de le traiter selon ses mérites; sur ces entrefaites on vint me dire qu'il partait pour ses terres, je montais aussitôt à cheval pour le suivre, et je le joignis dans le Faubourg de Maria-Hilf, étant dans sa voiture escorté de deux amis; je l'apostrophais en lui demandant, s'il s'imaginait de partir sans avoir satisfait à ma juste prétention, et persistant dans sa négative, je lui fis lire ma réplique par les épaules. Furieux, il fit arrêter sa voiture, et après s'être beaucoup répandû en injures et malédictions, il prit le parti de continuer sa route, protestant toutefois que jamais je ne lui ferai accepter mon défi. J'attendis encore quelques jours à Vienne pour voir ce que son courage lui dicterait, mais en vain — je partis donc pour A... dans l'intention de m'éclaircir avec M. le Prince de L...., qui fort surpris de tout ce qu'il entendit, ne manqua pas de me donner sur le champ la déclaration suivante, dont je tiens l'original et dont voici la traduction:

(1) A la réquisition de M. le Comte Armand de

---

(1) Auf Ansuchen des Herrn Grafen Hermann von Pückler bezeuge ich hiermit schriftlich, daß derselbe (wegen der in Wien gehaltenen nachtheiligen Reden und Aeußerungen, daß unsere alte Streitsache nicht ausgemacht sei) mich hier aufgesucht hat, um dieselbe schon beigelegte Affaire noch einmal durch ein Duell auf Pistolen mit mir auszumachen: ich habe Ihm erklärt, daß ich mich zur Zeit dazu ganz außer Stand befinde, nachdem ich hier auf Festung sitze, und durch mein Ehrenwort an den Stadtkommandanten gebunden bin, mich, so lang meine Strafzeit dauert, in keine Art von Duell einzulassen: sobald diese Hindernisse gehoben sind, werde ich Ihm, wenn Er ferner darauf bestehen sollte, auf alle Art und Weise zu Diensten stehen. Demohngeachtet kann ich nicht umhin, zu erklären, daß ich unsere alte Streitsache in Wien als vollkommen beigelegt betrachte, indem sie damals von beiderseitigen Secundanten selbst, als allen Gesetzen der Ehre gemäß geschlichtet, und anerkannt worden ist, weswegen daher jedwede nachtheilige Gerüchte darüber von den Secundanten widerlegt werden müssen.

A...*) den 23. September 1807.   C...n. P. v. L.... W....**)

---

*) Augsbourg.
**) Constantin Prince de Löwenstein-Wertheim.

Pückler, j'atteste par la présente, écrite de ma main, qu'il est venu me chercher pour se battre au pistolet avec moi, à cause des propos tenus à Vienne, qui tendaient à faire croire que notre différend n'eut pas été entièrement terminé. Je lui déclare qu'en ce moment j'en suis hors d'état, étant détenu à la forteresse, et lié par ma parole d'honneur au Commandant, de ne pas accepter aucun duel durant ma détention; ces obstacles levés, je serai toujours aux ordres de M. le Comte de Pückler, s'il y persiste. Néanmoins je ne puis m'empêcher de déclarer que quant à moi, je regarde ce différend comme entièrement terminé, ayant été dans le tems, accommodé par nos seconds selon toutes les loix de l'honneur, et réconnu pour tel, de manière que c'est du devoir des seconds eux-mêmes, de réfuter tout rapport nuisible concernant cette affaire.

A.... le 23 Septembre 1807.

Signé C...n, P. de L.... W....

Le Comte de Colloredo recevant un démenti aussi formel, et voyant son subterfuge entièrement anéanti, on aurait crû qu'il s'empresserait d'effaçer, par des procédés plus nobles la honte de sa conduite passée; cependant je n'ai pu avoir pendant trois mois aucune réponse à mes lettres multipliées, que j'ai eu la délicatesse d'écrire à Vienne à ce sujet.

Ce n'est qu'hier enfin, que j'ai reçu à Munic une lettre de M. de Colloredo digne de son auteur, et dont le contenu plus qu'impertinent m'a forcé à ne plus avoir le moindre ménagement avec une telle espèce d'homme. Son écrit étrange n'est autre chose qu'un tissu d'injures et de mensonges impudens; entre autres il ne rougit pas d'avancer que, mon affaire avec le

Pr. de L.... étant accommodée, j'avais donné ma parole d'honneur à lui Comte de Colloredo, et au Comte de S. (le même dont il est fait mention plus haut et qui a quitté Vienne, il y a long tems, pour se rendre dans sa patrie) de sortir de Vienne dans les vingt quatre heures!!!, assertion trop absurde pour daigner seulement y répondre; il finit par protester de nouveau que rien ne l'engagera à se battre en duel avec moi, qu'il ne faisait que mépriser mes poliçonneries (Bubenstreiche), c'est ainsi qu'il appelle très plaisamment le coup de fouet qu'il ma forcé de lui appliquer, d'autant plus, dit-il, qu'il n'a reçu l'outrage que par derrière. Quoique un ennemi pareil ne soit guères à atteindre que de ce côté, je crois cependant que ne l'ayant frappé qu'après lui avoir parlé et qu'après avoir eû sa réponse, on ne peut pas me taxer de l'avoir attaqué à l'improviste ni en traitre, comme il s'exprime. Au reste M. le Comte de Colloredo, s'imaginant, à ce qui parait, qu'un coup de fouet n'est conséquent, qu'autant qu'il est appliqué à travers la figure, fait parfaitement le pendant du Gascon, qui se trouvant dans le même cas que lui, dit à son ami qui l'exhortait à la vengeance: Mon cher, on voit bien qué tu né connais pas lé vrai couragé, moi jé me suis fait la loi de né jamais m'occuper d'une chosé qui sé passe derriére moi.

M. le 26 Dec. 1807. Armand Comte de Pückler.

A mon grand regret, l'impression de cet exposé a été rétardé près de trois mois, par la négligence d'un Imprimeur de M.... que j'en avais chargé."

Pückler vertheilte nach allen Seiten die Exemplare, und bat Wolff, die Schrift auch in den norddeutschen Zeitungen abdrucken zu lassen.

Seiner Mutter schrieb er darüber aus Ulm den 19. März 1808 wie folgt:

„Vous me témoignez votre étonnement de l'opiniatreté avec laquelle les gazetiers s'opposent à insérer mon exposé dans leurs feuilles; je m'empresse de faire cesser votre étonnement en vous informant qu'il leur a été défendu par un ordre formel du gouvernement, à ne rien insérer de relatif à cette histoire dans les gazettes qui paraissent en Bavière. Le Redacteur du Journal de Francfort m'a répondu qu'il n'osait pas, et celui de Mannheim, qu'il ne pouvait pas se charger de la publication d'une affaire si éclatante. Mr. de Mongelas, outre cela, a défendu aux imprimeurs de Munic très précisément l'impression de mon Exposé, que j'y avais envoyé à cet effet, et ce n'est que par un bazard bien singulier que je suis parvenu à le faire imprimer claudestinement dans un autre endroit qui n'en est pas fort éloigné. Si vous persistez, après cela, dans votre étonnement étonnant, je suis bien fâché de ne pas être en état de le calmer.

Quand aux reproches que vous me faites, de ne pas avoir communiqué cette affaire à Mr. le Comte de Pückler, qui, à ce que j'entends, réside à Neuenberg, je vous prie de me pardonner cette faute. Tout ce que je pourrais rapporter à mon excuse, c'est que jusqu'ici j'ai parfaitement ignoré l'existence de ce bon homme, mais je conçois que j'aurai dû la deviner.

Je vous supplie de ne pas augmenter les frais du port en joignant à votre lettre un régistre imprimé des qualités du bain de Neumarkt. Je n'en doute aucunement, mais comme ce n'est pas seulement pour me laver que je veux prendre les eaux, vous trouverez bon que je préfère ceux de Pfeffers, qui jouissent d'une haute réputation pour toute l'Europe, et qui seuls peut-être seront en état de me rendre ma santé, qui de jour en jour devient plus mauvaise.

J'ai l'honneur d'être avec respect,
    Madame et très-chère Mère
  Votre très-humble et très-obéissant serviteur
        et fils
            Hermann P."

Sechster Abschnitt.

Briefwechsel Hermanns mit seiner Mutter.

Aus dem Briefwechsel Hermanns mit seiner Mutter mögen hier noch einige Blätter folgen, um die Anschauung seines Wesens zu vervollständigen. Er selbst that einmal in späterem Alter die Aeußerung, daß der Charakter und die Fähigkeiten eines Menschen beinahe immer schon im zehnten Jahre entschieden auftreten, und für den aufmerksamen Beobachter sichtbar sind. Bei ihm selbst war dies gewiß der Fall. Schon das Kind und der Jüngling zeigen den späteren Pückler. Die nachfolgenden Briefe sind gewiß als die eines Dreiundzwanzigjährigen merkwürdig, und zeigen zugleich in der Grazie und Satyre der Ausdrucksweise jenen französischen Esprit, der ihm als Erbtheil der französischen Abstammung seiner Großmutter zugefallen sein mag.

Pückler an seine Mutter.

Le 26 mars 1808.

Votre esprit à son tour l'emporte sur ma mauvaise tête — un je ne sais quoi de gracieux et de puissant dans vos lettres m'a tellement enchanté, que je ne saurai qu'à me rendre à discrétion. Que ne puis-je venir moi-même solliciter mon pardon! Mais hélas!

Pluton et Esculape se sont tous les deux conjuré contre moi. Une maladie opiniâtre me retient dans mon triste réduit, et quand par hazard mes regards languissants se tournent vers ma bourse, trois ducats bavarois sont les seuls objets qu'ils découvrent; cependant mon oreille attentive entend qu'on gratte à la porte. — C'est l'hôte implacable, qui le compte à la main, demande à voix basse ses vingt-cinq florins Ah! direz-vous, tant qu'on fait des vers, on n'est pas encore si mal — au contraire, combien de poétes ne devons-nous pas à la faim! Et d'ailleurs, c'est le chant du cygne.

Écrivez-moi que vous m'aimez, et tous mes maux me paraitront légers.

Votre fils repentant Hermann P.

Apostille. J'ai commis une erreur en vous parlant ce matin de mon hôte implacable, il faut lire „l'hôte ennuyeux", dans implacable il y a une syllabe de trop, et mon hôte, au reste, est réellement beaucoup moins implacable qu'ennuyeux. Je ne serais pas bien étonné si vous me trouviez l'un et l'autre, c'est la mauvaise compagnie qui me gâte, car je n'ai d'autre que la mienne, et j'ai tous les jours le chagrin de m'ennuyer moi-même, aujourd'hui c'est vous qui êtes la victime, et, ma foi, il est temps de vous faire grâce.

Mes respects al Signor Maximo.

Pückler's Mutter, Gräfin Clementine von Seydewitz, an ihren Sohn.

Neumarkt, le 28 mars 1808.

Il vaut mieux se repentir tard que jamais, mon fils, et je vous pardonne. Étant hors d'état de guérir votre double maladie, celle du corps et de la bourse, je vois bien qu'il faudra renoncer au plaisir de vous voir ici, la mienne étant aussi bien malade, au moins très-faible, après tous les voyages qu'elle a été obligée de soutenir; ce n'est qu'à la St. Jean prochaine, que j'ai espoir de la guérir, en lui rendant quelques forces — car mon quartier de Pâques est assigné pour payement à Paris. Si ce n'était que les 25 fl. de votre hôte, je pourrais bien le satisfaire, mais cela ne suffirait pas, ainsi changeons de discours, denn das ist unsere schwache Seite. — En vers je ne saurais vous répondre, mais où la rime manque, la raison y est quelquefois, ainsi cela sera en prose que je vous écris. Où trouverez-vous les moyens pour entreprendre le voyage de Pfeffersbad, ne pouvant faire le trajet à Neumarkt, qui n'est qu'à deux journeés d'Ulm? J'ai attendu d'un jour à l'autre, avant de partir pour la Saxe, croyant toujours vous voir arriver, mais cet espoir me trompait, le coeur d'un fils ressemble peu à celui d'une mère. — Je vous envoye franc de port la description des qualités de notre bain, faites-en part à votre Esculape, peut-être qu'il changera d'avis, et vous enverra ici, au lieu à Pfeffersbad, alors nous serions ensemble à mon retour de Saxe; il est sûr que vous ne trouveriez pas beaucoup de société, mais — quand on est vraiment souffrant — on ne l'aime guères, et les soins d'une bonne mère en dédommagent bien, je le serai, si vous vouliez, mon cher fils, c'est tout ce que j'ambitionne, d'être aimé de mes enfants.

Votre fidèle mère.

Je n'ai pas encore de nouvelles de Seydewitz, et avant je ne le suivrais pas.

Pückler's Mutter, Gräfin Clementine von Seybewitz, an ihren Sohn.

Neumarkt, le 29 mars 1808.

L'ennui qui vous dévore vous prive aussi de la raison, je crois, car vous m'écrivez souvent des folies. Je reçois tout-à-l'heure votre apostille du 6 mars, ainsi elle n'a été que presque un mois en chemin d'Ulm ici. — Pauvre Hermann, que vous êtes à plaindre, ayant tout ce qu'il faut pour être heureux, vous ne l'êtes pas. C'est que vous ne choisissez pas les vrais moyens pour le devenir. Croyez-en votre vieille mère, l'occupation seule chasse l'ennui, et rend le calme et le repos si nécessaire dans notre vie — souvent orageuse, si l'âme n'est tranquille. Ce n'est qu'avec une conscience pure qu'on brâve les coups du sort, non mérités. — Depuis que mon coeur ne me reproche rien, que je sais m'occuper, je suis bien plus heureuse, et je voudrais que ce temps de la raison soit déjà venu pour mon cher Hermann, alors — plus d'ennui, plus de plaintes, un jour de la vie se passe comme l'autre, le calme est dans notre âme, et le repos dans notre coeur. — Des jouissances qui durent sont le choix de la raison, et non les passions qui déchirent le coeur, sans donner le bonheur; — ne croyez-pas, mon cher fils, que ce sont des phrases, non, c'est la vérité que je tiens de l'expérience, faite quelque fois à mes dépens. — Mais, ce temps est passé, après l'orage suit le beau temps, il a purifié l'air, et ne gronde plus que de loin.

Max vous embrasse tendrement, il se rappelle toujours encore du nom de Purzelchen, que vous lui donniez à Meissen, il y a plus de quatre ans, c'était la dernière fois que vous ait vu votre mère.

Pückler an seine Mutter.

Ulm, ce 30 mars 1808.

C'est avec bien du plaisir que j'ai reçu votre lettre du 28; je ne puis vous en dire autant du livre y joint, mon empressement de vous répondre ne m'ayant pas donné encore le temps de le lire, mais je ne doute pas qu'il ne soit aussi instructif qu'amusant, d'ailleurs il y a un proverbe arabe qui dit: geschenkter Essig ist besser als gekaufter Wein, par conséquent etc. Vous me conseillez d'en faire part à mon médecin, je prétends non seulement lui en faire part, mais même le lui offrir pour payement. Vous me pardonnerez cet usage profane d'un présent que je tiens de vous, vû que l'article des finances est, comme vous dites fort bien, mon côté debolissimo. Tout ce que vous avez la bonté de me dire au sujet de mon voyage à Neumarkt, est si flatteur pour moi, que je ne saurais vous décrire combien j'en suis touché; vous me feriez certainement un tort bien sensible, si vous puissiez croire sérieusement que le coeur d'un fils ne ressemble pas à celui d'une mère; cependant je dois avouer que cette expression m'a fait un peu sourire, je me rappelais involontairement les vers de Boufflers:

„Si les coeurs des jeunes garçons étaient faits
comme ceux des filles,
Que deviendraient les familles."

J'attends mon quartier de Paques en 15 jours, et si ma santé le permet, je me rendrai aussi-tôt à Pfeffers; mais si par hazard à l'arrivée de mon argent vous brillez encore sur l'horizon de Neumarkt, c'est sur cet endroit charmant que je porterais mes pas sans différer. En attendant je suis un peu en peine comment je me tirerais d'affaire n'ayant plus sur ma parole d'honneur qu'un seul ducat en poche, et six ducats de dettes. Tout ce que je sais, c'est que jamais de ma vie je n'oublierai le carnaval que j'ai passé à Ulm, car si cette ville détestable n'est pas l'enfer lui-même, c'est au moins le purgatoire. Je vous prie d'embrasser Max de ma part. H.

Pückler an seine Mutter.

Ulm, le 1 avril 1808.

Melodie: Pour Marie Madelaine
Je pleure ces frédaines.

Ciel! quelle veine poétique tout d'un coup s'est emparé de vous! Quelles tirades échappent à votre plume! J'ai le malheur de mettre un 6 pour un 26, aussitôt l'orage gronde, l'air se purifie, le beau temps survient; coups du sort, conscience, reproches, ennui, jouissances, passions, raison combattent, et la dernière incapable de résister à tant d'ennemis à la fois, cherche son salut dans la fuite. Pauvre Hermann, que vous êtes à plaindre, ayant tout ce qu'il faut pour être heureux, vous ne l'êtes pas! Pauvre Hermann est parfaitement bien dit, car il serait difficile d'en trouver un plus pauvre que moi, mais le reste est une invention ingénieuse ad modum Goldoni. Vous m'obligerez sensiblement en m'indiquant ces moyens que je dois avoir pour être heureux. Je suis malade, je n'ai pas d'argent, je n'ai pas plus d'esprit qu'il n'en faut pour m'apercevoir que je ne suis qu'un sot, je suis très-négligé de la nature en fait de figure et tout mon extérieur, je manque de raison, à ce que vous dites, et malgré cela, j'ai tout ce qu'il faut pour être heureux!! Je ne suis pas malheureux parceque la divine philosophie, le seul trésor que je possède, m'en garantit, mais de bonheur je n'en connais guères d'autre que celui de pouvoir me nommer

votre fils
H.

Salut et amitié à Max Burzelchen. Me rappelant que c'est aujourd'hui le premier d'avril, je devine à présent que vous avez voulu me donner un poisson d'avril.

Siebenter Abschnitt.

Kränklichkeit. Schweizerreise. Stuttgart. Dannecker. Müller. Erste Diligencefahrt. Sparsystem. Fußwanderungen. Sparstation zu Tübingen. Sparstation zu Konstanz. Herr Pückler. Fußreise nach Mailand. Erkrankung in Luzern. Bern. Krankheitsschilderung. Träume einer Brautfahrt. Gedanken an Schriftstellerei. Genf. Doktor Jurine. Lebenswünsche.

Hermanns wiederholte Klagen über seine Gesundheit waren nur allzusehr begründet; er fühlte sich sehr schwach und kränklich, hatte alle Abend Fieber, und sehnte sich darnach, in ländlicher Stille und unter mildem Himmel sich durch eine ernste Frühjahrskur wieder herzustellen. Auch dürstete er, nachdem er in Ulm den stillen Karneval des Weisen genossen, nach neuen Anregungen; Natur und Kunst, hofft er, sollen sich nun fortan in vereintem Bunde in sein Leben theilen, und es durch den edelsten Genuß beglücken. Zum Anfang sinnt er sich den Plan zu einer Reise in die Schweiz aus, deren nahe Berge schon lange seine Phantasie magisch angezogen hatten. So verließ er Ulm im Anfang des April.

Kaum unterweges, fand er seine frohe Laune, seinen guten Muth sogleich wieder.

In Stuttgart machte er die Bekanntschaft des berühmten Bildhauers Dannecker, in dessen Werkstatt er den Kopf Schiller's und die schöne Ariadne bewunderte, die damals noch nicht in Marmor ausgeführt, sondern nur erst in Gips gegossen war. Auch den verdienten Kupferstecher Müller lernte er kennen und sah dessen berühmten Stich der Madonna della Sedia. Mit liebevollem Antheil und feinsinnigem Urtheil gab sich Hermann all diesen Eindrücken hin.

Er lebte dabei einfach wie ein Volkskind. In Hechingen bestieg der elegante Grand Seigneur zum erstenmale in seinem Leben eine Diligence, und reiste in bunter Gesellschaft auf engem Platze zusammengedrängt. Er war heiter und jugendfrisch, und das glich alle Unbequemlichkeiten aus; aber gewiß haben wenige Touristen die Schönheiten der Schweiz mit mehr Beschwerden und weniger Mitteln bewundert, als der junge Reichsgraf, dem noch vor kurzem Golconda's Schätze nicht genügt hatten. Er erdachte sich ein geniales Sparsystem mit einem finanziellen Talent, das viele Finanzminister sich zum Muster nehmen könnten. Natürlich reiste er zu Fuß, kaufte sich Alpenschuhe, und einen kleinen Mantelsack, in welchem er seine Sachen selbst trug, und wählte sich von Zeit zu Zeit „Sparstationen", wie er sie nannte, Orte, wo er liegen blieb, zehn oder vierzehn Tage, um mit seinem Gelde von einem Quartal zum anderen auszukommen. So verweilte er vierzehn Tage in Tübingen, um die Kosten für seine Kur zusammenzusparen. So war er genöthigt, um die Ausgabe für seinen Reiseanzug wieder einzubringen, in Konstanz am Bodensee andere vierzehn Tage zu warten, die Alpen sehnsüchtig betrachtend, die geheimnißvoll leuchtend auf ihn niederblickten, und mußte, wie er an Wolff den 19. Mai 1808 schreibt, „nach den Früchten schmachten, die vor mir liegen, die ich aber nicht erreichen kann. Ich sehe wohl," setzt er hinzu, „daß meine Reisen auf diese Art sehr langsam gehen werden, und viel kostbare Zeit verschwendet werden wird, um Geld zu sparen. Hätte ich armer Teufel 400 Thaler vierteljährlich, so wäre ich ohne Sorgen, aber das sind wohl pia desideria. Ich hoffe zu Gott auf einen Kreditbrief auf ein Jahr, der den 1. Juli in Bern ankommen wird, denn länger kann ich ungeachtet aller Oekonomie nicht auskommen, und wenn ich Brot und Wasser essen wollte." Uebrigens that die reine, frische Bergluft, die herrliche Natur, die einfache Lebensart ihm wohl, und er fühlte sich heiter und gestärkt. Er reiste nun als Herr Pückler.

Den Gedanken, das Bad in Pfeffers zu gebrauchen, giebt er als zu kostspielig wieder auf. Aber noch bevor er in Bern anlangte, wo er seinen Quartalstag im Gasthof auf Kredit abwarten wollte, hatte er das Mißgeschick, zu Luzern zu erkranken.

Er hatte eine seiner Fußreisen mit dem Bündel auf dem Rücken über den Gotthard nach den italienischen Seen bis nach Mailand ausgedehnt. Die Anstrengung war zu groß. Märsche von zehn bis vierzehn Stunden täglich im Gebirge waren für ihn zu stark, und noch schlimmer beinahe war es, daß er sein Gepäck in der brennenden italienischen Sonne oft zwei bis drei Meilen lang allein fortschleppen mußte. Im Augenblick ließen ihn Aufregung und Freude den Nachtheil weniger empfinden, aber als er zurückkehrte, litt seine Brust; Husten, Blutspeien und Schmerzen in der linken Seite stellten sich ein. Er mußte sich deshalb entschließen, das weitere Vordringen nach Italien aufzugeben, und beschloß, nach dem mittäglichen Frankreich zu gehen, um sich in Ruhe und in mildem Klima wiederherzustellen, auf's tiefste bedauernd, daß er die brennende Reiselust für diesmal nicht weiter stillen konnte.

In ruhiger Fassung schrieb Hermann seinem alten Freund Wolff über das Leiden, das ihn betroffen, und erwähnte auch dabei stets liebevoll seines Vaters. „Sehr krank bin ich," schrieb er an Wolff den 8. Juli 1808 aus Bern,

„hier in Bern eingetroffen, und habe Ihre beiden traurigen Briefe, und auch das Geld hier vorgefunden. Ich bitte Sie, meinem geliebten Vater meinen innigsten Dank dafür zu bezeigen, und ihm zu versichern, daß ich, weit entfernt, um eine Zulage zu bitten, da die Umstände so trostlos sind, lieber alle Kräfte anstrengen will, um auch mit weniger auszukommen. Er soll sich nur die bösen Zeiten nicht gar zu sehr zu Herzen nehmen, Vermögen und äußere Güter sind ja doch am Ende nur elende Zufälligkeiten, der innere Werth allein bleibt ewig gleich kostbar, und niemand kann ihn rauben; an diesem ist ja mein guter Vater so reich, warum soll er sich so sehr vom Unglück niederschlagen lassen."

Gegen seine Mutter ließ er dagegen mit einer Art von Wolluft seiner Erbitterung freien Lauf, und schildert ihr seine Krankheit mit den schwärzesten Farben.

„Voilà enfin," schreibt er ihr, „ma chère Maman, mon sort décidé. Complétement étique, crachant du sang, prêt à rendre le dernier soupir, les médecins ont eu la bonté de m'assurer que je n'avais plus que quelques années tout au plus à vivre. — Ce n'est pas un prognostic fort amusant, sans doute, mais on ne dira jamais que Henri Louis Armand Comte de Pückler a pu être effrayé par l'aspect de la mort. Voilà, Madame, à quoi sert la philosophie, dont vous faites si peu de cas, j'espère que vous lui ferez réparation d'honneur en vous apercevant du peu d'altération que mon humeur a souffert d'une maladie douloureuse, et de la conviction d'une mort prochaine. Ce qui me divertit, c'est qu'ayant vécu en prodigue, je meurs par économie; ne pouvant faire face aux dépenses d'un voyage à cheval ou en voiture, je fus obligé d'aller à pied, le sac sur le dos, depuis Lucerne jusqu'à Milan, et de revenir de même, en franchissant les hautes Alpes du Simplon et du Grimsel. Peu accoutumé à une pareille fatigue, et par la faiblesse de ma santé hors d'état de la supporter, à peine fus-je de retour à Lucerne que j'en ressentis les suites. Une inflammation de poitrine commença bientôt à se manifester, je vomis du sang comme le monstre dans Phèdre, dont vous savez bien qu'il est dit le flot qui l'apporta recule épouvanté. A la fin l'inflammation à force de remèdes se calma, mais il fut impossible d'arrêter entièrement les crachements de sang, et ils durent toujours. Dès que j'aurais recouvert un peu de forces, je partirai pour le midi de la France d'après l'avis des médecins, qui espèrent que peut-être le séjour de Montpellier me fera du bien. C'est là où je vous prie d'adresser votre réponse, à Mr. Pückler, poste restante.

J'aurais été assez tenté de vous faire un récis de mes courses au St. Gotthart, aux Isles Boromées, à Milan et au Grimsel, surtout comme ce seront apparemment mes dernières, mais heureusement pour vous j'ai réfléchi que je ne saurai rien dire ni de nouveau ni d'amusant à une dame qui a tant vu, et dont les connaissances s'étendent encore bien au delà de ce qu'elle a vu; par conséquent je vous fais grâce de mes extases sur le haut des montagnes, de mes douces rêveries dans les bois solitaires, et de toutes ces sortes de choses-là, qui paraissent nécessairement devoir figurer dans un voyage en Suisse.

Si j'osais encore former des voeux de bonheur dans ce monde, je me flatterais peut-être que vous viendrez cet hiver faire l'inspection de votre terre l'Alex, pour voir en passant votre fils mourant, avant qu'il soit dépéché pour l'autre monde — mais je crains que ça ne vous paraîtra pas en mériter la peine. Je suis, Madame la Comtesse et très chère Maman,

Votre très obéissant
H. P."

In solcher Stimmung überraschte ihn nicht wenig der Rath Wolff's, sich eine reiche Frau zu suchen. Pückler's originelle Anschauung über diesen Vorschlag geht deutlich aus seiner Antwort hervor:

"Mit Verwunderung, lieber Wolff," schreibt er, "lese ich Ihre Ermahnung, eine reiche Frau mir bald zu suchen, um damit meine Umstände zu verbessern. Wie können Sie es für möglich halten, daß ich in der jetzigen eingezogenen und abgesonderten Lebensart, die mir meine Verhältnisse nur mehr als zu nöthig machen, Gelegenheit finden soll, eine reiche Heirath zu thun; nein, da hat man mir zu viel zugetraut, wenn man das erwartet hat, eben so gut könnte man von einem Menschen, der in einen Sack eingenäht ist, verlangen, daß er über das Weltmeer schwimmen soll. Soll ich eine reiche Parthie machen, so muß nothwendig mein Vater für mich freien, ich werde mit seiner Wahl immer zufrieden sein, wenn das Mädchen nur nicht allzu häßlich, und vor allen Dingen gut ist. In Wien versicherte mich ein genauer Bekannter des Grafen Breßler, daß dieser geäußert hätte, er würde sich sehr glücklich schätzen, mich zum Schwiegersohn zu haben. Der alte Breßler ist ein Parvenu und ein eitler Thor, der gewiß gern ein sacrifice machen würde, um eine seiner Töchter in eine alte und vornehme Familie zu bringen. Die Eine soll hübsch und artig sein; wenn er ihr 100,000 Rthlr. mitgiebt, so könnte uns das vielleicht helfen. Meinem Vater wäre es leicht, den Grafen Breßler hierüber zu sondiren. Vielleicht giebt es in der Lausitz auch noch andere Parthieen, man könnte sich ja näher darnach erkundigen lassen. Wenn die Prinzeß in Sagan noch nicht versprochen ist, so sehe ich nicht ein, warum mein Vater nicht anfragen möchte, ob er Hoffnung haben könne, daß eine Parthie mit seinem Sohne, wenn ihr seine Person gefiele, ihren Absichten entsprechen könnte. Vielleicht würde auch meine Mutter in diesen Angelegenheiten etwas für mich zu thun im Stande sein. Handeln muß man freilich, wenn etwas werden soll, und sich nicht erst lange vor einer abschlägigen Antwort fürchten, bis ein Anderer weniger Scheuer die Beute davonführt. Uebrigens ist ein Korb ja auch gar nichts Schmähliches und Entehrendes, mir wenigstens würde er immer sehr gleichgültig sein.

Enfin, on fera ce qu'on voudra, ich für meine Person bleibe viel lieber in meiner philosophischen Einsamkeit bis an meinen Tod, der wahrscheinlich nicht mehr sehr entfernt ist, und entsage eben so willig allen zeitlichen Glücksgütern, als dem Leben selbst.

Ihr alter treuer Freund H. P."

Phantasieen einer romantischen und idealen Jugendliebe waren in der Seele des jungen Grafen inmitten der Welt des Leichtsinns und der Verderbniß, die er bisher gesehen, noch nie erwacht; Genuß, Zerstreuung, Unterhaltung, geistreiches Spiel, Theatereffekte und Theateremotionen, mehr hatte er bisher von seinen vielen Beziehungen mit Frauen nie verlangt, aber trotzdem war er seiner innersten Natur nach viel zu edel, als daß er in eine jener rohen und egoistischen Geldspekulationen hätte einwilligen können, wie sie grade in den aristokratischen Kreisen so oft vorkommen, wo man zwar mehr Geld besitzt als in den unteren Sphären, aber dessen auch in weit größeren Massen zu bedürfen glaubt.

Pückler dagegen ging auf den Vorschlag ein, weil ihm eine Brautfahrt gelegen kam als eine Reconvalescentenzerstreuung, und noch mehr, weil sie ihn reizte wie ein Turnier, wie eine Jagd, wie jedes andere kühne Wagstück. Er kam sich vor wie ein Ritter der Tafelrunde, der nach dem heiligen Graal auszieht, oder der gefahrvolle Abentheuer besteht für ein fernes Königstöchterlein, das er nur in Träumen gesehen, und so lockte eine ihm noch ganz unbekannte Prinzessin, die er nie erblickt, seine bewegte Einbildungskraft noch weit mehr als eine bekannte. Darum war er auch zufrieden, daß sein Vater für ihn wählen sollte, er, der sonst so unabhängig, launenhaft und eigenwillig nur seinen eigenen Neigungen und Eingebungen folgte.

Doch wie er selten sich ganz in einem Gedanken konzentrirte, so beschäftigte er sich gleichzeitig mit anderen Planen; er schrieb an den Buchhändler Arnold in Dresden, in der Absicht, aus seinen Tagebüchern eine Reisebeschreibung zu machen, und herauszugeben. Damals zuerst regte sich in ihm die Lust zur Schriftstellerei.

In Genf konsultirte er, noch immer leidend, den berühmten Doktor Jurine, der eines großen Rufes genoß. Dieser machte ein ernstes Gesicht, und sagte ihm nach sorgfältiger Untersuchung, ganz würde er nie zu heilen sein, doch wenn er sich sehr schone, so wäre sein Leben für jetzt für den Augenblick außer Gefahr. Daß Hermann ein Alter von beinahe 86 Jahren erreichen würde, scheint der berühmte Arzt nicht geahnt und für möglich gehalten zu haben. Daß auch die Gelehrten sich irren können, ist immer ein Trost für die Ungelehrten! —

Hermann war wenig erschüttert von diesem Ausspruch. Damals wünschte er sich nichts anderes, als fern von der großen Welt, von Rang, Aemtern und äußerem Glanze, in stiller Häuslichkeit und friedlicher Einsamkeit zu leben, beschäftigt mit dem forschenden Anschauen der Natur, die er mit Innigkeit liebte.

Vielleicht dachte er sich dabei auch die unbekannte Prinzessin als zärtliche Lebensgefährtin dazu!

Sollte das alles nicht lange dauern, so war er auch mit einem frühen Tod zufrieden.

Achter Abschnitt.

Alexander von Wulffen. Sechsundzwanzigtägige Fußreise nach Marseille. Unterwegs Krankheitsrückfall in Lunel. Ruhestation in Marseille. Autorleben. Barras. Der ehemalige König von Spanien. Ankunft der Wechsel. Fußreise nach Nizza. C'est un marin! Schifffahrt nach Genua. Korsarenangriff. Genua. Drei Genueserinnen. Reise von Genua nach Rom. Anstrengungen und Kälte. Schnee in der Lombardei. Von Livorno nach Florenz. Raphael Morghen. Die Galerieen. Rom. Erste Eindrücke. Gegend. Gesellschaft. Prinz Friedrich von Sachsen-Gotha. Die vornehme Welt. Gräfin Schuwaloff. Fürstin Dietrichstein. Ritter Camuccini. Prinz Poniatowsky. Friederike Brun. Oehlenschläger. Schöne und häßliche Damen. Karoline von Humboldt. Thorwaldsen. Canova. Rauch. Reinhard. Guttenbaum. Banquier Torlonia. General Miollis. Verbot des Karnevals. Vorstellung bei dem Pabst Pius dem Siebenten.

Eine Lebensgefährtin noch nicht, wohl aber ein Reisegesellschafter war Hermann vom Geschick einstweilen beschieden.

Zufällig begegnete er in Genf einem jungen Herrn Alexander von Wulffen aus Sachsen, der sich ihm als willkommener Gefährte anschloß, und da seine Kasse in nicht viel blühenderem Zustande war, als die Hermanns, so hofften beide die Kunst des Sparens gemeinschaftlich nur besser ausführen zu können. Auf einer Fußtour von etwa 120 Stunden erreichten die beiden jungen Edelleute denn auch endlich glücklich Marseille; sie machten Tagereisen von sechs bis acht, oder auch zehn Stunden, wobei sie mitunter wieder ihr Bündel selbst tragen mußten, was Hermann in Lunel

zwischen Nismes und Montpellier einen Rückfall seines Blut=
speiens zuzog. Die ganze Reise dauerte sechsundzwanzig
Tage, worein beide sich willig fügten, da sie stets mehr
Zeit als Geld hatten.

In Marseille sollte nun eine lange Ruhestation gemacht
werden, welche die beiderseitigen Finanzen nothwendig er=
heischten. Dort begann Hermann mit Eifer sein Reisejournal
auszuarbeiten, und beschrieb in heitrer Laune, wie er, ganz
wie es einem Autor geziehme, dem Himmel näher als der
Erde wohne, nämlich 99 Stufen bis zu seinem Stübchen,
und die Schwelle desselben sei die hundertste. Den Tag
über las und schrieb er, lebte zurückgezogen und beinahe
ganz ohne Bekanntschaften wie eine Eule in ihrem Nest,
und nur Abends ging er mit dem gutmüthigen Wulffen
spazieren, wo ihnen die Stadt, der Hafen, die umliegenden
Anlagen tausend neue Eindrücke gaben. Beide erwar=
teten dabei ungeduldig Wechsel von zu Hause, nach denen
sie wie nach fernen Sternbildern seufzten, und Hermann
klagte oft, daß seine Kasse noch schwindsüchtiger sei als sein
Körper. Zuweilen besuchten sie den Exdirektor Barras auf
seinem reizend am Meer gelegenen Landgute, wo er die
jungen Leute mit liebenswürdiger Gastfreiheit empfing. Er
war ein schöner Mann von einnehmenden Gesichtszügen, in
seinen besten Jahren, und ein angenehmer Gesellschafter.
Zu seinem Lieblingsstudium hatte er sich nun, den politischen
Stürmen fern, die Naturgeschichte gemacht. Ein zahmer
Wolf und ein zahmer Fuchs waren seine Hausthiere, und
der letztere lief schmeichelnd wie ein Hund um seinen Tisch
herum.

Auch der ehemalige König von Spanien hielt sich mit
seiner Gemahlin und einem großen Hofstaat — unter dem
sich auch 300 Maulesel befanden — damals mehrere Wochen
in Marseille auf. Man sah ihn täglich mit vier sechs=

spännigen Wagen spazieren fahren, zur Unterhaltung der neugierigen Menge, die ihn stets umdrängte; zu Fuße war er schlecht, und ließ sich immer von dem jüngeren Godoi, dem Bruder des Friedensfürsten, der ihn begleitete, führen; auch stand er in dem Ruf, daß er seine meiste Zeit mit Essen und Schlafen zubringe.

Pückler hat einen Theil seiner damaligen Erlebnisse sehr anmuthig und lebendig in seinen „Jugendwanderungen" aufbewahrt, während andere noch ungedruckte Reiseschilderungen hier in der Folge mitgetheilt werden.

Endlich, als Pückler gerade den letzten Dukaten in der Tasche hatte, langte der ersehnte väterliche Wechsel an, und da der angehende Schriftsteller unterdessen auch zwei starke Bände fertig gemacht hatte, mit deren Druck er aber nach längerer Ueberlegung bis nach seiner Rückkehr in die Heimath warten wollte, da er Censurschwierigkeiten fürchtete, so dachte er nun daran, seine Reise fortzusetzen.

Wir sehen ihn mit Wulffen zu Fuß nach Nizza wandern, und beide hatten Ursache, diese Reiseart, so beschwerlich sie in der Hitze war, zu preisen, als sie hörten, daß in einer öden bergigen Gegend, durch die sie kamen, vor einigen Tagen die Diligence geplündert worden sei. Die ersten Oliven-, Granaten- und Orangenhaine begrüßten die Reisenden, und der blaue Himmel und die strahlende Sonne ließen sie die Nähe Italiens empfinden. Eine nicht geringe Verlegenheit war, daß sie von Antibes an bis Nizza, stattgehabter Ueberschwemmungen wegen, alle Brücken abgebrochen fanden, so daß sie die größten Umwege machen mußten, und oft gezwungen waren, im Kreise herumzugehen. An einer Stelle waren, um die fehlende Brücke zu ersetzen, zwei schwankende schmale Balken von 40 Fuß Länge von einem Ufer des Var bis zum andern gelegt. Wer hinüber mußte, kroch ängstlich den gefährlichen Weg auf allen Vieren hinüber, aber Pückler, der durchaus keine Anwandlung von Schwindel kannte, ging festen Fußes kühn und sicher hinüber; als die Umstehenden die hohe schlanke Gestalt, die sich im Flusse spiegelte, aufrecht und rasch über den schwankenden Balken einherschreiten sahen, der unter seinem jugendlichen Tritte zitterte, waren sie außer sich vor Erstaunen und riefen: „C'est un marin! c'est un marin!"

Gefahren waren immer für Pückler so anziehend wie süßer Blumenduft, wie der Zauber einer hellen Mondnacht, wie das Lächeln schöner Frauen, und so war es ihm gewiß nur angenehm, daß auf dem Wege nach Genua das kleine Schiff, das ihn und Wulffen aufgenommen, von einem englischen Korsaren angegriffen wurde, der erst eine Tartane von 3 bis 400,000 Ladung vor ihren Augen nahm, und dann sie mit einer Masse Flintenkugeln begrüßte, von denen mehr wie fünfzig in die Segel ihrer Feluke fuhren, so daß nicht viel fehlte, sie zu zwingen, anstatt nach Genua, nach Malta oder England zu segeln. Die Engländer riefen ihnen spottend nach: Come here! und drei bis vier kleine Boote ruderten ihnen eiligst nach; sie aber erreichten noch gerade glücklich den Spielraum der Landbatterie Saint-Maurice, und waren somit vor dem Feinde glücklich geborgen.

In Genua vergaß Pückler nicht neben der Bewunderung des Hafens, der Kirchen, Gemälde und Paläste die angeregten Heirathsplane. „In Genua," schrieb er den 14. Dezember 1808 an Wolff, „wäre etwas in Heirathssachen anzufangen gewesen, wenn ich meinem Stande gemäß auftreten könnte; seit kurzem sind fünf äußerst reiche Parthieen von zum Theil sehr unbedeutenden Männern gemacht worden, weil es an Epouseurs fehlt. Noch jetzt sind drei Mädchen da, die mit großem Vermögen täglich auf Freier warten, und wovon die eine sehr hübsch sein soll."

Die drei Genueserinnen, die auf Freier warten, waren

für Pückler ein reizendes Bild wie ein Mährchen von Grimm oder Perault, das seine stets thätige Phantasie sich wohl weiter ausmalte, wenn er die anmuthigen Mädchengestalten in ihren weißen Schleiern, mit dem Fächer in der Hand, in den engen Straßen der Stadt an sich vorübergleiten sah, und ihre dunkeln Sammetaugen lieblich fragend den Blick des schönen jungen Fremden trafen.

Die anstrengendste Reise, die Hermann jemals gemacht, war die von Genua nach Rom, die er wieder beinahe immer zu Fuß zurücklegte. In der ganzen Lombardei bis Florenz fußhoher Schnee und schneidende Kälte; nirgends Oefen, zuweilen nur schlechte, rauchende Kamine. Dann Regen und alles durchdringende Nässe, so daß er, da auch die Betten nur leichte Sommerdecken hatten, in drei Wochen nicht einmal völlig warm wurde, und sich zuweilen nach den heimischen nordischen Bauerhöfen sehnte, trotz aller Poesie und Liebe zum Reisen. Weil ihm ein Vetturino einen zu hohen Preis forderte, ging Pückler zwischen Livorno und Florenz — diesmal wieder allein, da er sich von Wulffen auf kurze Zeit getrennt hatte — in stockfinstrer Nacht und schrecklichem Wetter allein auf so ungangbaren Wegen, daß er mehrmals stehen blieb oder hinfiel. Die letzte Station vor Florenz nahm er endlich Extrapost, und fuhr im Galopp voll Freuden in Dante's Vaterstadt ein, wo er in dem schon damals berühmten Schneider'schen Hotel wieder mit seinem Freunde Wulffen zusammentraf.

In Florenz besuchte Pückler Raphael Morghen, der gerade mit seiner Transfiguration beschäftigt war. Dieser Künstler sagte ihm, daß er das Original seines berühmten Abendmahls nie gesehen, sondern nur nach einer Zeichnung gearbeitet habe. Pückler meinte, dies erkläre die Unbedeutendheit des Christusgesichtes auf diesem Kupferstich. Eine halbvollendete Platte nach der Fornarina erfüllte ihn dagegen mit wahrem Entzücken. Die herrlichen Galerieen von Florenz wurden gleichfalls von Pückler mit aufmerksamer Liebe betrachtet, doch fehlte damals die Venus von Medici, die man, um sie zu sichern, nach Sizilien schicken wollte, und die unterwegs von den Franzosen aufgefangen wurde.

Nach so vielem Aufenthalt und so vielen Beschwerden sehen wir unseren Helden endlich mit klopfendem Herzen über den Ponte Molle in Rom einfahren, wo er bald in allem schwelgte, was Natur, Kunst und Alterthum nur darzubieten vermögen. Rom erschien ihm noch immer wie die erste Stadt der Erde. Er wandelte den Tag über mit einem Freund unter den großartigen Ruinen, und erfreute sich an dem mannigfaltigen Reiz der Landschaft mit ihren dunkeln Pinien, die er nicht wie der Franzose About prosaisch mit aufgespannten Regenschirmen, sondern mit weit gewölbten, in der Luft schwebenden Lauben verglich, an den rauschenden Springbrunnen, an den ernsten großartigen Linien der Architektur und dem magischen Glanz der Beleuchtung. Es war ihm, als höre er die Geschichte selbst zu sich reden, und die Vergangenheit trat mit den klaren, deutlichen Farben, die in festen Umrissen sonst nur die Gegenwart zu besitzen pflegt, vor seine Seele.

Auch die Reize der höheren Gesellschaft, die er so lange geflohen, und der er in Rom nicht länger ausweichen konnte, schlangen wieder ihre schillernden Netze um ihn. In den schattigen Gärten der Villa Borghese begegnete er unerwartet dem Prinzen Friedrich von Sachsen-Gotha, dem Bruder des damals regierenden Herzogs, mit dem er schon von Wien her befreundet war, und dessen dringende Einladungen er nicht auszuschlagen vermochte, wie er ihm auch vertraulich und unverholen seine bedrängte Lage auseinandersetzte. Der Prinz, der in Rom ein großes Haus ausmachte, und viele Personen von Rang und Auszeichnung um sich versammelte,

hatte manches höchst Sonderbare in seinem Benehmen, das
oft mehr weibisch als männlich erschien. Er begeisterte sich
sehr für Kunst, in der er selbst wunderlich genug dilettan=
tisirte; er hatte die Schwäche, sich für einen großen Sänger
zu halten, und veranstaltete Konzerte, in denen er mit den
ersten Künstlern Duette sang, und dabei so krähte, daß
Pückler sich oft nicht des Lachens enthalten konnte, und die
ernste Haltung der Musiker dabei bewunderte.

Kaum in diesen Kreis eingetreten, wurde Pückler überall
gesucht; seine schöne, originelle Erscheinung, seine frische
Natürlichkeit und Güte, sein Geist, all diese Vereinigung
glänzender, ja bezaubernder Gaben machten ihn zum Helden
der bunten internationalen Gesellschaft, die damals wie jetzt
ihren beständigen Sitz in Rom aufgeschlagen hatte.

Häufig erschien er in dem Salon der Gräfin Schuwaloff
und ihrer Tochter, der Fürstin Dietrichstein, welche selbst
Künstlerin und seit kurzem Mitglied der Malerakademie
geworden war, deren Präsident, der schöne Ritter Camuccini,
von allen Damen gefeiert wurde. Bei dem geistreichen
Prinzen Poniatowsky, dem Neffen des Königs von Polen,
sah Pückler die bekannte Schriftstellerin Friederike Brun mit
zwei hübschen Töchtern. Der Verkehr mit ihr wurde dadurch
erschwert, daß sie an Taubheit litt, doch war sie sehr mit=
theilend und gefällig, und so unterrichtet über die römischen
Kunstschätze, daß man alle Reisebücher in ihrer Gesellschaft
entbehren konnte; ihre Sentimentalität dagegen konnte zu
manchem Lächeln Anlaß geben, und Pückler erzählte, daß
sie, als er sie das erstemal sah, um auszudrücken, daß es
regne, mit trübem Blicke nach dem Fenster schauend, sagte:
„Ach, der Himmel weint wieder über die Sünden der
Erde!" —

Bei Mad. Brun begegnete Pückler dem dänischen Dichter
Oehlenschläger, den er als einen hübschen jungen Mann

beschrieb, der aussehe wie ein Held seiner eigenen Trauerspiele, nämlich nicht allzukräftig.

Gern gedachte Pückler der vielen schönen Frauen der römischen Gesellschaft, der sanften Fürstin Cerevetri, der feurigen Duchessa Lenti, der in Diamanten strahlenden Banquiersfrau Mad. Markoni, neben denen die alte Herzogin von Chablais, welche nur durch ihre riesigen Perlen die Blicke auf sich zog, wie die Hexe von Endor erschien. Im Hause der Prinzessin Chigi, wo der Abbé Guidi jeden Abend eine Pharobank legte, ergab sich Pückler einmal wieder ganz der Leidenschaft des Spieles; er und sein Landsmann Graf Schulenburg waren dort die stärksten Ponten von Allen, was viel sagen will. Beinahe vor ihren Augen sahen sie an dieser Bank eine alte Fürstin B. bei einem ungeheuren Verlust vom Schlage gerührt werden, und mit verzerrter Miene niedersinken, was jedoch die eifrigen Spieler, kaum daß die Sterbende nach Hause gebracht worden, nicht hinderte das Spiel fortzusetzen.

Auch bei Karoline von Humboldt, der Gattin Wilhelms von Humboldt, der damals preußischer Gesandter in Rom war, verkehrte Pückler häufig; von Künstlern sah er die Bildhauer Thorwaldsen, Canova, Rauch, den Landschaftsmaler Reinhard, den Portraitmaler Guttenbaum und noch viele Andere. Auch bei dem reichen Banquier Torlonia sah man Pückler zuweilen erscheinen, und er besuchte die glänzenden Feste, welche der General Miollis, der Präsident der römischen Staaten, und zugleich ein gelehrter Alterthumskenner, in seiner Wohnung im Palast Doria gab, wo in der prächtigen Bildergalerie Tafeln von mehr als hundert Gedecken aufgestellt waren. Der Pabst hatte den Karneval verboten, aber auch dieser Pius lebte unter napoleonistischem Druck, und der General, weit entfernt, des geistlichen Befehles zu achten, gab erst recht ein großes Fest, bei dem er den Pabst ohne Umstände entführen ließ.

Vorher aber war Pückler dem Pabst Pius dem Siebenten noch vorgestellt worden und hatte ihm die Hand geküßt, was ihn wie jede Besonderheit höchlich amüsirte. Er schildert diese Szene in den „Jugendwanderungen" wie folgt: „Er (der Pabst) saß wie ein Bild hinter seinem Stuhl, während ich meine drei Genuflexionen machte, stand aber auf, als ich ihm die Hand geküßt hatte, und unterhielt sich nachher sehr herablassend mit mir, wobei er von der römischen Gesellschaft vortrefflich unterrichtet schien. Zuletzt gab er mir sogar den angenehmen Auftrag, der Gräfin Schuwaloff ein Geschenk anzuzeigen, das Seine Heiligkeit ihr bestimme. Es war die Kopie der drei großen Obelisken Roms in rosso antico. Beim Abschiede fanden nicht mehr Zeremonieen als bei jedem Privatmanne statt, und der heilige Vater begleitete mich bis an die Thür. Als die seltsamste Figur bei der ganzen Präsentation erschien mir der päbstliche Kämmerling, der halb wie ein Prälat und halb wie ein Kunstreiter angezogen war."

Neunter Abschnitt.

Lebensweise in Glanz und Entbehrung. Ein Ball im Palast Doria. Ausbruch des Vesuvs. Plötzliche Reise nach Neapel. Besteigung des Vesuvs. Gräfin Julie Gallenberg. Leidenschaft für sie. Der Erzbischof von Tarant. Herr von Bibikoff. Mad. Filangieri. Mad. Sessi. Mad. Battaglini. Paesiello. Die Brüder Micheroux. Graf Thurn. Prinzessin Belmonte. Bildhauer Schweigelt, ein moderner Leander. Rückkehr nach Rom. Verzweiflungsvoller Brief an die Mutter. Neues Gesellschaftsleben. Sorgen. Erkrankung des Vaters.

Niemand vielleicht von denen, die damals mit Pückler umgingen, hatte eine Ahnung von der Lebensweise, welcher sich der gräfliche elegante Lion heimlich unterzog. Er verdeckte mit größter Sorgfalt seine Armuth, und ersann oft hundert Ausflüchte, um sich Besuche abzuwehren, damit er nicht in seiner Behausung überrascht werde, die er einem Hamsterloch verglich. Und wenn er Abends zu Fuß die glänzenden Soireen besuchte, in denen er einer der leuchtendsten Sterne war, so suchte er bei schlechtem Wetter mit der Laterne in der Hand durch die dunkeln Straßen wandelnd, sich ängstlich die großen Steine aus, um sich die Schuhe und seidenen Strümpfe nicht zu beschmutzen, wobei er zugleich Acht gab, jeden Augenblick die Laterne zu verstecken, um nicht von den vorbeifahrenden Bekannten bei dem hellen Lichtstrahl erkannt zu werden. Jeder neue Anzug, den er mußte machen lassen, war für ihn eine bedenkliche Ausgabe.

Wo das Verbergen seines Geldmangels nicht mehr möglich war, sann Pückler auf andere Listen. "Ich helfe mir damit," schrieb er an Wolff, "daß ich vorgebe, mit meinem Vater brouillirt zu sein, wobei ich mir dann selbst mit vornehmem Anstande die Schuld gebe, zum Beispiel sag' ich so: Es ist wahr, mein Vater ist etwas genau, aber ich kann ihm eigentlich seine Strenge nicht sehr verdenken, da er schon 50,000 Rthlr. Schulden für mich bezahlt hat, und ich ein paar Jahre darauf wieder eben so viele gemacht hatte. Jetzt aber, setz' ich hinzu, habe ich es à tâche genommen, vernünftig zu werden, und da ich die Extreme liebe, so macht es mir Vergnügen, von einem auf das andere zu fallen, und, enfin, ruf' ich mit komischem Pathos aus, il est un temps pour la folie, mais il est un pour la raison. Auf diese Art erhalte ich mir so ziemlich das Relief, das der Reichthum in der Welt giebt, und erspare die Kosten dazu."

Da kam es denn leicht, daß ihm zuweilen wieder das Bild der unbekannten reichen Braut vorschwebte. "Noch eins," schrieb er den 25. Januar 1809 aus Rom an Wolff, "die reiche Parthie in Sachsen, von der ich neulich meinem Vater schrieb, und deren Namen ich nicht wußte, ist das Fräulein Leibnitz in Friedersdorf, sechs oder sieben Meilen von Muskau. Sie ist das einzige Kind, und ihr Vater hat wenigstens 300,000 Thlr. im Vermögen. Das Mädchen ist jung, ziemlich hübsch, ländlich erzogen, und soll gut sein. Ich bitte meinen Vater recht sehr, sich nach ihr zu erkundigen, denn es scheint der Mühe werth zu sein." Bei allen solchen Anlässen erklärt aber Pückler zugleich, wenn die Braut nicht ganz seinen Wünschen entspräche, so wolle er nicht seine Freiheit für sie aufgeben.

Unterdessen eilte er, all diese Pläne und Gedanken in sich verschließend, von Fest zu Fest, feierte glänzende gesell=

schaftliche Erfolge, die seiner Eitelkeit schmeichelten, und die ihm so leicht wurden durch die ungeheure Ueberlegenheit, die er den meisten dieser eleganten Vornehmen gegenüber in sich empfinden mußte. Dazu machte er überall den Damen den Hof, magnetisirte sie mit seiner Liebenswürdigkeit, und spielte mit ihren Herzen mit einer Virtuosität wie ein Künstler, der seine Violine oder sein Klavier beherrscht. Wäre nicht die ewige Geldverlegenheit gewesen, er hätte sich herrlich amüsirt!

Eine unerwartete Episode gewährte seinem die Abwechslung liebenden Sinn noch dazu neue Befriedigung. Ein großer vom Gouverneur gegebener Ball im Palast Doria nahte sich eben seinem Ende, der Morgen nahte, und die Kerzen waren niedergebrannt; man hatte sich müde kokettirt und müde getanzt; nur die nordischen Fremden, und unter ihnen vor allen Pückler, die später erschöpft sind als die Südländer, facevano l'amore ohne Unterlaß mit den schönen, in Diamanten und Perlen prangenden Italienerinnen, deren dunkle geheimnißvolle Augen wie schwarze Sonnen leuchteten, deren süßes Lächeln bezauberte. Da trat ein Fremder, der grade von Neapel angekommen war, mit der Nachricht ein, der Vesuv sei eben in vollem Ausbruch.

Das war ein unwiderstehlicher Magnet für Pückler; alle Sparpläne waren vergessen; er mußte das seltene Phänomen sehen, für dessen Dauer es keine Bürgschaft gab, weshalb die größte Eile geboten war. Auf der Stelle entschlossen sich einige Ballgäste zur Reise, und die Sonne war noch nicht aufgegangen, als Pückler sich schon in einem bequemen Wagen mit Extrapost in Gesellschaft einer Gräfin Wetz und seines Freundes Wulffen auf der Straße nach Albano befand. Der Weg ging über Terracina und Gaeta.

Es war noch dunkel, nämlich fünf Uhr Morgens, als die Reisenden in Neapel anlangten. Viel zu ungeduldig, sich auszuruhen, erwarteten Pückler und Wulffen, während die Gräfin im Gasthofe blieb, auf dem Molo di Chiaia, wo das aus dem Krater des Vesuvs hervorzuckende Feuer mitunter magisch die Gegend erhellte, den Anbruch des Tages, der ihnen das herrliche Schauspiel dieser wunderbaren Gegend enthüllte, das sie mit innigem Entzücken betrachteten.

Der Tag entschwand wie ein Traum; am Abend um elf Uhr machte man sich zur Besteigung des Vesuvs auf den Weg. Die Gesellschaft wurde noch durch den geschätzten deutschen Bildhauer Schweigelt, und durch die schöne Gräfin Julie Gallenberg, eine Wienerin, vermehrt, die Pückler hier zum erstenmal erblickte, und deren Bekanntschaft bedeutungsvoll für ihn wurde, da sie ihn für sich einzunehmen wußte, wie wenn etwas von der glühenden Lava des Vesuvs in sein Herz gefallen wäre. Beim Schein der Fackeln und des Kraters, und dem einer erwachenden Leidenschaft doppelt angeregt, genoß Pückler mit seiner Gesellschaft das großartige Bild bis zum Morgen, wo man in Lacrime Christi auf die Gesundheit Pluto's und aller Götter des Tartarus trank, und dann noch, aller gehabten Anstrengungen vergessend, Pompei besichtigte.

Die Zeit seines Aufenthaltes in Neapel brachte Pückler fast immer im Hause der Gräfin Gallenberg zu, die dort mit ihren beiden Kindern lebte, und abwechselnd seine Neigung befriedigte, oder seine Eifersucht rege machte. Daß sie verheirathet war, kümmerte ihn wenig, ja machte ihn nicht einmal unglücklich. Was ging ihn das an! Wenn er nur ihre Gunst erlangte, so hatte er alles, was seine Sehnsucht begehrte. Die Ehemänner im Allgemeinen war er gewohnt, nur als eine Art komischer Dekorationen anzusehen, die zu betrachten ihn zuweilen belustigte, die er aber nie als in den zu spielenden Roman eingreifende Personen anerkannte; oder auch erschienen sie ihm wie gleichgültige Toilettenstücke seiner Freundinnen, die diese nach Belieben, so gut als ihre Koiffüren und ihre Fächer, ablegen oder tragen konnten. „In diesen Dingen habe ich gar kein Gewissen," sagte Pückler noch im späten Alter mit einer Art von naivem Stolze.

Solche Ansichten behielt Pückler als ein Ergebniß seiner Zeit, und besonders der Grundsatzlosigkeit der vornehmen Gesellschaft. Und so fand er denn überall Hunderte, die dachten wie er, und die, von gemeinerem Stoffe als er, nicht einmal so viel Gefühl, Phantasie und Gemüth in ihre Vergnügungen mischten, als er, dessen gutes Herz und poetischer Sinn sich nie ganz verläugneten.

Nie darf man vergessen, wenn man Pückler gerecht beurtheilen will, in welcher Epoche und in welchen Umgebungen er aufgewachsen war. Hat ohnehin schon die höhere Gesellschaft sich stets durch eine unsterbliche Leichtfertigkeit ausgezeichnet, so war überhaupt im Anfange unseres Jahrhunderts die Sittlichkeit, von der die Prinzessin in Goethe's „Tasso" so schön sagt, daß sie „wie eine Mauer" das „zarte, leichtverletzliche Geschlecht" umgebe, anderen entgegengesetzten Auffassungen gewichen, und die Mauer meist in ein dünnes Spinnweb umgewandelt, das beim geringsten Anstoß zerriß. Die getreuen Lotten waren selten geworden, und sahen ihre Alberte nicht als Hinderniß an, anderen Neigungen zu folgen, und die Jerusaleme und Werther hatten deshalb nicht mehr nöthig, sich umzubringen. Heldenverehrungen und Seelenbrautschaften waren in den verschiedensten Gestalten und Variationen sehr weit verbreitet. Die Regel sah verbutzt und betrübt sich zur Ausnahme herabgedrückt, und die Ausnahmen triumphirten in übermüthiger Lustigkeit als Majorität: Alles lernte Pückler kennen in buntem Wechsel der Verhältnisse und Ereignisse, nur kein beglücktes Familienleben, und wenn er ihm etwa auf seinem Wege irgendwo begegnete, so mag er, trotz all seines Scharfblickes, den echten Edelstein zwischen so vielen falschen nicht erkannt haben.

Unter den Personen, die Pückler sonst in Neapel kennen lernte, sind noch der Erzbischof von Tarant, der russische Gesandte Herr von Bibikoff, Mad. Filangieri, die berühmte Sängerin Mad. Sessi, Mad. Battaglini, Paesiello, die beiden Brüder Micheroux, Graf Thurn und Prinzessin Belmonte zu nennen, so wie der schon oben erwähnte Bildhauer Schweigelt, der sich besonders durch seinen Amor großen Ruf erworben, und von dem Pückler die Besonderheit erzählt, daß er einmal neben dem Boote, das seine Geliebte trug, von Neapel bis Capri, acht Seestunden weit, schwamm, ein Kraftstück der Muskeln und der Liebe, das auch Leander Ehre gemacht haben würde.

Pückler erhielt die Aufforderung, sich auch dem Hofe vorstellen zu lassen, an dem man einen so ausgezeichneten Fremden mit Vergnügen gesehen hätte, aber so gern er dies sonst gethan haben würde, so nahm er einen Vorwand, es abzulehnen, da er die dabei unausweichlichen Kosten scheute.

Mitte April sah sich Pückler genöthigt, nach Rom zurückzukehren, um dort seine Angelegenheiten mit Torlonia zu ordnen, doch hoffte er in vierzehn Tagen wieder bei der schönen Gräfin Julia in Neapel zu sein, und den Sommer etwa in der Nähe ein Seebad zu gebrauchen, um Meereskühle und Liebesfeuer zu verbinden.

Den 15. April 1809 schrieb er aus Rom wie folgt an seine Mutter:

„Theuerste Mutter. Eben komme ich von Neapel zurück, und finde auf der Post Deinen liebenswürdigen Brief, der mich tief bewegt hat. Ja wohl, meine gute liebe Mutter, dann fühlt man den unschätzbaren Werth eines Gutes erst in seiner ganzen Größe, wenn man nahe daran gewesen ist, es zu verlieren. Ich habe dessen wahrlich nicht nöthig, um meiner guten Mutter ganzen Werth zu kennen — aber desto stärker mußte mich die schreckenvolle Nachricht angreifen. O Gott! wer wird mich denn noch lieben, wenn Du nicht mehr bist! von mir ist ja längst schon alles abgefallen. — Die Unglücklichen liebt niemand, dem Glücklichen nur schließt jedes Herz sich auf, er nur pflückt die herrlichen Blüthen des Lebens. Ich habe bittre Thränen geweint — zum erstenmal seit langer Zeit nicht über mich allein; seltsam haben mich die Schauer jener allmächtigen Liebe durchbebt, die nur der süßen Kinderjahre Antheil sind; schreckenvoll hat das Bewußtsein der finstern Gegenwart mich aufgeschreckt, und in wilder Verzweiflung habe ich das Pistol ergriffen, das stets geladen an meinem Bette liegt. Darf ich es Dir sagen? ich hab' es losgedrückt, und unbegreiflich bleibt mir noch — der Schuß versagte — ein schlechter Flintenstein entschied über mein Leben. Aus Schwäche, aus elender Schwäche, machte ich keinen zweiten Versuch — ich bequemte mich feig zum neuen Schmerz und Leiden, da, wo ein kühner Augenblick der ganzen verächtlichen Existenz ein ersehntes Ende machen konnte. Mein Körper und mein Geist siechen schon längst langsam und schleichend dem Grabe zu, wer soll mir wehren, über die letzten Stufen einen raschen Sprung zu thun.

Ich lebe, seit ich in Italien bin, wieder in der großen Gesellschaft, und mache, was Vielen unglaublich scheint, keine Schulden, weil jede Demüthigung mir gleichgültig ist, weil kein Vergnügen mich reizt, weil ich die ganze Welt und mich verachte. Mancher hält mich für glücklich, weil man mich immer lustig, krampfhaft ausgelassen sieht, während innerlich ein tobender Schmerz in meiner Seele wüthet, dem ich gleich einem Rasenden zu entfliehen suche, der aber immer wüthender die grausen Krallen in seine zitternde Beute schlägt. Wenn ich allein bin, trösten mich zuweilen Thränen, wenn ich Leute um mich sehe, kann ich nur lachen und reden, immer sprechen, mich betäuben, ohne mehr zu wissen was ich sagte, wenn ein Augenblick vergangen ist. Alles ist mir so gleichgültig, daß ich mich gewundert habe, wie Dein Brief, die Gefahr, in der Du geschwebt hast, mich so hat rühren können — ich glaubte schon für alles abgestorben — der Mutterliebe wird man's nie.

Ich lebe in der Gesellschaft meines Gleichen, weil ich es nicht mehr ertragen konnte, nur mit Kutschern und Gastwirthen umzugehen, und weil die ewige Einsamkeit manchmal dem Unglücklichen unerträglich wird. Es sind hier zwei Personen, die Dich kennen, die ich viel sehe, und die mir viel Empfehlungen an Dich aufgetragen haben. Der Prinz Friedrich von Sachsen-Gotha und die Marchesa Massimi, Tochter des Prinzen Xaver von Sachsen; die Letztere hielt mich, weil ich so alt geworden bin, für Deinen Mann, sie will noch jetzt nicht glauben, daß ich Dein Sohn bin. Gewöhnlich giebt man mir 40 Jahre, Du selbst wirst mich vielleicht nicht gleich erkennen — besser ist es, wir sehen einander nie wieder.

Von der Verdorbenheit der Menschen habe ich kürzlich wieder ein neues Beispiel erfahren. Ich hatte, ich glaubte einen Freund zu haben. Mein Vater schickte mir ein Geschenk, mein Freund war in Verlegenheit, ich borgte ihm die Hälfte — er reiste heimlich damit fort. So sind sie alle, wehe dem, der Einem traut, aber nur mich macht Schaden niemals klug. Es war mir wenig um das Geld, was ich zur Nothdurft brauche, hab' ich doch — die undankbare Schlechtheit war es, die mich schmerzte.

Lebe wohl, geliebte Mutter, küsse Deinen Max, und

hörst Du, daß ich ausgerungen habe, so denke: er war zum Glücke nicht geboren, wohl ihm, daß er gestorben.

Dein treuer Sohn."

Diesen seltsamen Brief darf man wohl als eine Ausgeburt der äußersten Uebertreibung ansehen; Pückler's rastloser Phantasie gefiel es, ein dunkles Nachtstück zu komponiren, mit dem er seine Mutter um so lieber erschreckte, da ihm die Vernachlässigung und Lieblosigkeit, die er im elterlichen Hause erlitten, oft bitter in's Gedächtniß kam. Daß Pückler sich seiner Mutter als so alt geworden schildert, daß man ihn für ihren Gemahl, für einen Vierzigjährigen halten kann, ist um so sonderbarer und um so weniger glaublich, da er mit fünfzig Jahren noch wie ein Dreißigjähriger erschien.

Mag nun seine Stimmung, als er seiner Mutter schrieb, gewesen sein, wie sie wolle, so stürzte er sich auf's neue in das heitre römische Leben, besuchte Feste und Gesellschaften, und vergaß auch vielleicht schon etwas seine Leidenschaft für Gräfin Julie, wie denn auch die Briefe der schönen Frau ihm seine Kälte vorwerfen, und die Befürchtung aussprechen, daß er sie, kaum aus den Augen, auch aus dem Sinn verloren habe. Jedenfalls möchte es schwer sein, die Mischung von Eifersucht, Koketterie und wirklicher Leidenschaft, die beide Theile empfanden, chemisch zu sondern.

„Wenn ich gesund wäre," schreibt Pückler den 20. Mai 1809 aus Rom an Wolff, „und Geld hätte, so würde ich hier wie im Elysium sein, hier, wo alles sich vereinigt — reizende Natur, hohe Erinnerungen und Denkmale des Alterthums, die höchsten Werke der bildenden Kunst, ein göttliches Klima und himmlische Weiber, um das Leben in lauter Lust und Wonne, in süßem Rausche wegzuträumen. Alle diese Vorzüge dienen jetzt nur dazu, meinen Kummer zu vergrößern, indem sie mir wie dem Tantalus die goldenen Früchte wohl zeigen, wenn ich aber begierig darnach greife, stets mit grausamer Hand wieder zurückziehen."

Beunruhigend war es für Pückler, daß oft mehrere Monate verstrichen, ehe er Briefe von zu Hause empfing, und auch die ersehnten Wechsel blieben oft lange über die festgesetzten Termine aus, so daß er Wolff im Juni schrieb, wenn sein Osterquartal nun noch nicht komme, so müsse er verhungern oder borgen; und in der That ließ er sich endlich nach großen Spielverlusten, und nachdem er in Neapel der Gräfin Gallenberg aus einer Verlegenheit geholfen, vom Abbé Guidi, dem geistlichen Hazardspieler, 150 Doppien leihen.

Den Plan zur Fortsetzung seiner neapolitanischen Liebesidylle gab er nun vollständig auf, um so mehr, da er die Nachricht von der Erkrankung seines Vaters erhielt, die ihm große Sorge machte, und auch die Zeitumstände fortwährend zu mancher Beunruhigung Anlaß gaben. Er hoffte jedoch, daß der Krieg seinem Vater diesmal keinen großen Schaden gethan, und die Oesterreicher nicht nach Muskau gekommen seien.

„Ach Gott," schreibt er aus Rom den 20. Mai 1809 an Wolff, „was für unglückliche Zeiten sind über unsere Familie verhängt! Ich glaube, daß ich mir nächstens eine Pistole vor den Kopf schieße, weil mir aller Lebensgenuß versagt ist.

Sie beunruhigen mich entsetzlich mit Ihren Erzählungen von meines Vaters Kränklichkeit; ich hoffe, daß es nur Verdruß und Mißmuth ist; heitern Sie ihn doch auf, so viel als es nur möglich ist, ich kenne meinen Vater, und weiß aus eigener Erfahrung, (denn ich gleiche ihm darin vollkommen jetzt), wie sehr er an seinem Kummer saugen kann, und sich ganz von ihm daniederschlagen, ohne an irgend etwas mehr Freude zu haben. Gott helfe uns, ich bin wahrhaftig ganz trostlos.'

Meiner Mutter habe ich geschrieben, grüßen Sie meine Schwestern, ich werde ihnen antworten, so bald meine Stimmung etwas heiterer geworden ist. Meinem guten Vater tausend, tausend Grüße. Wenn nur mit meinen Schulden erst ein Arrangement gemacht ist, so komme ich zu ihm, und will ihn pflegen und warten und aufheitern, so viel ich kann. Es geht jetzt schlimm, aber vielleicht wartet doch noch uns Allen eine freundliche Zukunft. Nur nicht seinem Gram nachhängen soll mein Vater. Er soll gut essen, gut trinken, sich mit seinem Mädchen und der Jagd amüsiren, und übrigens wie mein Großvater gegen alles gleichgültig sein, das erhält die Gesundheit am besten, und ist die gescheidteste Philosophie. Er muß sich recht zwingen, seinen Grillen und allem Verdruß die Ohren zu verschließen, damit er seine theuren Tage für uns Kinder schont, die wir gewiß gern Alle unser Leben für das Seinige geben.

Ich schreibe nicht selbst an ihn, weil wir beide zu melancholisch sind, und unsere Korrespondenz nur wieder mit einer glücklichen Begebenheit anfangen soll. — Leben Sie wohl, guter Wolff, und grüßen Sie herzlich von mir Frau und Kinder."

Zehnter Abschnitt.

Rückreise. Fußwanderung nach Ancona. Venedig. Neuer Geldmangel. Straßburg. Arrangement mit den Gläubigern. Abneigung gegen die Rückkehr. Plan als Freiwilliger nach Spanien zu gehen. Erneuter Vorschlag der Mutter. Soldat oder Mentor. Neue Erkrankung des Vaters. Plan in das bairische Regiment Taxis einzutreten. Entscheidung des Vaters: nach Muskau! Reise nach Paris. Rückkehr. Herzenseinsamkeit. Tröstung.

Es war nun Zeit für Hermann, Italien zu verlassen und sich wieder der Heimath zuzuwenden. Er verließ Rom, und nahm seinen Rückweg über Ancona, wohin er, wieder zu Fuß, in fünf und einem halben Tage ganz allein mitten durch die Appeninen wanderte, und zwar gerade durch die Gegenden, wo die Räuber am ärgsten hausten; aber erstens liebte er ja die Gefahren, und dann — „die Briganten sind mein geringster Kummer, denn wo nichts ist, läßt sich nichts nehmen," schreibt er lustig an Wolff.

Aber sein Geldmangel wurde immer bedenklicher. „Da ich von Ihnen seit vier Monaten keine Nachricht mehr habe," schreibt er den 6. August 1809 aus Venedig an Wolff, „so scheint es, daß man gar nicht mehr sich erinnert, daß ich noch existire. Hätte ich nicht zum Glück einen Freund in Rom gefunden, der für diesen Augenblick Verwandtenstelle bei mir vertreten hat, so würde es jetzt nicht zum Besten mit mir stehen, denn mit einem Wechsel von 300 Thalern

vierteljährlich hat man bei einem adressirten Banquier nicht
allzuviel Kredit, und Torlonia hat mich durch sein Betragen
oft demüthigend an meine subordinirte Rolle erinnert."

Den 6. Oktober langte er in Straßburg an, und da er
noch immer nichts von zu Hause erfuhr und nur noch einen
Dukaten übrig hatte, so schrieb er endlich den 28. d. M.
an Wolff wie folgt:

„(Ich bitte, daß dieser Brief unter uns bleibt.)
Wie ist es möglich, daß man mich so vergißt? Mein
Quartal ist noch nicht angekommen, und hätte ich das hier
Vorgefundene, wie ich schon auf dem Punkt war, nach Rom
geschickt, so wäre ich in einer tödtlichen Verlegenheit. Ein
Freund hat mir in Rom ohne Interesse 600 Thaler geborgt,
die ich ihm wiederbezahlen soll nach meiner Bequemlichkeit,
und wenn ich ein **eigenes Vermögen** besitze. Ich könnte
dieses Geld sehr füglich behalten, und es wäre sogar in
jeder Hinsicht vortheilhaft, aber alles was Schuld heißt, ist
mir so zuwider, daß ich, sobald mein Michaelisquartal an=
kommt, es hinschicken will, und im nächsten halben Jahr
auch das Uebrige abtragen. Dieses Uebrige, 300 Thaler,
habe ich in Neapel weggeschenkt, und es reut mich nicht,
ja, ich würde es noch thun, wenn ich mich in demselben
Fall befände. Denken Sie sich, lieber Wolff, eine liebens=
würdige, vortreffliche Frau, die für das schönste Weib in
Neapel gilt, eine Wienerin, eine Gräfin Gallenberg, kam
durch die Tollheiten ihres Mannes und die kritischen Zeit=
umstände, die ihr alle Ressourcen aus ihrem Vaterlande
abschnitten, in eine tödtliche Verlegenheit um eine Summe
von 50 Louisd'or. Wenn ich je die Leidenschaft einer wahren
Liebe gekannt habe, so empfand ich sie für diese Frau, die
meine Empfindungen theilte. Ich habe einige sehr glückliche
Monate mit ihr verlebt, und ihre Großmuth, ihr edles Herz,
die Festigkeit und Standhaftigkeit ihres Charakters hat ihr

meine wärmste Freundschaft auf ewig erworben. Da Sie mein einziger Freund sind, dem ich ganz traue, so will ich auch kein Geheimniß vor Ihnen haben, und schicke Ihnen, um meine Freundin besser beurtheilen zu können, ihren vorletzten Brief an mich mit. Diese Frau also, selbst immer bereit zu helfen wo sie konnte, verbarg mir auch ihre traurige Lage nicht — wir waren zu innig miteinander verbunden, um einer falschen Delikatesse so unter uns Raum zu geben. Ich war trostlos, ihr nicht helfen zu können, da fand sich jemand in Rom, der mir auf meine Bitten bejahend antwortete, und mir die 50 Louisd'or vorstreckte, die ich nun gleich damals mir vornahm am Mund abzusparen, um sie ihm wiederzugeben. Derselbe borgte mir nachher, da mein Wechsel nicht ankam, noch 800 Thaler, um meine Reise antreten zu können.

Jetzt wissen Sie also auf's genaueste meine Umstände, und Sie sehen daher, wie nöthig mir Pünktlichkeit in Schickung meiner Quartale ist, und wie schwer mich jeder Abzug drückt, den ich doch fast bei jedem Quartal erleiden muß.

Ich verlasse mich, lieber Wolff, auf Ihre Diskretion, den Brief von der Gräfin heben Sie mir auf, bis ich einmal selbst nach Muskau komme. H. P."

Endlich kam das ersehnte Geld, und Wolff fügte zugleich die glückliche Nachricht bei, daß der alte Pückler mit der Arrangirung der Schulden seines Sohnes beschäftigt sei, wodurch denn seiner Rückkehr nichts mehr im Wege gestanden hätte.

Aber das stille Muskau und noch dazu die väterliche Aufsicht standen Hermann wie ein Schreckgespenst vor Augen; er beeilte sich daher auch nach Hause zu schreiben, es schiene ihm, die Abfindung seiner Gläubiger würde am leichtesten von Statten gehen, wenn er nicht gegenwärtig, und diese jeden Augenblick seinen Tod gewärtigen könnten. Er schlägt deshalb vor, sein Vater möge ihm die Erlaubniß geben, mit den sächsischen Truppen als Freiwilliger nach Spanien zu gehen. Das war eine Unternehmung, die seinen Ehrgeiz und seine Phantasie lockte: ein fernes Land, Kriegsleben, Gefahr, Abentheuer! er konnte sich nichts Besseres ausdenken. In einem Jahre, meinte er, wolle er denn auch wiederkommen, und dann in Muskau bleiben.

Je mehr er daran dachte, je mehr brannte er darauf, den spanischen Plan zur Ausführung zu bringen, den er mit Eifer betrieb. Sein Vater sollte für ihn die nöthigen Schritte thun. Der König von Sachsen war gerade in Paris; Pückler wünschte, man möchte ihm rasch von Dresden her Empfehlungsschreiben an den sächsischen Gesandten und andere angesehene Personen, die den König begleiteten, verschaffen. Käme der König aber früher schon zurück, so möge sein Vater diesen persönlich ersuchen, seinem Sohn zu erlauben, als Freiwilliger sich seinen Truppen anzuschließen, und in Spanien die Uniform des Regimentes tragen zu dürfen, in dem er früher gedient habe. Er war schon so verliebt in diese Vorstellung, daß er sich bereits bei Wolff erkundigte, ob diese Uniform seitdem Veränderungen erlitten habe, und sich wie ein Kind auf seine Equipirung freute, die, wie er versicherte, nicht über sechshundert Thaler kosten solle, und die ihm sein Vater immerhin als Vorschuß geben könne, da er während des Krieges in Feindesland wenig brauchen würde. Auf die Sache, um die es sich handelte, kam es ihm dabei weit weniger an; er ließ sich kaum Zeit, über sie nachzudenken; der abentheuernde fahrende Ritter suchte sich eben einen neuen Schauplatz, um alles auszulassen, was von übersprudelnder Kühnheit, keckem Heldenmuth und Durst nach Gefahren in ihm lochte.

Um seinen Vater seinem Sinne geneigter zu machen, schrieb er an Wolff: „Von ängstlichen Gedanken soll sich mein Vater nicht abhalten lassen, denn wenn mir zu sterben bestimmt ist, so kann ich eben so gut in Straßburg am Fieber, als in Spanien an einer Kanonenkugel sterben, und in den jetzigen Zeiten ist es in meiner jetzigen Lage gewiß, ich wiederhole es, sehr zweckmäßig, diese Demarche zu machen. Sie stimmt übrigens mit meinen Wünschen überein, und ich bitte meinen Vater recht inständigst, sie mir zu gewähren."

Seine Mutter bot ihm damals wieder an, bei ihr als Hofmeister ihres Sohnes umsonst zu leben. Auch diesen Vorschlag theilt er seinem Vater mit; aber natürlich war er mehr für den ersteren, da es ihn ungleich mehr reizte, Soldat als Mentor zu werden.

Während dieses Hinundher der Erwartungen und der zu treffenden Entscheidungen vertrieb er sich in Straßburg die Zeit mit mehreren gleichzeitigen Liebesverhältnissen verschiedener Art, die ihn in beständiger dramatischer Spannung erhielten, und die er sich zugleich dadurch noch pikanter zu machen suchte, daß er drei dieser Beziehungen der Gräfin Julie, mit der er seinen Briefwechsel fortsetzte, lebendig schilderte, und zwar in einer freien Sprache, die an die Zeiten des vierzehnten und fünfzehnten Ludwig erinnert. Niemand vielleicht ist in seinem Leben an Liebes- und Freundschaftsbriefen fruchtbarer gewesen als Pückler; es ist erstaunlich, was er alles in diesem Fache geleistet hat; es war das eine Erholung, eine Schriftstellerei, ein Spiel der Gedanken und der Phantasie für ihn, zu dem er stets bereit war.

Die Gräfin Seydewitz, die mit Pückler das gemein hatte, daß sie liebte stets unterweges und auf Reisen zu sein, befand sich eben in Paris, und da sie ihren Sohn so nahe wußte, und doch verlangte, ihren „Erstgeborenen", wie sie ihn gern nannte, einmal wiederzusehen, so kündigte sie ihm an, sie wolle ihn in Straßburg besuchen, und dann mit

sich nach Paris nehmen. Aber Pückler widerstand sogar der
Lockung, die für ihn ungeheuer war, diese in ihrer Art
einzige Stadt zu sehen, weil er glaubte, daß es seinem
Vater nicht angenehm sein könne, wenn er der Einladung
folge, und auch weil er selbst nicht recht wußte, wie er sich
gegen den Herrn Stiefvater benehmen solle.

„Aprésent," schreibt er seiner Mutter aus Straßburg
den 4. Nov. 1809, „que je suis sur le point de me
séparer, au moins pour très-longtemps, de ma famille,
je veux bien vous avouer que dès l'époque du chan-
gement étonnant de mon sort, qui excite la pitié de
tous les étrangers, mais qui toucha si peu mes proches
que pas un seul individu d'entre eux n'ait seulement
daigné m'en témoigner de la peine, je fis le voeu
solennel de ne jamais revoir dans cette vie aucun de
mes parents. Négligé, maltraité et méconnu de presque
tous, je n'ai du ressentiment contre personne, je ne
demande rien à personne, mais je m'en éloigne, et
je crois avoir le droit de le faire. Tyrannisé dès ma
plus tendre enfance, les domestiques et les Herrnhuter
se sont ensuite partagés mes premières années —
encore tout jeune ou m'a envoyé dans une ville étran-
gère avec un imbécille d'instituteur qu'on ne con-
naissait seulement pas, qu'on n'avait jamais vu! —
Comme on ne voulut payer un gouverneur plus cher
qu'un valet, ou était obligé d'en changer comme de
chemises, et on tombait toujours de pire en pire. Enfin
ou m'envoyait à l'université, je commencais à entrer
dans un age plus mûr, le moment était propice pour
corriger ce qu'on avait gâté jusqu'ici — point du tout,
ou me confiait encore à un précepteur à dix écus par
mois, et continua à me traiter comme une bête, à laquelle ou commande sans lui expliquer pourquoi il

faut qu'elle obéisse. La même farce à peu de changements près se repéte durant mon séjour à Dresde, ce n'était enfin que quand ou fut forcé de m'abandonner à moi-même, que je pus moi-même aussi travailler à me réformer et réparer en quelque sorte les tristes suites d'une éducation aussi négligée, faible et ridicule, qu'arbitraire, insensée et soutenue sans énergie et caractère. Cependant mon père est un brave homme, un homme d'esprit même — vous, ma mère, vous avez beaucoup d'esprit aussi, le coeur très-sensible, et même un penchant à la sentimentalité — je le vois bien, il n'y a que moi qui suis à blâmer, si j'avais été un imbécille j'aurais fait le meilleur fils du monde, si j'avais beaucoup plus d'esprit que je n'en ai, et avec cela un peu de fausseté, je le serai encore, ou je le paraîtrai au moins, ce qui revient au même, mais comme j'ai le malheur de ne tenir justement au milieu de ces deux extrêmes, il faut bien que je reste tel que je suis, et c'est tant pis — aussi je m'en punis, je vous quitte tous, et je renonce à tous vos bienfaits; que n'ai-je de la fortune pour vous rendre jusqu'à la dernière obole ce que je vous ai jamais couté — on me l'a souvent reproché comme de l'argent mal employé, hélas, on avait raison, il a été vraiment très-mal employé.

Je suis avec le plus profond respect
ma chère mère
votre très-humble serviteur et fils
Hermann P."

Bittere Worte sind das, die aber aus dem Innersten seiner Seele kamen, und gewiß auf tiefster Wahrheit beruhten, denn undankbar war Pückler nie.

Gegen Weihnachten 1809 mußte Pückler anstatt einer

Entscheidung über den spanischen Plan durch Wolff erfahren, daß sein Vater ernstlich erkrankt sei. Dadurch waren die Verhältnisse nun freilich geändert, und es schien für ihn nicht angemessen, sich in so weiter Ferne zu binden.

„Ich gestehe," schreibt er den 26. Dezember 1809 aus Straßburg an Wolff, „daß ich bei solchen Umständen mit Zagen an das spanische Projekt gehe — es bietet sich in dem Augenblick auch noch ein anderes dar, das vielleicht die Vortheile des spanischen und des muskauer verbindet. Meine Mutter benachrichtigt mich nämlich, daß die erste Escadron im bairischen Regiment Taxis für 8000 Fl. (ohngefähr 4000 Thaler) zu kaufen ist, und da ich schon den Rittmeisters= charakter habe, so würde es für mich keine Schwierigkeiten machen, sie zu erhalten. Es ist wahrscheinlich, daß ich mich in den jetzigen Zeiten bald poussiren würde, am ersten in Baiern, wo ich schon die Königliche Familie persönlich kenne, und auf allerlei Protektion rechnen dürfte. Nähme ich diese dreist an, so könnte ich in Friedenszeit oft auf Urlaub nach Muskau kommen, und die dortigen Geschäfte besorgen helfen, und mir eine Uebersicht davon verschaffen, auch einen Mann auslesen, dem ich in einem unglücklichen Fall, welcher, wie ich inbrünstig zu Gott bete, noch recht lange entfernt sein mag, die Geschäfte statt meiner übertragen könnte. Auch wäre ich dann bei einer bestimmten Carriere sicher, wenn die Sachen auch noch so schlecht tournirten, doch wenigstens für die Noth gesichert zu sein.

Ich überlasse jetzt meinem Vater die Entscheidung, aber was geschehen soll, muß bald geschehen. Soll ich nach Muskau kommen, so bitte ich nur wegen dem Druck meines Buches bis zum nächsten Quartal damit warten zu dürfen. Soll ich nach Spanien gehen, so bitte ich meinen Vater, sogleich bei dem Kriegsministerium für mich um die Erlaubniß anzuhalten, den sächsischen Truppen nach Spanien zu folgen, und dabei die Uniform des Regiments zu tragen, in dem ich ehemals gedient habe; zugleich könnte man wohl sich an den Kriegsminister selbst wegen eines Empfehlungsschreibens an den sächsischen kommandirenden General wenden. Alles dieses hat mehr Gewicht, wenn mein Vater darum anhält, als wenn ich es thue. Soll ich die bairische Escadron kaufen, so kann das gleich geschehen, und ich brauche nur nach München zu reisen. Also bitte ich jetzt um schleunige und bestimmte Antwort, um sogleich anfangen zu können, meine Arrangements zu nehmen.

Tausend Grüße und Wünsche für seine Gesundheit an meinen Vater, Empfehlungen an's Amthaus, an Hempel, Versicherungen meiner Freundschaft an Ihre liebenswürdige Familie, u. s. w. Jeder meiner Schwestern einen Kuß.

H. P.

Ich sage Ihnen noch einmal, daß ich durchaus keine Einwendungen gegen die Entscheidung meines Vaters machen werde, sondern ihr blindlings gehorchen. Adieu.

Hermann Pückler.

Wird für Spanien entschieden, so bitte ich Sie, mir genauer anzugeben, was Sie von Dresden her erfahren können, welche Veränderungen die Garde-du-Corps-Uniform erlitten hat, damit ich sie eben so machen lassen kann."

Diesmal hatte sich Hermann schon im voraus als gehorsamen Sohn erklärt, und mußte der väterlichen Entscheidung folgen. Diese kam. Aber ach! sie lautete nicht Spanien, nicht einmal Baiern, sondern: Muskau! — Gut denn! Das Opfer mußte gebracht werden! Aber nun wollte er wenigstens noch Paris sehen, gewissermaßen um sich dafür zu belohnen, daß er vorher die Einladung der Mutter dahin nicht angenommen hatte. Er schrieb deshalb aus Straßburg den 22. Januar 1810 an Wolff:

„Lieber Wolff!

Mein Vater sollte eigentlich nicht darüber zürnen, wenn er mich lieb hat, daß ich noch etwas von der Göttergabe des köstlichen Leichtsinns übrig behalten habe, denn ohne sie hätte ich längst der Welt und ihrem Kummer freiwillig Valet gesagt. — Wenn mein Vater meine melancholische Gestalt in Muskau wird herumschleichen sehen, wenn er bemerken wird, wie ich an nichts mehr lebhaften Antheil nehme, wie ich der menschlichen Gesellschaft überdrüssig nur die Einsamkeit aufsuche, und seitdem ich selbst alle Eigenschaften eines angenehmen Gesellschafters verloren habe, nur noch Vergnügen im Umgang mit meinen Büchern finden kann — wenn, sag' ich, mein Vater mich so kennen lernen wird, könnte er vielleicht noch meinen alten frohen und lustigen Leichtsinn an mir zurückwünschen.

Die Entscheidung meines Vaters wegen der drei von mir gemachten Vorschläge ist so wie ich sie erwartet, und eigentlich im Grund des Herzens gewünscht habe. Alles ist dafür, nur zwei Dinge sind dagegen, erstens, die Schwierigkeiten, welche dieser Schritt in Hinsicht auf die Bezahlung meiner Schulden erregen wird, zweitens, daß ich vielleicht mehr Gefahr für meine Person in Muskau, als in Spanien, zu befürchten habe, doch dieser letzte Grund kommt in gar keine Betrachtung, da es mich nur persönlich angeht.

Jetzt habe ich aber noch eine Bitte an meinen Vater, von der ich im voraus überzeugt bin, daß er zu gnädig und liebevoll gegen mich gesinnt ist, um sie mir abzuschlagen. Ich reise jetzt seit drei Jahren, und habe Paris noch nicht gesehen — man hat in unseren Tagen nichts gesehen, und keinen richtigen Maßstab für alles andere, wenn man diese Hauptstadt der Welt nicht kennt. Ich renoncire gern (weil es nicht anders sein kann), Paris in gesellschaftlicher Hin=

sicht kennen zu lernen, aber so nahe dabei zu sein, und seine
Merkwürdigkeiten, Meisterstücke und Kunstschätze jeder Art
nicht einmal gesehen zu haben, wäre in der That unverantwortlich, und ein Regret für mich, der mir meinen Aufenthalt in Muskau immerwährend verbittern würde. Ich
gedenke nicht länger als einen Monat in Paris zu bleiben,
weil ich aus Erfahrung weiß, wie viel man in kurzer Zeit
sehen kann, wenn man will; da ich aber in einem so kurzen
Zeitraum alles zusammenfassen muß, so brauche ich nothwendig eine Remise und Lohnbedienten, welches mit den
verschiedenen anderen Ausgaben, Trinkgeldern u. s. w. der
Hinundherreise mich in dem einen Monat wohl so viel kosten
wird, als eine ganze Quartalsumme beträgt. Ich ersuche
daher meinen guten Vater, mir noch 600 Thaler, oder zwei
Quartale übermachen zu lassen, bis ich nach Muskau komme,
wo ich Ende Mai einzutreffen gedenke, um die Muskauer
nicht im April mit meiner Ankunft in den April zu schicken.
Da die Zeit kostbar ist, und ich die Antwort auf diesen
Brief einen Monat lang hier erwarten müßte, so werde ich
(in der sichern Hoffnung, daß mein Vater mir eine so ver-
nünftige Bitte, die einzige nach einer dreijährigen, mühe-
und kummervollen Wanderschaft, und vor einer gänzlichen
Entsagung auf alle weiteren Reise- und andere Projekte,
nicht abschlagen wird), sogleich mit der nächsten Diligence
nach Paris abgehen. Den ersten März bin ich wieder in
Straßburg, wo ich aber ohne einen Pfennig Geld ankommen
werde, und daher hoffe, daß ich welches hier vorfinden werde,
wofür ich meinem geliebten Vater im voraus dankbarlichst
die Hände küsse.

Eine Stelle in Ihrem Brief hat sonderbare Empfin-
bungen in mir erregt: „Ihr Herr Vater ist seit langer Zeit
zum erstenmal wieder allein auf's Amthaus gegangen." —
Kennen Sie die Fabel von dem Vögelein, das wie bezaubert

der Schlange mit dem offenen Rachen in den Hals kriechen muß? — Gott gebe, daß die Fabel nie zur Wahrheit wird — ich habe Dinge vernommen, die mich mit Staunen und Schreck erfüllt haben, aber wehe denen, die schuldig sind.

Leben Sie wohl, alter Freund, und behalten Sie mich immer lieb.

Ihr treuer H. Pückler."

„Die Göttergabe des köstlichsten Leichtsinnes" hatte Hermann diesmal gerathen, sich in die Diligence zu setzen, und Paris zuzufliegen, noch ehe ein Verbot des Vaters eintreffen konnte, und so sich ten Genuß dieser Reise auf alle Fälle zu sichern, aber verschiedene Bedenken hielten ihn denn doch von der übereilten Ausführung ab, erstens weil er wahrnahm, daß er nicht Geld genug dazu habe, zweitens weil er sich doch nicht getraute, ohne seines Vaters Erlaubniß hinzugehen, und endlich — weil anmuthige Rosenketten ihn in Straßburg festhielten.

Als später die Erlaubniß seines Vaters wirklich mit einer Geldsendung begleitet eintraf, war er doppelt froh. Das Befinden seines Vaters schien einstweilen keine Gefahr darzubieten; dagegen wurde ihm der Tod seines Großvaters väterlicher Seite, des Grafen Pückler, gemeldet, der den 9. Februar 1810, 89 Jahre alt, starb. Hermann eilte nun nach Paris, und sah dort in drei Monaten alles, was man sehen kann, mit der Unermüdlichkeit seiner Natur, mit der Unersättlichkeit der Jugend.

Dann trat er den Heimweg an. Außer dem alten Wolff hatte er niemand zu Hause, der ihn liebte, der ihm wohlwollte, und nirgends eine Seele, die ihn verstand, die sich in Liebe und geistigem Verständniß mit ihm verschmolz. Hatte er seine Reise oft mit mehr Entbehrungen als ein Handwerksbursche gemacht, trotz seines hohen Standes, und des Reichthums seines Vaters, so darf man auch behaupten, daß er trotz der glänzenden und einnehmenden Gaben, die er in so seltenem Maße besaß, seine ganze erste Jugend wie in einer Einöde des Herzens verlebte; und wenn er manchmal im späteren Leben für kalt und egoistisch gehalten wurde, so möchte weit eher die Tiefe des Gemüths in ihm hoch= zuschätzen sein, das trotz einer Umgebung und eines Kreises, der beinahe jede edlere Regung des Gefühls zu vernichten suchte, sich diese besseren Seiten unverwüstlich bewahrte.

So eindrucksfähig wie er war, konnte er sich mit fort= reißen lassen in tausend Verirrungen, deren sich die elegante Gesellschaft ohne Scheu rühmte, aber immer stand er zu= gleich hoch über diesem Treiben wie Prinz Heinrich über Falstaff, und das Erforschen des Höchsten, und das Streben nach demselben, die begeisterte Liebe für die Schönheit in all ihren Kundgebungen erfüllte immer neben den Thor= heiten des Tages seine Seele. Alles was er besaß, was ihn auszeichnete, verdankte er sich selbst; niemand hat ihn erzogen, niemand auf seine Bildung eingewirkt, aber die Kunst und die Natur trösteten ihn, und die Grazien hatten das Mitleid mit dem schönen, verwahrlosten, gemißhandelten Menschenkinde, welches die Mitmenschen und selbst seine Nächsten nicht mit ihm gehabt hatten, sie nahmen es bei der Hand und blieben seine Begleiterinnen, es durch alle Labyrinthe des Lebens liebevoll hindurchführend.

Elfter Abschnitt.

Muskau. Der Vater. Der alte Wolff. Die politischen Zustände. Berlin. Tod des Vaters. Antritt der Standesherrschaft. Rede beim Regierungsantritt. Vorsätze. Pläne. Thätigkeit. Liebesverhältnisse. Ein Seelenverwandter von Don Juan, Jupiter und — Mephistopheles.

Nach so vielen Fahrten und bunten Erlebnissen befand sich Hermann wieder in der nordischen Heimath, auf dem ernsten Schlosse des Vaters, und anstatt auf die südliche Vegetation des Südens blickte er wieder auf die riesigen Eichen und dunkeln Tannen, unter deren Schatten er seine ersten Knabenträume geträumt hatte.

Zu Hause fand er alles, wie er es erwartet hatte; nichts war besser und tröstlicher geworden. Dort veränderte sich nichts, konnte sich nicht verändern, unter den gegebenen Verhältnissen. Der Vater blieb ihm fremd, er hatte keine inneren Anknüpfungen mit ihm, keine Sympathie, keine Geistesverwandtschaft. Am herzlichsten begrüßte ihn der alte Wolff mit seiner würdigen, vortrefflichen Gattin; ihn hatte die Liebe zum jungen Grafen scharfsichtig gemacht, so daß er sein Wesen besser als die Anderen zu begreifen wußte, und beim Wiedersehen konnte er sich der Freudenthränen nicht erwehren.

Auch die politischen Zustände waren traurig. Das Vaterland fand Hermann unter dem Joch der napoleonistischen

Fremdherrschaft, und da er entschlossen war, der französisch-sächsischen Regierung nie zu dienen, und nirgends ihre Gunst suchte, so bezeigten ihm manche einflußreiche Personen Kälte und Abneigung.

Wenn es Hermann allzu beklommen und einsam auf dem Schlosse wurde, ging er zuweilen nach Berlin, wo aber wieder seine Geldmittel ungenügend waren für das elegante Leben, dem er sich dort nicht gut entziehen konnte.

Der junge Reichsgraf wurde dort natürlich überall in die ersten Kreise eingeführt, bei Ministern und Gesandten, wozu er Diener, Lohnbediente, Wagen und Luxus jeder Art bedurfte. Da aber sein Vater fortfuhr, ihn äußerst knapp zu halten, so kam es vor, daß er seinen fünfundzwanzigsten Geburtstag mit nur einem einzigen Reichsthaler in der Tasche feiern mußte.

Hermann befand sich eben in Berlin, als ihn die Nachricht von dem am 10. Januar 1811 erfolgten Tode seines Vaters betraf. Diese Wendung seines Geschickes machte einen tiefen Eindruck auf sein Gemüth. Als Erbe der Standesherrschaft Muskau und der anderen bedeutenden Güter, die sein Vater ihm hinterließ, eröffneten sich ihm neue Aufgaben, neue Pflichten, ein umfassender Wirkungskreis. Den 16. Januar succedirte er seinem Vater, den 19. Januar betrat er als Standesherr von Muskau das Schloß.

Noch nicht 26 Jahre alt, ohne Rath, ohne Unterstützung, nur auf sein eigenes Urtheil und seine eigene Einsicht angewiesen, fand er sich plötzlich und unvorbereitet in eine bisher ihm ganz unbekannte Sphäre versetzt.

Pückler war nun gleichzeitig Standesherr von Muskau, Baron von Groditz und Erbherr zu Branitz. Muskau und Branitz schlossen allein 45 Dörfer in sich ein. Zum erstenmale traten große und ernste Aufgaben an ihn heran, und er hatte den eifrigsten, redlichsten Willen, sie zu erfüllen.

Er wünschte die ganze ihm nun untergebene Bevölkerung in glücklichem Wohlstande aufblühen zu sehen. In der Rede, die er bei seinem Regierungsantritte hielt, wo seine sämmtlichen Offizianten sich ihm verpflichteten, und die uns aufbewahrt geblieben, spricht sich lebhaft wahre Menschlichkeit und Streben nach Fortschritt und Aufklärung aus; sie lautet:

„Meine Herren Geistlichen, mein Hofgericht, meine übrigen Beamten, der Rath dieser Stadt, und alle meine treuen Diener, die ich hier um mich versammelt sehe.

Sie haben so eben eine feierliche Handlung begangen, zu der ich kaum hoffen mochte, kaum fürchten konnte, Sie so bald um mich versammelt zu sehen. Als Sohn des Verewigten, dessen irdische Hülle noch vor wenig Tagen hier den letzten wohlverdienten Zoll der Thränen empfing, ersparen Sie meinem Herzen jede zu schmerzliche Erregung! Er schlummere in Frieden! — Mir ist nun diese Herrschaft zugefallen — das Leben, das immer fortschreitet, duldet keinen Stillstand, und seine Geschäfte wollen ununterbrochen verwaltet, mit Gleichmuth gethan sein, gleichviel, was Jeder in seinem Inneren verberge. So ich; so jeder von Ihnen in seinem Hause daheim. Ich wünsche Ihnen Allen, Jedem in dem Kreise der Seinigen, alles Glück, welches die Gottheit überhaupt den Erdbewohnern ertheilt hat. Das muß jene ertheilen! Ich kann es Ihnen allein nicht geben; ich kann es Ihnen nur sichern und schützen.

Aus Vorsehung, aus Bestimmung finden wir uns als Lebensgenossen an demselben Ort vereinigt zu wirken. Sie wollen das Gute in meinem Kreise thun, und wollen Ihr Dasein an das Meinige anschließen. Sie haben dies angelobt, Sie werden es halten. Es ist mir nicht niederschlagend, daß Nützliches beinahe zum Ermüden viel hier zu thun sein wird, es ist mir im Gegentheil höchst erfreulich

— denn des Menschen Leben ist Arbeit; und so Großes oder Kleines, viel oder wenig hier zu thun sei, so kann es gut gethan werden. Und so sei es auch Ihnen erfreulich, wir wollen nicht müde werden, ich will alles gern hören, alles gern thun, was irgend möglich ist, und Sie, meine treuen Diener, sollen die schöne Bestimmung haben, mir beizustehen, Menschenwohl zu befördern. Aber hören Sie mich jetzt, hören Sie mich, und merken Sie es. Ich hoffe, daß Jeder sein ihm obliegendes Geschäft treu und eifrig versehen und verwalten werde. Und ich erkläre es laut, daß ich gegen einen Treulosen und Nachlässigen ohne Schonung verfahren, und ihn aus unserem Kreise verstoßen müßte. Ich wünsche dies nicht, ich fürchte es nicht. Aber aussprechen mußte ich es. Dagegen soll Jeder mein Freund sein, und Theil an meinem Herzen haben, der in seinem Fache das Seine treu und redlich thut, der meinen Unterthanen leutselig begegnet, der sie mir hilft zu Menschen erziehen, der mir den Zweck zu erreichen erleichtert, wozu die Vorsehung sie mir zur Leitung anvertraut hat.

Es giebt einen Höheren über uns, der jeden von uns mit unsichtbaren Banden an sich hält, ihn durchschaut, und in ihm wirkt. Nicht allein an mich — an diesen Höheren, an das Gute, an das Gesetz haben Sie sich verpflichtet, und daß Sie dem folgen wollen, und in dem Gebiet, dem ich vorstehe, es treu und unverdrossen ausüben wollen, darauf haben Sie Ihre Hand erhoben und geschworen, dazu geben Sie mir nun auch Herz und Seele.

Und das gelobe auch ich, und nehme Sie zu Zeugen!"

An das Konsistorium.

„Sie, meine Herren, bedeute ich, auf den Geist der Zeit, auf den Gang der Bildung, außerhalb unserer Gränzen wohl Acht zu haben. Wir leben, wir wirken alle zu

einem Ganzen, zu einem Ziel, es soll gut auf der Erde
werden, daran arbeiten alle Sekten der Christen, ja selbst
unwissend Mahomedaner, Feuerdiener und Heiden. Wohin
wir gelangen sollen, das kann uns nur die Außenwelt
lehren. Ziehen Sie also das Gewonnene, das Geförderte
von daher in unseren Wirkungskreis, bequemen Sie es für
die Unsrigen, hindern Sie wenigstens nicht die Aufklärung,
und üben Sie Toleranz, dulden Sie Alle, wie Alle uns
dulden, und so wird uns der gnädig sein, der uns Alle
duldet, erzieht, und uns Alle liebt — der droben.

An das Hofgericht.

Ihnen, meine Herren, kann ich nur wenig insbesondere
sagen. In der allgemeinen Krisis, in welcher sich unsere
ganze Verfassung befindet, kann ich Ihnen nur andeuten,
an Humanität anderen Gerichtshöfen nicht nachzustehen.
Man muß auf das Vergehen, aber auch auf den Menschen,
der sich vergeht, Rücksicht nehmen. Die Strafe sei das
Medium, die Vermittelung zwischen Gesetz und Menschen.
Prozesse wünsche ich so viel als möglich vermieden. Der
ist der beste Arzt, welcher mit gelinden Mitteln Krankheit
vorbeugt. Und Vergehen durch Belehrung, Haß und
Feindschaft durch Versöhnung zuvorkommend, werden Sie
mir und anderen sehr löbliche Richter und werthe Männer
sein.

An den Stadtrath.

Von Ihnen, dem Rathe dieser Stadt, erwarte ich, daß
die Stadt in Ordnung gehalten, und gute Polizei streng
beobachtet werde. Was geboten ist, darf nicht vernach=
lässigt werden, nicht einschlafen. Dazu ist es geboten, ge=
halten zu werden. Die Bürgerschaft, höre ich, soll in
mannigfacher Unruhe und Zwiespalt sein. Lassen Sie die
Bürger versammeln; sagen Sie ihnen: ich lasse sie freundlich

begrüßen; sie sollen sich verständigen was sie wollen; es soll mir vorgelegt werden, und es soll mir lieb sein, ein mir und ihnen billiges Abkommen zu treffen, damit Jeder sein Gewerbe und Geschäft von nun an fleißig, wie es einem ruhigen Bürger geziemt, treibe. Dafür sorgen Sie.

Zu Allen gewendet in die Runde.

Von Ihnen Allen aber insgesammt fordere ich Eintracht, Willfährigkeit und Freundschaft untereinander. Denn Sie dienen Alle einem Herrn; was Jeder werth ist, soll er mir werth sein.

Scheelsucht und böser Leumund sei fern von Ihnen. Nur die Wahrheit soll gelten, denn sie ist das Gute, und das soll mir immer in Ehren sein.

Und nun segne uns die Gottheit. Sie segne uns und unsere Arbeit; sie segne die, welche unter uns arbeiten. Wenn es in ihrem Rathe ist, so bewahre sie uns vor allem, was Menschen, und dem, was ihnen gehört, verderblich ist, sie leite es ungekannt an uns vorüber wie ein schweres Gewitter. Dagegen gebe uns die Gottheit, was gedeihlich ist! Mögen wir zur glücklichen Stunde unser Leben und unser Werk begonnen haben, zu welchem ich sie hiermit einweihe, zu welchem ich Ihnen Glück wünsche, daß wir Alle recht lange und zufrieden mögen beisammen sein."

Diese Rede, die der schöne jugendliche Graf mit Wärme und mit bewegter Stimme hielt, gewann ihm die Herzen der Zuhörer, die in den neuen Herrn die freudigsten Hoffnungen setzten.

Aber noch andere Pläne keimten in Pückler's hochfliegender Seele: nicht nur das Gute, auch das Schöne wollte er schaffen, und seinem künstlerischen Sinne schwebten bezaubernde Landschaftsbilder vor, die seine Phantasie ihm vormalte. Diese in seine Heimath zu verpflanzen, und mit den ihm von der Natur gegebenen Stoffen harmonische Wirkungen hervorzubringen, wie sie Claude Lorrain und Ruisdael gelungen, das erschien ihm eine anziehende Aufgabe, zu der er Kraft, Geschmack und Talent in sich fühlte. Um so mehr wünschte er alle anderen Zweige der verwickelten Verwaltung geordnet und neu organisirt zu sehen, um dann mit ganzer Leidenschaft sich ungestört dieser Lieblingsbeschäftigung widmen zu dürfen.

Einstweilen bedurfte es geraumer Zeit, um in die schwierigen und oft verwickelten Geschäfte gründlich einzubringen, und sich nach allen Seiten die nöthige Kenntniß und Uebersicht zu erwerben. Auch wurde Pückler hin und wieder zerstreut durch den Umgang mit schönen und liebenswürdigen Frauen. Der Kranz der mannigfaltigsten und seltsamsten Liebesromane, der sein Leben durchflicht, kann hier nicht in allen Einzelheiten wiedergegeben werden. Es genüge nur im Allgemeinen anzudeuten, daß er als wahrer Don Juan allen Frauen Liebe schwor, dem Wahlspruch getreu, daß „Jupiter des Meineids der Verliebten" lache, und mehr Liebesverhältnisse hatte, als Don Juan und Jupiter zusammengenommen. In seinem weiten Herzen fand eine wahrhaft demokratische Gleichberechtigung Raum. Diademgeschmückte Fürstinnen, Prinzessinnen, Gräfinnen, Hoffräulein, Künstlerinnen, bürgerliche Kleinstädterinnen und elegante Weltdamen, Zofen und Mädchen aus dem Volke, Schöne und Häßliche, Alte und Junge lockte er gleichmäßig in seine Zaubernetze, und zwar zu allen Zeiten seines Daseins vom Beginn seiner Laufbahn als junger glänzender Offizier, so wie als Alter vom Berge mit dem Silberhaar. Viele dieser Beziehungen waren für ihn nur eine Art Spiel, wie das Schachspiel, und wie so manche Schachspieler ihre Lieblingsparthieen haben, die sie immer wiederholen, wie das Gambyt- oder das Bauernspiel, so spielte er auch oft dasselbe Spiel, verfolgte denselben Kriegs- und Eroberungsplan mit den Töchtern Evas, und kaltblütig wie beim Schachspiel beobachtete er, in wie weit die geistigen Liebestränke, die er ihnen mit überlegter Schlauheit zubereitet, bei ihnen mehr oder weniger ihre Wirkung thaten. Natürlich imponirten ihm diejenigen Frauen am meisten, — ach, wir dürfen nicht hoffen, daß es die Majorität war! — die sich nicht von ihm berücken ließen, und ihm die Parthie abgewannen; diese staunte er an mit einer naiven Verwunderung und Ehrfurcht, und blieb ihnen am treuesten ergeben. Daß die Zahl der Anderen, die nicht das zum Siege führende strategische Genie eines Moltke im Kampfe der Liebe und Koketterie besaßen, groß, ja ungeheuer groß war, das bezeugen die sorgfältig von ihm aufbewahrten und geordneten Briefwechsel, die eine ganze Bibliothek bilden, und man kann es oft kaum begreifen, was alles sich die zarten und anmuthigen Wesen, die ihm auf Rosa- und Spitzenpapier ihre Gefühle aussprachen, und denen er ihre Bekenntnisse entlockte, sich von ihm gefallen ließen, denn bei aller Sympathie für einen so originellen und ausgezeichneten Mann kann man oft nicht anders als sich mit Abscheu abwenden von dem Abgrund der dunkeln Entsetzlichkeiten, die er seinen Freundinnen in seinen Briefen auszusprechen wagte, die er mit dämonischer Freude in Abschrift den empfangenen Briefen beizulegen pflegte, und sorgfältig als psychologisches Material aufbewahrte. Der Don Juan, der Jupiter, konnte auch zum Mephistopheles werden! — Aber auch bei diesen Nachtseiten seines Wesens gingen Herzensgüte, poetische Gefühle und geistige Anflüge nicht ganz verloren, und der Sinn für das Edle und Gute war sogleich wieder bei ihm lebendig, wo er kräftig angeregt wurde.

Zwölfter Abschnitt.

Zwei Selbstschilderungen.

Um das Bild Pückler's auch nach anderen Richtungen hin deutlicher zu zeichnen, mögen hier zwei merkwürdige und in vieler Beziehung sehr treffende Selbstschilderungen von ihm ihren Platz finden; die eine ist aus seinem Reisejournal von 1808, wo er, nachdem er sein Abentheuer mit dem Fürsten Colloredo erzählt, wie folgt fortfährt:

„Hatte ich nicht Recht zu sagen, die Begebenheit sei einzig in ihrer Art? So unangenehm sie immer für den Graf Pückler bleibt, so glaube ich doch, daß man sein Benehmen diesmal billigen muß. Sonderbar ist es allerdings, daß nur ihm beständig dergleichen Dinge arriviren. Der Grund liegt aber in seinem seltsamen Charakter, der dem Menschenbeobachter, welchem kein Gegenstand, der ihn in der Kenntniß des menschlichen Herzens weiterbringen kann, zu gering scheint, manche merkwürdige Eigenheit darbietet; ich wenigstens muß gestehen, daß die durch öftere Nachahmung verkrüppelte, durch Erziehung und Umstände irregeleitete, und mit sich selbst in Widerspruch gebrachte Originalität dieses Menschen mich immer lebhaft interessirt hat. Oft konnte ich in einem Tage die Wirkungen der entgegengesetztesten Eigenschaften an ihm bemerken; bald hitzig, bald phlegmatisch, hörte ich von ihm Aeußerungen des verdorbensten Charakters und sah Züge eines edlen Herzens,

Wallungen der Weisheit und der reinsten Natürlichkeit, die den Augenblick darauf der geschmacklosesten Unnatur und den Handlungen des größten Thoren Platz machten. Wie Frau von Genlis vom Ritter Ogier sagt, fand ich ihn immer zur warmen Verehrung der Tugend gestimmt, aber das Laster gefiel ihm und besiegte ihn, wenn es seine Verdrehung unter einer originellen, geistvollen Form verbarg."

„Stets muthig gegen seines Gleichen, oft tollkühn in einzelnen Wagestücken, habe ich ihn zuweilen furchtsam gegen Geringere gesehen, wo er sich kaum mit Anstand tant bien que mal aus der Affaire zog; er selbst gestand diesen Umstand, indem er hinzusetzte, daß er nicht gewiß sei, die Kraft zu haben, einen wehrlosen Menschen mit kaltem Blute, blos weil es das Phantom der konventionellen Ehre erheische, todtzustechen, wenn er sich auch selbst entehrender Schimpfwörter gegen ihn bedienen sollte; um daher diesen äußersten Fall zu vermeiden, leide er lieber geduldig, daß ein solcher Mensch die schuldige Achtung gegen ihn etwas aus den Augen setze, und ziehe sich zurück, ehe er es so weit kommen lasse, sich auf der letzten Alternative zu befinden, besonders wenn er Unrecht habe, wie denn wohl gewöhnlich der Fall sein müsse, sobald ein Geringer den Höheren zu beleidigen wage. Ohngeachtet dieses scheinbaren Gefühls von Billigkeit weiß ich, daß er oft nach vollkommen entgegengesetzten Prinzipien gehandelt hat, und in der Stimmung das Leben eines Menschen nicht sehr hoch angeschlagen haben würde, aber, wie gesagt, dieser junge Mann hängt gänzlich vom Augenblick ab, das letzte Buch, das er liest, die letzte Unterredung, die letzte Begebenheit, vielleicht nur der Gewinnst oder Verlust im Spiel, macht ihn muthig oder furchtsam, hart oder mild, klug oder dumm."

„Diese außerordentliche, von jedem fremden Eindruck maitrisirte Weichlichkeit des Geistes und Körpers ist sein

charakteristischer und sein Hauptfehler; er ist daher keiner anhaltenderen Unternehmung fähig, obgleich er bald diese, bald jene mit der größten Leidenschaft ergreift, aber immer halb vollendet liegen läßt, um einer neuen Caprice nach=
zujagen; er wünscht beständig, sobald er aber seinen Wunsch erreicht hat, scheint ihm die Sache nicht mehr wünschens=
werth."

„Ein zweiter Fehler, oder vielmehr eine beklagenswerthe Disposition, die ihn selbst sehr unglücklich, und für Andere langweilig macht, ist der unaufhörliche Widerspruch, den auf der einen Seite eine weitgetriebene Eitelkeit, und auf der anderen noch weiter getriebenes Mißtrauen zu sich selbst in seinem unruhigen Gemüthe erregt. Dies ist die Ursach, daß er selten etwas à propos sagt oder thut; er war zum Beispiel, da ich ihn noch genauer kannte, eben so liederlich als schwärmerisch, aber beide Eigenschaften wurden stets verkehrt angebracht; so lange er auf der Schule und Uni=
versität war, machten ihm die Wissenschaften Langeweile, als er aber Offizier wurde, fing er an zu studiren, lernte aber von seinem Fach nie mehr als höchstens nöthig ist, um auf die Wache ziehen zu können; jetzt ist er auf Reisen gegangen, und hat damit angefangen, sich anderthalb Jahr in Wien niederzulassen. Es fehlt ihm nicht an Verstand, aber er zeigt ihn gewiß nur eben wo es besser wäre ihn zurückzuhalten, ist er aber nöthig, so verliert er ihn durch das Mißtrauen in seine eigenen Kräfte, welches der ent=
scheidende Augenblick meistentheils in ihm zu erwecken pflegt. Er ist satyrisch und greift gern an, oft nicht ohne Erfolg, erhält er aber eine treffende Antwort, so vergeht ihm ge=
wöhnlich die Sprache, und erst nach einer Viertelstunde fällt ihm ein, was er hätte erwiedern sollen, er hat, um mich mit dem Abbé Voisenon auszudrücken, ein Schwert zum Angreifen, aber kein Schild zur Vertheidigung."

„Man kann sich denken, wie schmerzhaft solche Szenen für seine Eitelkeit sein müssen, die jede Rolle unnütz und nicht der Mühe werth hält, die nicht unter die ersten gehört, während sein Mißtrauen und die wenige Lebhaftigkeit seines Verstandes, die seltsam mit der Leidenschaftlichkeit seines Temperaments und seines übrigen Charakters kontrastirt, ihn oft unter den letzten zurückläßt. So ziehen ihn Menschen von großer Liebenswürdigkeit im Umgang durch eben jene Eigenschaften, die ihnen fehlen, eben so sehr an, als sie ihm imponiren, obgleich er ihnen vielleicht an wahrem Verstand nicht weit nachsteht; in der Unterhaltung mit ihnen scheint ihm alles, was sie äußern, so vortrefflich, und alles was er selbst beitragen konnte, so unwürdig neben dem ihrigen zu figuriren, daß er aus Furcht etwas zu Unbedeutendes zu sagen, lieber gar nichts sagt, und, weil er sich nicht traut, so viel auf die Anderen Achtung giebt, daß er darüber sich selbst vergißt, und am Ende keiner zusammenhängenden Gedanken mehr fähig ist. Daher kommt es, daß solche Leute ihn oft weniger vortheilhaft beurtheilen, als er es verdient, denn au bout du compte, mögen unsere Pedanten der Jugend noch so sehr das Schweigen anrathen, ein junger Mensch, der dasitzt ohne den Mund aufzuthun, wird immer wenigstens für sehr untergeordnet gehalten werden. Leute, die er zu übersehen glaubt, bringen aus verschiedenen Gründen oft dieselbe Wirkung auf ihn hervor, nämlich daß er ebenfalls schweigt, weil er mehr im einsamen Nachdenken, als im Gespräch mit ihnen zu gewinnen glaubt, welches ihm Langeweile verursacht. Er muß sehr bekannt sein, um ganz unbefangen zu sprechen, und es giebt viele Menschen, mit denen er nie aus den Gränzen des Fremdseins heraustreten kann, denen er folglich nie in seiner wahren Natürlichkeit erscheinen wird."

„Alle diese Gründe vereinigen sich, ihm die Gesellschaft

überhaupt größtentheils zuwider und langweilig, und die gewöhnlichen Unterredungen derselben unerträglich zu machen, weil er sich zum Reden verbunden fühlt, ohne hoffen zu können, weder selbst etwas Interessantes zu sagen, noch irgend einen Nutzen oder Vergnügen aus dem eben so eitlen Geschwätz der Anderen zu ziehen, und überdies gewiß ist, sich nicht nur unvortheilhafter, sondern wirklich anders zu zeigen, als er ist. Alles dieses leidet jedoch oft Ausnahmen, deren Grund man in den natürlichen Gegensätzen seines Charakters suchen muß."

„Seit einiger Zeit pikirt er sich Philosoph zu sein, und ich muß ihm die Gerechtigkeit widerfahren lassen, daß er wirklich damit angefangen hat, sich selbst zu bessern, wiewohl, aufrichtig gesagt, bis jetzt noch mit ziemlich schwachem Erfolg. Da er indeß die Tugend als die höchste sittliche Schönheit, die man um ihrer selbst willen lieben muß, erkannt zu haben scheint, und wenigstens sie zu erreichen strebt, da er zur Kunst und den Wissenschaften mehr Liebe trägt als je, so ist es wohl noch möglich, daß wenn er auf diesem Wege bleibt, er einst, von der Welt zurückgezogen, in der Gesellschaft einiger ausgesuchten gebildeten Freunde die ruhige Zufriedenheit findet, die ihn bis jetzt so weit geflohen hat."

An anderer Stelle, nämlich im vierten Bande der „Tutti Frutti" S. 142, macht Pückler in der Gestalt des Herzogs von Hohenburg ein anderes etwas späteres Selbstportrait seines Charakters. Es lautet:

„Von der Natur nicht stiefmütterlich begabt, gesund und im kräftigsten Mannesalter, seit acht Jahren Besitzer der großen Herrschaften, die ihm ein früh verstorbener Onkel hinterlassen (und eben jener Vetter vergebens streitig machte), unabhängig und frei, führte er (der Herzog) ein eigenthümliches, oft romanhaftes, immer unruhiges Leben, das Wenige nachzuahmen weder Lust noch Fähigkeit gehabt haben würden. Denn wir müssen gestehen: es war ein wunderlicher Heiliger, dieser Herzog! Seine eigenen Besitzungen nur höchst selten besuchend, so daß er dort fast am wenigsten bekannt war, irrte er fortwährend, bald da, bald dort, in der Welt umher. Von allem hatte er etwas versucht, bei nichts war er geblieben, und trotz aller Welterfahrung und Beobachtungsgabe konnte man dennoch mit Recht von ihm sagen: daß er nur in der Phantasie wirklich lebe, in der Wirklichkeit aber blos phantasire, weshalb er sich auch nie recht in diese zu finden wußte. Aus dem nämlichen Grunde mochte es wohl kommen, daß er selten selbst genau angeben konnte, was er wolle, und Andere also noch weniger aus ihm klug zu werden vermochten. So viel ist gewiß, daß nie bei ihm der Fortgang seiner Handlungen mit irgend einiger Sicherheit voraus zu bestimmen war; und nicht leicht war es wohl einem Menschen gegeben, der mobiler sich in sich selbst umzuwandeln fähig gewesen wäre. Heute noch stolz, sarkastisch und übermüthig, kaum etwas in der Welt zu hoch für seinen Angriff haltend, und alles mit bitterem Spotte höhnend, sah man ihn vielleicht morgen schon mit schwärmerischer Gluth und innigstem Enthusiasmus einem Beispiel hoher Tugend huldigen, ja mit schüchterner Demuth selbst geringerem Verdienste sich willig unterordnen. Begegnete man aber demselben Menschen einige Tage später, so konnte es wohl sein, daß man in ihm nur einen phantastischen, leichtsinnig unbesorgten, weltlichen Wüstling wiederfand, der nie für einen ernsten Gedanken, für einen tiefen Eindruck empfänglich gewesen zu sein schien."

"So machten ihn diese ewigen Kontraste zu einem Räthsel für Alle, abstoßend für Viele, verführerisch aber auch und unwiderstehlich anziehend für Manche! Denn neben den düstern Stellen gab es auch helle Lichter — und wer sich an das Edle in seiner Natur vertrauend zu wenden wußte, fand wohl einen tiefen, erfrischenden Quell in seinem Gemüth, der nie versiegte, wenn er gleich öfters zugeworfen schien."

„Seine größte Schwäche war Eitelkeit — und um so mehr, da sie, gegen bessere Erkenntniß, durch eine ganz eigenthümliche Anomalie, ihre Nahrung nur in äußeren Zufälligkeiten und wahren Lappalien suchte, hinsichtlich des inneren, ächten Werthes, das heißt in Bezug auf moralische und intellektuelle Eigenschaften aber gar nicht zu existiren schien."

„Im Ganzen, glaube ich, scheute man ihn mehr, als man ihn liebte, doch nicht seine Freunde, die fest an ihm hielten. Daß es deren nur wenige gab, kam wohl großentheils auch daher, weil es bei ihm so schwer ward, auf den eigentlichen Kern zu bringen, und niemand der flüchtigen Bekanntschaft jederzeit offner, dem engeren Freundschaftsbündniß dagegen tiefer verschlossen war."

„Reiche und vornehme Leute machen überhaupt immer schlechte Erfahrungen über menschlichen Werth, und nehmen daher leicht eine bittere Geringschätzung der Massen an, die sich nachher nur schwer zu Ausnahmen entschließt, und eine Geistesstimmung hervorbringt, welche oft den Verstand auf Kosten des Herzens ausbildet."

„Seit einigen Jahren hatte indeß unser Herzog, der viel gesehenen Welt schon ziemlich müde, jene heterogenen Eigenschaften bedeutend zusammengeschmolzen, obgleich Gutes und Uebles noch immer so rüstig in ihm stritten, daß ein vollkommener Sieg des einen oder des anderen fortwährend sehr hypothetisch blieb. Um nun diesen zu beschleunigen (denn es war ihm selbst ernstlich um Besserung zu thun) und dem Guten in ihm einen der mächtigsten Gehülfen zu geben, den dieses im Leben zu finden vermag — eine zweite

Seele, die abwechselnd sich in die unsere versenken, oder uns in die ihrige aufnehmen kann — war jetzt seines Herzens Wunsch lebhaft auf eine baldige Vermählung gerichtet. Man kann sich leicht denken, daß ein Mann wie er, für jeden Genuß so empfänglich, und nicht übertrieben gewissenhaft über die Natur desselben, bei seiner gewinnenden Persönlichkeit und seinen vielen Mitteln, mannigfache Eroberungen in dem Lauf seines bunten Lebens gemacht haben mußte. Doch hatte er bei diesem schnellen Wechsel nie jenes andauernde, auf Legitimität in der Liebe allein sicher zu gründende Glück finden können, das sein scharfer und feiner Geist, und sein ursprünglich edles Gemüth, vielleicht ihm selbst unbewußt, immer mit vager, schmerzlicher Sehnsucht gesucht hatten."

"Es trat ihm aber bei diesen guten Vorsätzen sehr viel in den Weg, und am meisten ohne Zweifel die seltsamen Mittel, die er selbst zu ihrem Gelingen einschlug, sowie jene schon erwähnte Unstätigkeit, die bald wollte, bald nicht wollte, oft vor dem Erlangten wieder erschrak, und nie etwas Wirkliches zu finden im Stande war, was jenen ihm stets Gesellschaft leistenden Idealen der Phantasie hätte gleich kommen können."

"Hochmüthig durch Geburt und Erziehung, und liberal durch Nachdenken und Urtheil, wollte er sich zwar im Anfang nie durch niedrigen Stand abschrecken lassen, fühlte aber, näher rückend, doch immer einen unwillkürlichen Schauder bei dem Gedanken an eine totale Mesalliance, der ihn definitiv zuletzt immer zur Flucht trieb. Vornehme Damen dagegen fand er meistens zu verwöhnt oder unnatürlich, und da er abwechselnd eben so avantageus als bemüthig war, so erschien ihm oft Eine, die an keinem jener ihn abschreckenden Fehler litt, nur deshalb wenig wünschenswerth, weil eben nicht ein einziger Nebenbuhler sie zu begehren schien;

eine Andere aber gar nicht zu entamiren, weil schon so viele Würdigere als er ihre Augen auf sie gerichtet hatten."

Man muß zugeben, daß Pückler in beiden Bildnissen sich nicht geschont hat, und weit entfernt sich zu schmeicheln, mit merkwürdig klarem psychologischen Blick sich richtig beobachtete, und wenn auch nicht die Schatten zu stark, doch gewiß die Lichter nicht hell genug aufsetzte.

Dreizehnter Abschnitt.

Gräfin Julie von Kospoth. Gräfin von Schönburg-Lüttichau. Eine junge Großtante. Mimi von Oertel. Ausflug nach Weimar. Adele Schopenhauer. Der Befreiungskrieg. Schritte Pückler's, um am Kampfe theilzunehmen. Erkrankung. Waffenstillstand. Die Franzosen in Muskau. Verhaftung in Bautzen. Generaladjutant des Herzogs von Weimar. Kriegszüge. Antwerpen. Kassel. Brügge. Nach dem Frieden Reisen nach Paris und London.

Zu den Neigungen Pückler's in den ersten Monaten nach seinem Regierungsantritte gehörte auch die schöne, liebenswürdige Gräfin Julie von Kospoth (geb. von Poser-Näblitz) auf Halbau, die mit seiner Schwester Agnes befreundet war, und die er in Muskau, wo sie mit ihrem Gatten und einem sechsjährigen Knaben zum Besuch erschien, so wie bei Ausflügen in die Nachbarschaft häufig zu sehen Gelegenheit hatte. Er war ganz bereit, mit dieser zweiten Julie, wie mit der ersten, einen leidenschaftlichen Liebesroman anzuspinnen; er schickte ihr Blumen, er schrieb ihr, bekannte ihr seine zärtlichen Gefühle, und glaubte wahrzunehmen, daß sie nicht glücklich in ihrer Ehe sei, worauf er große Hoffnungen setzte, wie er denn auch Fragen in diesem Sinne that. Doch er irrte sich hierin, und die edle Frau gehörte zu den früher erwähnten Ausnahmen: sie widerstand den Verlockungen, und ein Brief von ihr aus Halbau vom 8. März 1811 weist ihn in einfachem,

natürlichem Tone sanfter und herzlicher Freundschaft zart
in die Gränzen zurück, die ihrem treuen und aufrichtigen
Sinne die einzig möglichen erschienen. Sie sagte ihm, daß
sie glücklich mit ihrem Gatten sei, und kein anderes Glück
wünsche als dieses. „Noch eine Bitte habe ich an Sie,
werden Sie mir sie erfüllen?" schließt ihr Brief. „Ich
wünschte, Sie schrieben mir nicht mehr; legen Sie es mir
nicht für Kälte oder Gefühllosigkeit aus, allein ich kann
das offene, unbefangene Betragen gegen meinen Mann
nicht behaupten, so bald ich etwas vor ihm verbergen muß,
und es würde nun öfterer geschehen, daß ich mich von der
Gesellschaft entfernen müßte, um Ihnen zu antworten, und
dann müßte ich immer ein Geschäft vorgeben, das nicht
wahr wäre; wollen Sie, daß ich meinen älteren Freund
belügen soll, gegen den ich nie Unwahrheiten sprach? Nie
soll er, dies Versprechen habe ich Ihnen schon in Muskau
gegeben, erfahren, daß Sie mehr als Freundschaft für mich
gefühlt haben, ich halte es gewiß. Bleibt Ihnen noch
etwas übrig, was Sie mir sagen möchten, dann finden Sie
gewiß Gelegenheiten, wenn ich Sie einmal wiedersehen
werde. Ich werde mich immer Ihres Wiedersehens freuen,
obgleich um Ihretwillen ich es nicht wünschen kann. —
Sie sprachen in Muskau von Immortellen; hier folgt
eine zum Dank für die schönen frischen Blumen von Ihnen,
mein theurer Freund, sie sei das Bild unserer Freund=
schaft, sie wird von meiner Seite unwandelbar — perpetuell
sein. Dies gelobet Julie."

Pückler bewahrte ihr eine liebevolle Erinnerung; Julie
ging an seinem Leben vorüber wie ein schöner Stern, an
dessen mildem Glanz er sich nur aus der Ferne erfreuen
durfte.

Mit der Gräfin von Schönburg=Lüttichau wechselte er
in demselben Jahre graziöse französische Billette. Auch

einer jungen Großtante, die im Alter nicht sehr von dem seinigen verschieden gewesen sein kann, macht er in französischen Briefen den Hof, schickt ihr Ortolane, die er für sie geschossen, und erbittet sich die Erlaubniß, ihr zuweilen Früchte aus seinen Treibhäusern schicken zu dürfen, deren hoher Wärmegrad nur mit dem Grade der Zuneigung und hohen Achtung zu vergleichen sei, die er für sie empfinde.

Einen deutschen Briefwechsel führte er mit Frl. Mimi von Oertel auf Carolath, der auch auf Kunst und Litteratur einging. Einem Brief Pückler's an diese junge Dame verdanken wir eine Schilderung eines Ausfluges, den er 1812 nach Weimar machte. Warum lebt Adele Schopenhauer nicht mehr! Sie könnte hier lesen, was bisher wohl die Wenigsten wußten, und vielleicht sie selbst nicht einmal, daß sie Pückler so begeisterte und ihm so wohl gefiel, daß er wünschte, seine künftige Frau möchte ihr treues Ebenbild sein. Und die Wahrheit solches Wunsches wird dadurch noch doppelt verbürgt, daß Pückler ihn nicht gegen die Betreffende, sondern gegen eine andere Frau, eben gegen Frl. Mimi von Oertel aussprach.

„Also Weimar hat auch das Verdienst, Ihre Geburtsstadt zu sein," schreibt Pückler an Frl. von Oertel im November 1812; „wahrlich, ein Grund mehr für mich, es zu lieben, wie ich schon aus vollem Herzen thue. Die Damen, die sich nach der „lieben, klugen und guten Mimi" mit so lebhaftem Interesse erkundigten, (bemerken Sie, liebenswürdige Mimi, daß klug vor gut gesetzt wurde, ein Beweis, daß Ihr Zünglein in sarkastischem Rufe stehen mag) gehören zu den seltensten Erscheinungen in dieser langweiligen und verkehrten Menschenwelt. Es sind die Hofräthin Schopenhauer und ihre herrliche Tochter. Ich bin unverdienter- und ungesuchterweise in ihrem Hause mit einer Güte aufgenommen worden, von der ich wohl sagen kann, daß sie mir eben so unvergeßlich bleiben wird, als der Genuß, den mir die kurze Bekanntschaft dieser Damen, so wie ihres braven, gemüthlichen und gehaltvollen Freundes, Herrn Müller's, gewährt hat. Von diesem letzteren bin ich so frei, ein Buch beizulegen, was Sie, wenn es Ihnen nicht schon bekannt ist, gewiß innig anziehen, erschüttern und rühren wird. Frau Hofräthin Schopenhauer ist die angenehmste Frau, die ich je sah, ihre Unterhaltung voller Interesse, und doch von der seltenen Art, die weit weniger zu glänzen, als Andere in das vortheilhafteste Licht zu setzen, und das Ganze leise und unmerklich zu beleben sucht. Auch sie ist in der litterarischen Welt durch mehrere sehr gelungene Arbeiten bekannt; ihre Tochter Adele ist eines von den weiblichen Wesen, die entweder ganz kalt lassen, oder tiefes, unwandelbares Interesse erregen müssen. Was meine eigene Individualität angeht, kann ich nicht mehr über sie sagen, als daß ich wünschte, meine künftige Frau möchte ihr treues Ebenbild sein; ihr Aeußeres gefällt mir, ihr Inneres ist eine schöne Schöpfung der Natur. Diese Unbefangenheit und wahre Unschuld des Gemüths, diese kindliche Naivetät bei so seltener, ja ich möchte fast sagen, schauerlichen Tiefe, diese natürliche Gewandtheit im Umgange bei der brennendsten Einbildungskraft, diese stille Herrschaft über sich selbst bei der bewundernswürdigsten Leichtigkeit sich jedes Talent zu eigen zu machen, und bei so vielen Anlässen zur Eitelkeit diese aufrichtige, ungezwungene Bescheidenheit — bilden ein Ganzes, dem wenig Mädchen unserer Zeit gleichen werden. Gestehen Sie, Fräulein Mimi, daß ich Sie selbst für eine der vorzüglichsten halten muß, da ich es wage, Sie mit einer so langen Lobrede auf eine Ihrer Schwestern zu unterhalten. Wenn Sie mir Ihr Versprechen halten, mich zu besuchen, werde ich Ihnen ausgeschnittene Phantasieen von dieser Adele zeigen, deren

Anblick mir noch immer den reizendsten Genuß gewährt, aber aus den Händen gebe ich sie nicht."

„Die dritte Dame, mit der ich das Vergnügen hatte, von Ihnen zu sprechen, ist Frau von Spiegel, in deren Hause ich ebenfalls viele vergnügte Stunden verlebt habe, und die Ihrer mit vieler Freundschaft gedenkt. Goethe war diesmal abwesend, welches ich, wie Sie denken können, sehr bedauert habe. Ich hatte indeß schon früher vor zwei Jahren das Vergnügen, ihn in seinem Hause kennen zu lernen. Er mochte mir die aufrichtige, herzliche und folglich unbefangene Verehrung und Liebe, die ich zu ihm trage, in den Augen lesen, und so wohl selbst freundlich gegen mich gestimmt werden, denn er gönnte mir eine recht lebhafte Unterhaltung von mehr als einer Stunde. Sie wissen, bei großen Herren, und also mit noch mehr Recht, bei großen Männern, wird man durch eine so lange Audienz schon ganz stolz."

Daß Pückler früher bereits Goethe persönlich in Weimar kennen gelernt hatte, ist in dem vorhergehenden Briefe schon gesagt. Pückler bewunderte ihn aufrichtig, und schilderte mit Wärme den Eindruck, den Goethe's Erscheinung auf ihn gemacht hat. Dieser fühlte auch große Sympathie für Pückler, bestärkte ihn in seiner Liebe zur Natur, und regte ihn an zu seinen späteren Parkschöpfungen, von denen er einige kleine Proben mit Freude gesehen hatte. „Verfolgen Sie diese Richtung," sagte ihm Goethe beim Abschied, „Sie scheinen Talent dafür zu haben: die Natur ist das dankbarste, wenn auch unergründlichste Studium, denn sie macht den Menschen glücklich, der es sein will."

Es war dies zugleich auch wie eine persönliche Prophezeihung für Pückler, denn die Natur bereitete ihm weit mehr Freude im Leben, als die Menschen es thaten! —

Hatte Pückler bisher inmitten all dieser Anregungen

seinen Blick weniger auf die allgemeinen Zustände gerich=
tet, so kam nun die Zeit heran, deren bewegte Stimmung,
deren gemeinsame Begeisterung und deren nationaler Auf=
schwung ihn nicht unberührt lassen konnte. Der deutsche
Befreiungskrieg war es, der wie ein segensvoller Sturm=
wind alle edlen Gefühle der Nation aufrüttelte. Auch
Pückler's ritterliches Herz wurde tief ergriffen von der all=
gemeinen Bewegung; er brannte darauf, mit in den Kampf
zu ziehen, und fühlte sich zugleich als Haupt einer der
ersten Familien des Landes, und als erster Standesherr
der Lausitz doppelt verpflichtet, als ein Beispiel für die
Anderen dazustehen. Als der glänzende Ausgang des russi=
schen Krieges neue Hoffnungen in Deutschland erweckte, und
die Russen in Berlin einzogen, eilte Pückler dorthin, um
dem Schauplatz der Ereignisse näher zu sein; er übergab
dem General Czernitscheff ein Schreiben an den Kaiser
Alexander von Rußland, in welchem er ihm den Vorschlag
machte, er wolle ein Freikorps in der Lausitz errichten, und
hiezu um seine Genehmigung und öffentliche Autorisation
nachsuchte. Vergebens aber sah Pückler wochenlang der
Antwort entgegen; endlich des Wartens müde, konnte er
seine Ungeduld nicht länger bezwingen, und bat den General
Grafen Wittgenstein, ihn als Freiwilligen in seiner Suite
aufzunehmen. Doch auch dieser Plan sollte sich nicht er=
füllen, denn wenige Tage vor Wittgenstein's Abreise wurde
Pückler vom Nervenfieber befallen, an dem er mehrere
Wochen darniederlag. Noch kaum hergestellt, wollte er
eiligst in das Hauptquartier der Verbündeten abreisen, als
er auf seinen Gütern, durch die sein Weg ihn führte, schon
wieder die Franzosen fand, und wenige Tage später die
Schlacht von Bautzen ganz Sachsen von neuem Napoleon
unterwarf.

Er war nun auf tausend Arten in seinen Besitzungen

in Anspruch genommen, die für den Augenblick zu verlassen beinahe unmöglich erschien, da sie überall seine Fürsorge und Hülfe erforderten. Während des Waffenstillstandes schickte ihm der General Berthier 4000 Mann Würtemberger unter den Generalen Normann und Döring, mit dem Befehl, nicht aus der Gränze der Herrschaft Muskau zu gehen; diese Truppen vernichteten muthwillig alles, was sie vorfanden, auf viele Jahre hinaus. Zu all dem Unglück kam noch das furchtbare Nervenfieber, das die Landleute zu Hunderten dahinraffte, und die Dörfer traurig verödete. Pückler sah dem Ruin seines Vermögens entgegen.

Als der Krieg neu begann, ging er daher nach Bautzen, um den schwer gedrückten Muskauern einige Hülfe zu verschaffen, traf aber dort den Kaiser Napoleon, der ihn verhaften, und wegen seiner Berliner Beziehungen scharf verhören ließ. Man behandelte ihn wie einen Missethäter, und führte ihn von einer Militairbehörde zur anderen, bis er endlich dem General Radet, damals Grand Prévost der Armee begegnete, den er von früher kannte, und der ihn auf die Fürsprache der Landesältesten bis auf weitere Untersuchung freiließ.

Die folgenden Weltereignisse veränderten die Situation, und sogleich nach der Schlacht von Leipzig eilte Pückler, auf's neue dem Vaterland seine Dienste anzubieten. Er bat den General Thielemann, ihn in einer Art als Freiwilligen anzustellen, wo er sogleich in Thätigkeit treten könne. Gleichzeitig schlug ihm der Generalgouverneur von Sachsen, Fürst Repnin, vor, eine Abtheilung Landwehr bei sich zu errichten; da er aber durch die Folgen des Krieges und eine ungeheure Schuldenmasse in eine Lage versetzt war, die ihm die Auftreibung der hiezu nöthigen bedeutenden Geldmittel ganz unmöglich machte, und ohnehin gewiß sein mußte, nach den entsetzlichen Verheerungen des Nervenfiebers auf seinen von jeher nach ihrem Umfang unverhältnißmäßig gering bevölkerten Besitzungen nur wenig Dienstfähige zu finden, und da er andrerseits fürchtete, mit langsamer Organisation im Lande viele Zeit zu verlieren, während seine Landsleute sich täglich mit dem Feinde schlugen, so zog er es vor, die Stelle eines Generaladjutanten beim Herzog von Weimar anzunehmen, wo er schneller in's Feuer zu kommen hoffte.

Man rückte nun nach den Niederlanden vor, wo sich für Pückler Gelegenheit darbot, sich durch Waffenthaten sowohl als entschlossene Thätigkeit auszuzeichnen. In dem Bülow'schen Armeekorps focht er in mehreren hitzigen Gefechten bei Antwerpen; mit den Engländern war er bei dem Sturm auf das Dorf Merxen, mit den Russen machte er unter General Geismar alle die glänzenden Affairen mit, bei denen dieses Korps engagirt war. Bei dem Gefecht von Kassel, wo ein Major Namens Borge an Pückler's Seite erschossen wurde, und von sechs Offizieren, die sich mit ihm an der Spitze der sächsischen Schwadron befanden, nur er selbst und ein Herr von Schellerstein unverwundet blieben, entwickelte er eben so viel Umsicht als Tapferkeit. Einem französischen Husarenobersten, der weit vor die Fronte vorgekommen war, ritt er ganz allein entgegen, den angetragenen Zweikampf unbedenklich annehmend, während die beiderseitigen Truppen ruhig zuschauten. Eine Zeitlang kämpfte Pückler mit ihm, zuletzt stürzte sein Gegner vom Pferde, und Pückler verfolgte ihn nicht weiter. Bei der Affaire von Kassel wurden sechs Kanonen erobert, die Pückler allein durch die feindlichen Haufen glücklich nach Tournay brachte.

Später, als er nicht mehr als 120 Pferde bei sich hatte, wurde er von 700 Mann und 4 Kanonen angegriffen, wo er sich so lange gut hielt, bis mehrere Gegen=

stände, worunter eine bedeutende Summe Geld, das für die Verbündeten erhoben war, glücklich gerettet werden konnten, dann aber, als er von allen Seiten plötzlich abgeschnitten, und vom Korps des Generals Maison umgeben, schon für gefangen angesehen wurde, gelang es ihm, durch einen wohlberechneten forcirten Nachtmarsch sowohl die 120 Pferde mit dem geringen Verlust einiger Gebliebenen und Verwundeten, als auch die neuangeworbenen und noch sehr wenig eingeübten 500 Jäger wohlbehalten zum Hauptkorps zurückzubringen.

Als Pückler mit seiner Beute in das Hauptquartier des Herzogs von Weimar zurückgekehrt war, wurde er mit einer preußischen Escadron von dem Generallieutenant von Borstell nach Brügge geschickt, um während der Verwaltung der Niederlande durch den Herzog von Beaufort das Departement de la Dyle als Militair= und Civilgouverneur so weit zu organisiren, daß es militairisch benutzt werden könne, und wo möglich eine freiwillige Bewaffnung daselbst zu beginnen. In wenig Wochen gelang es ihm, nicht nur die vielfach gestört gewesene Ordnung wiederherzustellen, sondern auch ein Freikorps von 500 Jägern anzuwerben, das er größtentheils durch freiwillige Beiträge einkleidete und bewaffnete. Ein Ehrengeschenk von tausend Napoleons, das ihm in gerechter Anerkennung seiner Verdienste die Stadt Brügge aus Dankbarkeit machte, überschickte er großmüthig dem General von Borstell zur Vertheilung unter seine Division.

Pückler empfing für seine Waffenthaten mehrere Orden, worunter der Wladimir, und wurde zum Oberstlieutenant befördert.

Nach dem Frieden von 1814 sandte ihn der Herzog von Sachsen=Weimar als Kourier nach Paris an den

Kaiser Alexander. Darauf trat er aber wieder in die Freiheit und Unabhängigkeit des Privatlebens zurück, befriedigte vorerst seinen Wunsch, England zu besuchen, das er nach allen Seiten hin gründlich studirte, und kehrte im April 1815 wieder nach Muskau zurück.

Vierzehnter Abschnitt.

Seltsamkeiten. Luftschiffahrt. Mitternächtlicher Besuch in der Familiengruft. Heirathsgedanken. Reichsgräfin Lucie von Pappenheim; ihre Tochter Adelheid; ihre Pflegetochter Helmina. General-Konsul Sigismund Dehn. Verlobung mit Lucie.

Immer größer wurde das Aufsehen, welches Pückler überall durch seine Persönlichkeit erregte, durch seine geistige Bedeutung sowohl, die ihn den Ausgezeichnetsten und Besten verknüpfte, als auch durch seine Sonderbarkeiten, um derentwillen die Menge ihn anstaunte. Er liebte Aufsehen zu erregen, und er that dies durch seine Kleidung, durch seine tollkühnen Reiterstücke, durch tausend Ungewöhnlichkeiten. In Berlin sah man ihn zuweilen in einem Wagen mit vier Hirschen bespannt, die er sich im Muskauer Park gezähmt hatte, die Linden entlang fahren. Er that alles, was ihm beliebte. Plötzlich ließ er an einer Straßenecke den Wagen still halten, und vertiefte sich stundenlang in das Lesen eines Buches, ungestört um die Menge, die sich um ihn versammelte, und mit neugierigen Blicken seine phantastische Kleidung musterte.

Einen muthwilligen Streich führte Pückler gegen einen Geistlichen aus. Er fuhr einen ehrwürdigen Prediger im Muskauer Park spazieren, als ein unerwarteter Platzregen beide gänzlich durchnäßte. Pückler war hiegegen sehr gleichgültig, aber der Prediger seufzte und klagte. Da erklärte

Pückler, er wolle Rath schaffen: er fuhr bei einem seiner Förster vor, und überredete seinen Begleiter, er solle, um seine Gesundheit zu schonen, die nassen Kleider ablegen, und während man diese am Feuer trocknete, und da kein passender männlicher Anzug vorräthig sei, das Sonntagskleid der Frau Försterin anziehen. Als diese Umwandlung stattgefunden, meinte er, sie wollten nun in der wieder warm und freundlich scheinenden Sonne ein wenig weiter im Park umherfahren, wo es ja so einsam sei, daß niemand ihnen begegnen werde. Der geistliche Herr willigte ein. Kaum waren sie aber eine Strecke von dem Försterhause entfernt, als Pückler den Pferden die Zügel schießen ließ, und aller Bitten seines Begleiters ungeachtet, mit diesem in die Stadt hinein und einigemale um die Kirche herumfuhr, wobei die Straßenjugend erstaunt der komischen Maskerade zujauchzte. Dann ging es von der anderen Seite wieder aus der Stadt hinaus, und auf Umwegen nach dem Försterhause zurück, wo dann die Sachen in der That getrocknet waren, und die Försterin ihren Staatsanzug, und der Prediger sein geistliches Kleid zurück erhielt.

In Weimar führte Pückler einen anderen Streich aus. Es fand dort ein Hofball statt, zu dem er nicht eingeladen war. In der kleinen Residenz ging es einfach her. Viele der Gäste stellten sich bei dem schönen Wetter zu Fuß ein. Da bricht ein Gewitter los. Der Regen ergießt sich in Strömen, und es ist kein Ende abzusehen. Die Damen treten in ihrer leichten, eleganten Toilette aus dem Korridor in die Säulenhalle. Man ruft nach Miethskutschen, deren mehrere bereit stehen. Die Kutscher aber antworten nicht auf den Ruf. Man ruft zum zweitenmal, angstvoll und dringend. Da lautet die Antwort von allen Seiten: „Besetzt!" und wie ein Echo tönt es wieder: „Besetzt! Besetzt!" — Pückler hatte alle Wagen für sich miethen lassen,

Den 9. Oktober 1816 stieg er mit dem Luftschiffer Reichard in dessen Luftballon auf, noch kaum von einer schweren Krankheit genesen. Reichard gab seinen Ballon her, Pückler bestritt die Kosten, die sich auf 600 Thaler beliefen. Er hatte so viele Menschen kennen gelernt, sagte er, nun wolle er auch einmal das Reich der Adler sich betrachten. Es war ein wolkenloser Herbsttag. Halb Berlin lief zusammen auf Plätzen und Straßen, um den Grafen Pückler aufsteigen zu sehen. Er hat später in den „Tutti Frutti" eine Beschreibung seiner Fahrt gemacht, mit der ganzen Meisterschaft, die ihm für Naturschilderungen zu Gebote stand. Er giebt uns darin eine genaue Vorstellung von dem seltsamen Gefühl der Einsamkeit, das ihn ergriff, so fern von der Erde, in der geheimnißvoll lautlosen Natur, eingetaucht in ein Wolkenmeer, das ihn wie dichte Schleier umgab, durch welche die Sonne nur wie der Mond schien, eine „Ossianische Beleuchtung," wie er es nennt.

Nach dieser phantastischen Wolkenreise sehen wir ihn einsam auf dem Stammsitz seiner Ahnen über die Geheimnisse des Todes nachsinnen, und nachdem er sich in die Lüfte erhoben, in die Tiefe des Grabes hinabsteigen. Trotz eines unwillkürlichen Grauens ließ er sich die Fallthüre aufschließen, die mitten in der Kirche zu Muskau zu seiner Ahnengruft hinabführte, und entschlossen, jede Furcht zu besiegen, schickte er herzhaft den Küster fort, und stieg um Mitternacht allein hinab, nachdem zuvor auf seinen Befehl drei Särge geöffnet worden waren. Er erkannte sogleich zuerst seinen Großvater, dann sah er das Gerippe eines Landvogtes, der Feldoberst im dreißigjährigen Kriege gewesen, und eine Frau, die im Leben die schöne Ursula genannt wurde, und nun gar abschreckend aussah in ihrem Mantel von feuerfarbener Seide mit Goldfranzen, der bei der ersten Berührung in Staub zerfiel. Was bei diesem

Anblick in Pückler's Seele vorging, das vermögen seine
eigenen Worte am besten auszusprechen: „Es war eine
unbeschreibliche Stimmung, in der ich mich befand. Nein,
es war nicht Furcht, es war nicht Grausen noch Entsetzen,
es war nicht Wehmuth — aber als sei alles dies in mir
zu einem unerklärlichen Zustande zusammen gefroren, als
sei ich selbst schon ein Todter — so war mir zu Muthe.
— — Ich setzte mich hin, und betrachtete die lange Reihe
Särge, und die aufgedeckten Todten lange in dumpfer Betäubung; dann fiel ich auf meine Knie und betete, bis das
Eis in meiner Brust in schmerzlich süße Thränen verschmolz.
Was von Furcht, Grausen und allen unheimlichen Gefühlen
in mir gewesen, es verschwand vor Gott, und stille, sanfte
Wehmuth blieb allein zurück. Ich küßte ohne Abscheu
meines guten alten Großvaters kaltes Haupt, schnitt eine
spärliche Locke von seinem ehrwürdigen Scheitel, und hätte
er in diesem Augenblick sich empor gehoben und meine
Hand gefaßt, ich hätte mich nicht davor entsetzt." — Dann
dachte Pückler an seinen eigenen Tod, an sein eigenes Begräbniß. Er wollte sich nicht von seinen Vasallen, sondern
von den guten rüstigen Wenden, denen er das Leben leidlich
erhalten, indem er ihnen Arbeit gab, hinaustragen lassen
auf die Berge, dahin, wo seine liebste Aussicht war, was
ihnen als zehnfacher Arbeitstag angerechnet werden solle,
und sich dort einsenken lassen. Damals schon hegte er den
Wunsch, den er stets beibehielt, seinen Leichnam verbrennen
zu lassen. „Dürfte ich dort in Feuer aufgehen, noch besser,"
ruft er aus, „aber ich glaube, die Kirche gestattet es nicht.
Sie verbrennt nur Lebende; freilich auch diese schon lange
nicht mehr, aber unsere Schuld ist dies, ihre gewiß nicht.
Den Schein der Fackeln will ich auch nicht, sondern Sonne,
aber Musik darf nicht fehlen; nur keine traurige, lieber
moderne Kirchenmusik von Rossini aus Graf Ory zum

Beispiel, oder, wie ich neulich, nach eben eingeführter neuer Agende, das Jägerchor aus dem Freischützen recht brav von der Schuljugend ausführen hörte. — Warum auch Trauer? Gott lebt ja noch, wenn wir auch todt sind, und also ist eigentlich kein Ende, sondern nur ein neuer Anfang — kein Tod, sondern nur eine Geburt zu celebriren."

Doch glücklicherweise haben wir uns noch lange nicht mit dem Tode unseres Helden zu beschäftigen, dem das Geschick ein langes Leben beschieden hatte, sondern vielmehr mit — seiner Heirath!

Ja, der Augenblick rückte heran, wo Pückler sich zu vermählen gedachte!

Er hatte in Berlin die Bekanntschaft der Reichsgräfin Lucie von Pappenheim, der Tochter des Staatskanzlers Fürsten von Hardenberg gemacht. Sie war geboren den 9. April 1776 zu Hannover, und vermählte sich 1796, zwanzigjährig, zu Anspach mit dem Reichsmarschall und regierenden Grafen Karl Theodor Friedrich zu Pappenheim, einem schönen stattlichen Kavalier, dem sie auf seine Besitzung Pappenheim folgte. Sie schenkte ihrem Gemahl zwei Töchter und einen Sohn, von denen die beiden letzteren jedoch bald starben. Die Ehe, die glücklich begann, scheint später getrübt worden zu sein, denn nach Verlauf von sechs Jahren, im November 1802, verließ sie Pappenheim, und trennte sich für immer von ihrem Gemahl.

Nun lebte die Gräfin mit ihrer einzig lebenden Tochter Adelheid, die 1797 geboren, damals neunzehn Jahre zählte, und ihrer Pflegetochter Helmina in Berlin.

Die Gräfin Lucie war in ihrer Jugend eine schöne Frau gewesen; eine helle Blondine, mit ausdrucksvollen großen blauen Augen, schön gewölbten Augenbrauen, fein geschnittener leicht gekrümmter Nase, einem besonders lieb=

lichen kleinen Mund, und sehr schöner Gesichtsfarbe. Mit den Jahren nahm sie an Körperfülle zu. Noch jetzt, als Pückler ihr begegnete, war sie eine stattliche Erscheinung.

Außerordentlich geübt in dem Talent, mehreren Damen gleichzeitig den Hof zu machen, brachte Pückler beeifert der Gräfin, ihrer Tochter, und ihrer Pflegetochter seine Huldigungen dar. In Gräfin Lucie fand er eine vollendete Weltdame, mit der tausend Beziehungen der Gesellschaft ihn verknüpften. Sie war neun Jahre älter als er, vierzig Jahre; ein reiches und bewegtes Leben lag hinter ihr; neben vielen Anderen hatte der General Bernadotte, der spätere König Karl Johann von Schweden, der sie zu Pappenheim auf dem Gute ihres Gemahls kennen gelernt, und später im Laufe der Kriegsereignisse in Hamburg und Altona wiedergesehen hatte, eine warme Freundschaft und leidenschaftliche Liebesneigung für sie gefaßt, die sie nicht ohne Erwiederung ließ. Gegenwärtig war sie befreundet mit Johann Baptist Sigismund Dehn, der früher als Banquier in Altona, dann als Königlich Schwedischer Generalkonsul in Berlin lebte. Dehn war von jüdisch-portugiesischer Abkunft, ein Mann von Intelligenz und Bildung, der den Frauen zu gefallen wußte, und befreundet mit dem Staatskanzler Hardenberg, mit General Tettenborn, dem Philologen Friedrich August Wolf und Anderen. Er verwaltete die Geldangelegenheiten der Gräfin, und war ihr zugleich ein geistreicher und antheilvoller Gesellschafter.

Lucie hatte ein vornehm aristokratisches Wesen, voll Feinheit und Formengewandtheit, Adelheid konnte gefallen durch ihre blühende Jugend, Helmina war eigenthümlich anziehend durch liebliche Schönheit und Anmuth.

Alle drei Damen waren angenehm beschäftigt und geschmeichelt durch den Verkehr mit dem schönen, liebenswürdigen und bereits berühmten jungen Grafen. Man

erzählte sich in Berlin, Pückler habe eines Tages einige
Freunde befragt: was wohl mehr Aufsehen machen würde,
wenn er die Mutter, oder wenn er die Tochter heirathe?
Und als er zur Antwort erhielt: die Mutter, habe er am
folgenden Tage um die Mutter angehalten.

Ob diese Erzählung auf Wahrheit begründet war, möge
dahingestellt bleiben, so viel aber ist gewiß, daß er sich am
20. November 1816 mit Lucie verlobte. Eine Heirath
aus Neigung konnte das freilich von Pückler's Seite nicht
im entferntesten genannt werden; der unbekannten Prin=
zessin, deren geträumtes Bild ihn als angenehmes Phan=
tom auf seinen Reisen begleitet hatte, glich sie nicht im
geringsten, und Adelen Schopenhauer eben so wenig, auch
von den beiden Julien war sie ganz verschieden. Pückler
hat oft und wiederholt erklärt, es sei eine reine Konvenienz=
heirath gewesen, die er eingegangen, und eine zu große
Aehnlichkeit ihrer beiderseitigen Charaktere habe das Glück
des Zusammenlebens zuweilen gestört. Er vertraute einer
Freundin, wenn er nicht eine merkwürdig elastische Natur
besessen hätte, sich in alles heiter zu finden, was nicht
zu ändern ist, so würde er in seiner Ehe bodenlos unglück=
lich geworden sein, „denn," sagte er, „meine Frau und ich
hatten genau dieselben Fehler und Mängel, sie aber noch
die Verstellung und Diplomatie vor mir voraus. Das war
alles so übel als möglich, und doch liebte sie mich nach
ihrer Weise sehr, und ich sie auch aus Dankbarkeit dafür,
die ich als Pflicht ansah, und aus Gewohnheit, die viel
Macht auf mich ausübt, was man kaum glauben sollte,
aber der Mensch bleibt auch sich selbst ein Räthsel, und
scheint manchmal aus zehn Anderen zusammengesetzt."

Einer anderen Freundin vertraute Pückler: „Als wir
uns heiratheten, war sie zwar, aufrichtig gestanden, etwas
verliebt in mich, ich aber nicht im geringsten in sie, und

sagte es ihr auch unumwunden, daß ich unsere Verbindung nur als eine Konvenienzheirath ansähe, und mir jede Freiheit vorbehielte. Im Verlauf der Jahre haben wir aber, wie ich wohl sagen darf, uns gegenseitig so sehr achten und lieben gelernt, daß unser Bund für Freundschaft und Vertrauen unauflöslich geworden ist."

Gegen eine dritte Freundin äußerte sich Pückler in den letzten Jahren seines Lebens wie folgt: „Solcher Art (Konvenienzheirath) war meine frühere Heirath, und ich habe alle Ursach gehabt, damit zufrieden zu sein. Wir sind immer, bis der Tod uns trennte, die besten Freunde geblieben, und selbst unsere Scheidung war eine gemeinschaftliche Konventionssache, die uns nicht im geringsten trennte. Mein ganzes Leben enthält überhaupt viel Originelles, und so hatte auch meine Heirath das Eigenthümliche, daß nicht ich bei meiner nachherigen Frau um sie anhielt, sondern sie bei mir um mich. Sonst hätte ich auch schwerlich je geheirathet."

Alle diese Mittheilungen, wenn sie auch in Einigem von einander abweichen, sind gewiß ganz aufrichtig, und bezeichnen nur bald mehr die eine, bald mehr die andere Stimmung der Gefühle Pückler's für seine Gattin. Ohnehin war er eine so sensitive Natur, daß in allen seinen Beziehungen ein beständiges Mehr oder Weniger, eine fortwährende Ebbe und Fluth herrschte.

Daß Lucie vom Beginn ihrer Bekanntschaft an, großes Wohlgefallen an Pückler fand, kann nicht bezweifelt werden. Aber an ein großes Herzensfeuer, das all ihr Wesen in Gluth versetzte, ist auch wohl von ihrer Seite nicht zu glauben, denn sonst würde sie unter solchen Bedingungen, wie sie Pückler angiebt, grade wenn sie ihn geliebt hätte, nicht eingewilligt haben, die Seine zu werben, denn sie konnte sich darüber keinen Augenblick täuschen, daß sie keine ausschließliche Liebe — wie wahre Liebe sie verlangt — von ihrem künftigen Gatten zu erwarten habe.

Ein günstiges Bild von Luciens Erscheinung entwirft Rosa Maria, die sie 1814 in Altona kennen lernte, in einem Briefe an ihren Bruder Varnhagen aus Altona, den 24. Oktober 1814, in dem es heißt:

„Die Bekanntschaft mit der Gräfin Pappenheim kann mir in der Folge manche Freude gewähren, ich habe sie bis jetzt zwar nur wenig und beinahe gar nicht allein gesehen und gesprochen, so daß ich wenig mehr als ihr äußeres Wesen beobachten konnte; sie hat einen äußerst feinen Ton, spricht schön Deutsch und Französisch, und scheint mir sehr fein, klug, unterrichtet, und durch Umgang äußerst polirt und abgeglättet; sie lebt von ihrem Manne getrennt, welcher, glaube ich, in bairischen Diensten ist. Ich habe eine sehr gute Meinung von ihr, denn daß Herr Dehn sie rühmt, und daß sie seine Freundin ist, spricht für sie, so wie auch, daß sie ihre Kinder, eine eigne und eine Pflegetochter, sehr gut erzieht. Ob ich in ein näheres Verhältniß mit ihr kommen werde, weiß ich noch nicht, doch kann es auch ohne dies ein angenehmer, freundlicher Umgang für mich werden. Bei solchen Menschen, die so ganz den Weltton inne haben, kömmt beinahe immer der Verstand eher zum Vorschein, als das Gemüth, ich habe dieses auch an Dehn erfahren, von dessen Verstand ich gleich eine sehr hohe Meinung bekam, ehe ich wußte, was ich übrigens von ihm halten sollte, erst später hatte ich Gelegenheit, seinen wahrhaft liebenswürdigen Charakter und sein Gemüth zu erkennen."

Ueber Dehn urtheilt Rosa Maria in einem früheren Briefe aus Altona vom 26. März 1810, gleichfalls an Varnhagen, wie folgt:

„Von Herrn Dehn habe ich noch immer eine sehr hohe Meinung, alles, was er sagt, ist gut und sinnvoll, noch nichts Fades, Flaches habe ich von ihm gehört, das Meiste, worüber ich bis jetzt mit ihm gesprochen habe, ist über Bücher, worüber wir aber oft nicht übereinstimmen, jedoch mag er für sich Recht haben, wie ich für mich; über Goethe und Schiller urtheilt er recht gut, besonders sagt er über Schiller viel Wahres, der „Faust" ist ihm von Goethe's Stücken das Vorzüglichste, und ich glaube, er weiß ihn beinahe auswendig. Ueberhaupt aber scheint mir Dehn ein Mann, bei dem der Verstand mehr zum Vorschein kommt wie das Gemüth, und dies Gepräge haben auch seine Urtheile über Bücher, und wie es scheint, auch über Menschen. Einige wollen ihm Arroganz Schuld geben, ich habe aber bis jetzt noch nichts an ihm bemerkt, was ich so nennen möchte, es ist vielleicht vielmehr seine gewiß unläugbare Ueberlegenheit über Viele, die Manche empfunden und so genannt haben, auch würde ich es ihm allenfalls verzeihen, wenn er sich etwas mehr einbildete, als Recht ist, da er wirklich alles durch sich selbst, alles durch eigene Kräfte erlangt und sich erworben hat, Vermögen sowohl wie Kenntnisse. Ein großer Hang zum Spott ist hervorstechend in ihm, und dieser, glaube ich, ist auch mit Schuld daran, daß ich eine gewisse Furcht vor ihm bis jetzt noch nicht überwinden konnte. Im äußeren Betragen besitzt er eine außerordentliche Gewandtheit, und recht, was man guten Ton und feine Lebensart nennen kann, worüber sich jedoch nicht zu wundern, da er mit vielen Menschen aus den höheren Ständen in Berührung kommt. Du wirst diese Schilderung sehr unvollkommen finden, denke aber, daß ich ihn noch nicht drei Wochen kenne. Herr Dehn hat vielleicht gute und schlimme Seiten, die ich vielleicht gar nicht im Stande bin, zu erkennen; ich will überhaupt nicht gesagt haben: so ist es, sondern vielmehr: so kommt es mir bis jetzt vor."

Bevor Lucie zu einer ehelichen Verbindung mit Pückler schreiten konnte, mußte ihre Ehe mit dem Grafen Pappenheim aufgelöst werden; aber, wie schon früher bemerkt, dergleichen war in den damaligen Zeiten leicht zu erlangen. Zugleich hegte sie den Wunsch, ihre Tochter zuvor an den Fürsten Heinrich von Carolath zu vermählen, der sich früher um zwei Schwestern von Pückler vergeblich beworben hatte, so daß eine Scheidung und eine Heirath — und die letztere zu Stande zu bringen, bot beinahe mehr Schwierigkeiten dar, als die erstere — Luciens Bund mit Pückler vorausgehen sollte.

Fünfzehnter Abschnitt.

Muskau. Landschaftsanlagen. Der Park. Eigenthümliche Bräutigams-
briefe. Verschönerungsplane für Muskau. Ausgaben. Wunsch nach
Orden. Wunsch wieder als Student zu reisen. Wunsch wie Graf
von Gleichen zu leben. Heirath.

Als Verlobter kehrte Pückler nach Muskau zurück, wo er schon längere Zeit sich mit Leidenschaft der landschaftlichen Verschönerung seiner Besitzungen gewidmet hatte, wozu ihm der Aufenthalt in England doppelte Anregung gegeben, und die er nun um so eifriger betrieb, da er seinen Ehrgeiz darein setzte, daß seine Gemahlin einen guten Eindruck von denselben empfangen, Schloß und Gärten in bestem Zustande finden sollte.

In der That hatte Pückler's schöpferischer Geist in Muskau Wunder geleistet; der Park war unter seiner leitenden Hand ein wachsendes, rauschendes, blühendes, duftendes Gedicht geworden, und übertraf nach der Aussage aller Kenner alles, was Altengland in solcher Art darbietet, alles was Deutschland besaß. Und bei diesem eigenthümlichen und genialen Wirken hatte Pückler auch alle die Geduld und Beständigkeit, die ihm bei Anwendung so mancher seiner anderen Gaben fehlte, und scheute keine Anstrengungen und Mühen, um seine Schönheitsideale zu verwirklichen. Varnhagen spricht in einem Briefe von Muskau mit den Worten über Schloß und Gärten: „wo jeder Schritt über die

Schwelle zu Laubengängen, zu Blüthensträuchern und Wiesenteppichen führt, die reizendsten Nah- und Fernsichten den Blick anziehen, jede Stimmung ihre Gegend, jede Richtung ihre geschmückte Bahn findet, der Raum sich für jede Bewegung reichlich erstreckt, und überall auch die Wildniß Ordnung und Pflege verräth, wie gastlichen Schirm anbietet."

Zugegeben, daß Pückler ein Sonderling, ein Libertin, ein Roué sein konnte, daß die Verderbniß der Gesellschaft ihn zuweilen in ihre Tiefen hinabzog, aber wenn er vom frühen Morgen bis zum späten Abend in der Natur verweilte, in Gärten und Wäldern seinen Arbeitern Anleitung gab, seine dichterisch künstlerischen Eingebungen auszuführen, da konnten nur gute, edle Gedanken und Gefühle sein Herz und seinen Geist beherrschen, da gehörte er, geläutert von dem Feuer des Schönen, zu den Besten, zu den Höchsten, zu den Genialsten.

"Manchmal denke ich auch," schrieb Pückler einmal an Varnhagen über seine Landschaftsarbeiten, "es sei Schade, wenn die Umstände (Verhältnisse, schlechte Zeiten u. s. w.) mir nicht erlaubten auszuführen, was im Reich der Phantasie schon ziemlich als ein Ganzes vor mir steht, denn meine Pläne s i n d groß, das wenigste davon erst anschaulich, obwohl viel vorbereitet, und die Undankbarkeit des Lokals in vieler Hinsicht würde, völlig überwunden, ihnen vielleicht nur zur besseren Folie dienen — aber solcher Gedanke ist nur eine menschliche Eitelkeit! Die Natur selbst giebt uns hierüber die beste Lehre. S i e schafft ewig fort, setzt aber keinen Werth auf ihre Werke. Was e i n e Kraft vielleicht noch nicht vollendet, zerstört schon die andere wieder, ja ihre höchsten Schönheiten stellt sie oft im Verborgenen aus, und unter dürren Sand verdeckt sie ihr Gold. Es genügt ihr, fort und fort immer neu zu schaffen, nur das große Kunstwerk, das All, bleibt beständig. So im geringeren Maßstabe geht es wohl auch dem Künstler. Nicht um des Gewinnstes, nicht um Dank, nicht um der Eitelkeit willen, ja nicht einmal um den Besitz arbeitet er. Es ist das Werk selbst, das ihn begeistert. Wie oft kann er nie den Raum gewinnen, es in äußerer Erscheinung ganz nach Wunsch zu verwirklichen, und ist es vollendet, entschwindet es vielleicht auf immer seinen Blicken — aber in seinem Gemüthe lebt es dennoch fort mit heiligem Genuß, und begeistert zu neuen Schöpfungen. So viel ist gewiß, es giebt nur zwei Dinge auf dieser Welt, die etwas werth sind: aus sich selbst etwas schaffen, oder in seltneren seligen Momenten seine Individualität verlieren im Allgemeinen, in Gott — sich auflösen in Liebe. Hier berührt der Mensch die entgegengesetzten und doch zusammenhängenden Pole ewiger Thätigkeit und unendlicher Ruhe."

Pückler hatte bei seinem Werk alle die Schwierigkeiten zu überwinden, die durch jahrelange Vernachlässigung und durch die wenig günstige Gegend, sowie durch das nordische Klima, hervorgebracht wurden.

Lucie beinahe täglich von seinen Arbeiten in Muskau brieflichen Bericht abzustatten, ließ sich Pückler eifrigst angelegen sein, und diese unerschöpfliche Mittheilungslust ihres Bräutigams durfte ihr schmeicheln; aber konnte sie dieselbe dafür entschädigen, daß er ihr zwar alle liebenswürdigen Rücksichten eines Ritters, aber nichts von der Zärtlichkeit eines Liebhabers bezeigte?

Wie Pückler sich in allen Dingen als ein seltsames Original erwies, so auch in seinen Bräutigamsbriefen. Alles ist darin eher zu finden als Liebe. So schreibt ein leidenschaftlicher Gärtner, Forstmann, Baumeister, Küchenmeister, Tapezier, Wagner, Koch, aber kein Liebhaber. Diese Briefe sind eine psychologische Merkwürdigkeit, die einzig in ihrer Art ist. Man sollte oft glauben, wenn man sie liest, der Zweck seiner Heirath sei nur, mit Lucie zusammen, der er beständig Aufträge an Kaufleute und Handwerker giebt: Schloß und Gärten von Muskau in Stand zu setzen; man sollte oft glauben, es sei ein Intendant, ein Geschäftsführer des Grafen Pückler, nicht er selbst, der an die Gräfin Pappenheim schreibt. Es war das Gegentheil von: une chaumière et son coeur: ein Schloß und kein Herz! — was er ihr bot. Was er ihr daneben Persönliches mittheilt, ist eine Reihe von Untreuen, die er ihr mit bewundernswerther, bis zum Aeußersten getriebener Aufrichtigkeit in furchtbarer Ausführlichkeit beschreibt. Schwerlich konnten Lucie einige graziöse Artigkeiten, wie etwa die folgenden, hiefür entschädigen.

„Votre charmant billet, trop aimable Lucie," schreibt er ihr einmal, „est écrit de manière à me rendre cent fois plus amoureux que vous ne le serez jamais. Je ne saurais vous exprimer combien je suis touché de votre excellent coeur, de l'amabilité de votre esprit, et des grâces de votre caractère, qui est bien plus original que le mien."

An einer anderen Stelle heißt es: „Laß mich Dir wiederholen, beste Freundin, daß Du auch nicht das geringste Unrecht gegen mich abzubüßen hast, und daß ich im Gegentheil der undankbarste aller Menschen sein müßte, wenn ich so viel Liebe und Güte nicht auf immer nach meinen besten Kräften erwiedern wollte."

Konnte es ihr angenehm sein, wenn er ihr sagte:
„Une belle femme est un bijou,
Une bonne femme est un trésor!"
und damit andeutete, daß er sie doch nur zu den letzteren rechnete? Und wenn er ihr schreibt, er bilde nach Möglichkeit an den Muskauer Damen, um sie tafelmäßig für seine Gemahlin zu machen, so mochte wohl Lucie, nach den Bekenntnissen, die sie früher von ihm empfangen, leicht

fürchten, er bilde mehr an ihnen als nöthig sei. Da war ihr denn vielleicht noch lieber, wenn er sich für Park und Ameublement begeisterte, und sie von diesen, von Wagen, Pferden, Silberzeug u. s. w. unterhielt. Läugnen läßt sich übrigens nicht, daß er auch auf alle diese Dinge seinen künstlerischen Schönheitssinn übertrug, und sie dadurch veredelte. Es schwebte ihm stets ein harmonisches Ganze vor, das er um jeden Preis, auch die größten Kosten nicht scheuend, erreichen wollte. An wahrem Geschmack konnte ihn keiner übertreffen, kaum jemals ein Anderer erreichen. Mehrmals lud er den Baumeister Schinkel aus Berlin zu sich ein, um den Rath des genialen Mannes zu vernehmen, der seinerseits den Schöpfungen Pückler's Bewunderung zollte.

Ziemlich blasirt für Menschen, schwärmte er im Reich der Phantasie für die Ausführung seiner Pläne. Er wollte einen herrlichen Saal mit in Paris angefertigten Gipsabgüssen der berühmtesten antiken Statuen einrichten lassen, die inmitten von schönen Gewächsen und Blumen auf grünem Blätterhintergrund sich sanft abheben sollten. Auch dachte er daran, von Dannecker, dessen Ariadne ihn einst in der Werkstatt des Meisters so entzückt, sich eine zweite Ausführung dieses Kunstwerkes zu bestellen. Alle fremden und einheimischen Künstler sollten nach Muskau hingezogen werden, durch eine Sammlung von seltenen Werken, wie sie kein anderes Schloß darböte. Aber auch in Wunderlichkeiten gefiel er sich: neben dem Künstler wollte auch der Sonderling sein Recht haben: so nahm er eigens einen Mann in Dienst, der im Park den Einsiedler spielen, und eine Kutte tragen mußte. Eine englische Chaise und einen englischen Kutscher betrachtete er als größtes Labsal des Lebens, wie es überhaupt auffallend ist, daß Pückler an standesgemäßem Glanze und vornehmem Luxus eine kindliche Freude hatte, wie sie sonst weit mehr die Parvenues als die wahrhaft Vornehmen zu haben pflegen. Vielleicht kam das aber dadurch, daß er sich noch der Zeit erinnerte, wo er als Sekretair Hermann sich selbst die Stiefel putzen mußte!

„Nie habe ich mich auf etwas mehr gefreut," schreibt er an Lucie, „als auf die Gläser aus Voppart. Ich fühle bei dieser Gelegenheit ordentlich wieder kindische Regungen in meinem veralteten body, und beschwöre Dich, ja diese Gläser keinen Augenblick aus dem Gesichte zu verlieren."

„Lasse mir ja die Fenster nicht im Stich," schreibt er den 27. Mai, „das würde mich tief betrüben."

Dabei gab er natürlich das Geld mit vollen Händen aus; in zwei Monaten allein verbrauchte er 36,000 Thaler. Hundert Thaler verwandte er täglich allein für den Tagelohn der zweihundert Arbeiter, die er in den Anlagen beschäftigte, ohne die Ausgaben für die nöthigen Materialien von Holz, Steinen u. s. w. mitzurechnen. Wenn die Ausgaben bis auf eine schwindelnde Höhe stiegen, wurde er wohl auf einen Augenblick bedenklich.

„Im Uebrigen," schreibt er an Lucie, „bestelle an Silber, Porzellan, Meubles und dergleichen ja nichts mehr, da wir schon mehr als zuviel haben und im Grunde doch alles das Zeug wenig bleibenden Genuß gewährt. Ich habe es mein **ganzes Leben** hindurch leider gefühlt, wie man sich das **ganze Leben** verbittert, wenn man immer den Zuschnitt größer macht, als das Zeug reicht. Man will alles haben, und hat dann gar nichts, da hingegen, wenn man sich einen Grad geringer stellt als man könnte, man eine unbezwingliche Schildwache vor jeden Genuß stellte, die Sicherheit genannt, ohne die keine Freude denkbar ist, wie schon das Schwert des Dionisius beweist. Dehn hat also sehr recht, und im Herzen habe ich ihm auch immer Recht gegeben, wenn er uns warnt. Ich spreche wie ein Philosoph, und habe bisher gehandelt wie ein Narr. Dies war auch von seiner eigenthümlichen Seite betrachtet wieder recht gut, so lange ich ein lustiger Narr war. Da ich aber nun ein trauriger Narr zu werden anfange, so ist es rathsam zu versuchen, ob ich nicht durch das Streben nach Weisheit den verlorenen Frohsinn am sichersten wieder erreiche."

Solche Bedenklichkeiten dauerten aber eben nur einen Augenblick, da die unwiderstehliche Schaffenslust ihn wie eine Syrene auf ihrer Bahn weiterzog. Die Anlage von Muskau kostete, wie er einmal sagt, nahe an 50,000 Thaler, und würde bis zu ihrer Vollendung noch einmal so viel kosten. Etwas später bekennt er, daß er auf den Park allein bereits 200,000 verwandt habe.

Wie großartig seine Baupläne für Muskau waren, geht daraus hervor, daß er im Jahr 1817 im Juni an Lucie schreibt, daß er in diesem Jahre bauen müsse, und bereits gebaut habe:

1. Einen großen Bauhof, mit zwei Bauschuppen und dem Hause für den Bauvogt.
2. Einen hohen Ofen und Eisenhammer.
3. Die Hälfte der Gebäude bei der neuangelegten Glashütte.
4. Eine neue Scharfrichterei.
5. Ein Gärtnerhaus im Park über der Neiße.
6. Ein Malz- und Brauhaus.
7. Eine neue Ziegelei.
8. Eine herrschaftliche Schmiede im Park.
9. Ein langer Zaun mit Pfeilern um den Küchengarten.
10. Ein Flügel des Schloßvorwerks im Park.
11. Die Dekorirung und Veränderung des Stalles.
12. Die Reitbahn.
13. Die Wagenschuppen.

14. Dekorirung und Veränderung des alten Schlosses, oder Amthauses.

15. Dekorirung und Veränderung des Gewächshauses.

16. Veränderung des alten Malzhauses zu einem Orangeriekonservationshaus.

17. Veränderung und Dekorirung der Mühle.

18. Eine Brücke über die Neiße.

19. Bauten verschiedener Art am Schloß.

20. Eine eiserne Brücke über den Schloßteich.

21. Die Schleuse am Kanal aus der Neiße.

22. Ein Badehaus.

23. Eine alte Warte im Park.

24. Eine alte gothische Kapelle im Park.

25. Drei oder vier bedeckte Ruhesitze.

26. Eine Cottage für uns auf englische Art.

27. Drei Gartenwächterhäuser.

28. Dekorirung und Veränderung des Jagdhauses.

29. Zwei Zaunwächterhäuser.

30. Dekorirung und Veränderung des Concordienhauses.

Die Einrichtung bestand als er heirathete aus folgendem Hauspersonal:

1 Haushofmeister
1 Offizier } macht vier Personen in Civilkleidung.
2 Kammerdiener

2 Jäger
2 Bediente } vier Personen in Livrée.

Außerdem ein Koch, welcher zugleich Tapezierarbeiten machte. Zwei Kutscher und eine Menge Stallleute. Die Gräfin hatte vier Dienerinnen, einen Kammerdiener und einen Portier.

Den 17. Mai 1817 schrieb Pückler hierüber an Lucie:

„Ich empfehle Dir die vorhin aufgestellte Regel: que les gens d'esprit ne s'occupent pas des sottises qu'ils ont fait. Wir werden zweifelsohne noch einige machen, meine Ahndung, die untrügliche, sagt mir aber, es wird alles vom Himmel zum Besten gekehrt werden. Wir sind beide zu vornehm geboren, um arm zu sterben, und unsere Art der Verschwendung macht zu viele Menschen froh, als daß die Nemesis uns strafend ereilen sollte."

Daß Muskau einen glänzenden Eindruck bei ihrer Ankunft auf Lucie mache, war ihm eine Lebensfrage, wie wenn sie nur um Muskau's willen heiratheten, wie wenn alles übrige nebensächlich sei. Er suchte auch deshalb in seinen Briefen darauf hinzuweisen, sie solle sich keine zu großen Vorstellungen machen, damit die Wirklichkeit sie nicht enttäusche; es könne mit der Zeit schön werden, noch sei aber alles verfallen und vernachlässigt. Er dachte sich aus, sie solle zuerst nach dem Jagdhaus kommen, und Abends dann das ländliche Fest und die Illumination in Muskau stattfinden. In seinem englischen Wagen, dem Curricle, mit vier Pferden bespannt, die er selbst lenken wollte, sollte Lucie von ihm bei Fackelschein nach dem Schlosse gefahren werden, im Triumphe eingeholt, während Schloß und Park in täuschender feenhafter Beleuchtung ihr entgegenglänzten. Den anderen Tag, fürchtete er, würde ihr dann freilich beim Erwachen alles schaal gegen das zauberische Nachtbild abstechen, welches das Unvollkommene gütig bedeckte. Aber der erste Eindruck sei wenigstens gewonnen, und das bleibe denn doch die Hauptsache.

Als Vorbereitung für dieses Fest setzte er seine Generalproben fort, indem er die Nachbarschaft zu sich zu Bällen und Theatervorstellungen einlud, immer kokettirend, immer in tausend Spiele der Neigung, des Wohlgefallens, des Scherzes und der Neckerei verflochten. Ein anderes Spiel, das seine Phantasie beschäftigte, war der Wunsch nach einem Schwedischen Orden, den, wie er hoffte, Lucie durch ihre

Beziehung zu Bernadotte ihm verschaffen sollte. Dann wieder, von der Sehnsucht nach Einsamkeit und Einfachheit ergriffen, ließ er sich einen Paß als Leipziger Student ausstellen, um allein eine Fußreise in den Spreewald zu machen, und er war sehr betrübt, als die bringenden Geschäfte im Schlosse ihn an Ausführung dieses Planes verhinderten.

Ueber seine Familie hatte er sich bitter zu beklagen, er schreibt an seine Braut: „Die Verbindlichkeiten, die ich meiner Mutter in Ansehung meines Vermögens habe, sind keineswegs so, als sie es darzustellen sucht, da ich leider unwidersprechliche Beweise habe, wie ich (nur die arme Bianca ausgenommen) von meiner ganzen Familie auf eine wahrhaft niedrige Weise beneidet werde, und heute, wenn sie mich in ihren Händen hätte, verloren wäre, denn nicht das trockene Brodt würde man mir lassen, und an Fallstricken, die man mir gelegt hat, ließ man es nicht fehlen. Ich kann wohl sagen, daß ich nur mir selbst, und dem Gegensatz von Pusillanimität in meinem Charakter meine Erhaltung zu verdanken habe. A la tête des feindlichen Phalanx steht meine älteste Schwester; meine Mutter, die sanfte Agnes (wer sollte es glauben!) und der junge Max folgen in geschlossener Reihe hinten nach. Du wirst nun ahnden, daß ich Dich von jedermann lieber als von meiner Familie entourirt sehe, besonders bei Deiner entsetzlichen Bonhommie, die alles auf's Wort glaubt."

Unterdessen war Adelheids Heirath mit Carolath noch immer nicht zu Stande gekommen. „Wie schade ist es, daß wir nicht in der Türkei leben," schrieb Pückler hierüber an seine Braut, „ich nähme Euch beide, und die Verlegenheit der Wahl hörte dann wenigstens auf, und ein zweiter Gleichen, hausten wir fröhlich in Muskau." Dieser Gedanke, wenn auch im Scherz ausgesprochen, konnte Lucie wenig lächeln. Aber das schlimmste war, daß er jeden Ort, wo er war, zur Türkei umwandelte, daß er überall wie ein Türke lebte, ohne sich um europäische Satzungen zu kümmern. In der That, als die Carolath'sche Heirath endlich festgesetzt war, hörte Pückler's Phantasie, als ein zweiter Graf von Gleichen zu leben, durchaus nicht auf, und er goß ihn nur in eine andere ihm noch weit wohlgefälligere Form, indem er Helminen an die Stelle von Adelheid setzte. „Daß Helmine nicht mit auf's Jagdhaus kommt, ist schade," schrieb er an Lucie; „sie würde Dir die Einsamkeit, die Du nicht wohl ertragen kannst, doch in etwas variirt haben. Soll denn nun meine sanfte Mimi nun gar nicht herkommen? Ich glaube, die arme Kleine fürchtet mich wie eine Vogelscheuche." Helmine wurde fortan Pückler's Traum; sie zog ihn magisch an wie ein milder Stern, ihr Bild erweckte sehnsüchtige Wünsche in seinem Herzen, und ihre mädchenhafte Jugend gefiel ihm im Grunde weit besser als Adelheids mit bacchantischer Lebhaftigkeit gemischte Liebenswürdigkeit.

Wie er über seine Heirath mit Lucie dachte, darüber sprach er sich gegen sie selbst folgendermaßen aus: „Deine Idee, uns hier auf dem Jagdhause trauen zu lassen, gefällt mir sehr. Es ist hier in der Nähe auf einem meiner Dörfer ein höchst lächerliches Subjekt von Pfarrer, den ich alle Woche zweimal herkommen lasse, um ihn zum Narren zu haben. Pour la rareté du fait müssen wir uns von diesem trauen lassen, denn um Gotteswillen nichts Lugubres bei dieser Zeremonie, sonst laufe ich davon, denn auch hierin bin ich wie ein Mädchen, und habe von jeher vor dem Heirathen eine gewaltige Angst gehabt. So aber werden wir Mühe genug haben, uns das Lachen zu verbeißen. Ueberhaupt werde ich Dir hier mit lauter Karikaturen aufwarten, um Dir die Einsamkeit erträglich zu machen."

Diese Art Humor nahm aber in Pückler's Stimmung ab, je näher sein Hochzeitstag rückte. Immer verstimmter und melancholischer wurde er, und es gab Augenblicke, wo ihm alles zuwider wurde, sogar Muskau mit dem von ihm geschaffenen Glanz und seinen Anlagen. Den 28. Juni 1817 kann er sich nicht erwehren, seiner Braut zu schreiben: „Uebrigens bekommen wir eine ganz ungeheure Haushaltung zusammen. Ich dächte, in einem Jahre bekehrten wir uns sowohl christlich als auch ökonomisch, jagten alles zum Teufel, wo es hingehört, und reisten zur Frau von Krüdener. Mich ekelt der Luxus, die Sünde und das ganze Leben an." Dann einsehend, wie sehr er Lucie mit solchen Aeußerungen betrüben müsse, fügt er die Nachschrift hinzu: „Mein Gemüth ist krank, ich öffne aber den Brief wieder, weil es mich schmerzt, Dir, die so gut und liebevoll ist, Kummer zu machen. Verzeihe mir, ich weiß nicht, welche sonderbare Stimmung mir die Freude an allem benimmt, und mich mit Ueberdruß und Mißmuth erfüllt."

Den folgenden Tag, den 29. Juni, läßt ihn seine außerordentliche Aufrichtigkeit deutlicher über seine Stimmung Rechenschaft geben. „Für's erste," schreibt er, „ist die Ursach derselben gewiß körperlich, aber viel trägt auch, aufrichtig gestanden, eine gewisse Schwäche dazu bei, die mich unbeschreiblich besorgt macht, durch das immer mit einer Art von heiliger Scheu angesehene Heirathen den größten Theil einer über alles geschätzten Freiheit (nicht zu verlieren, denn so leicht lasse ich sie mir nicht nehmen), aber doch in ihrer Ausführung mannigfach und unbequem gestört zu werden. Die weiblichen Waffen sind in dieser Hinsicht äußerst gefährlich, und so gut und liebevoll Du bist, so zweifle ich doch auch bei Dir nicht an Voltaire's: ce qui plait aux femmes."

Diese Antipathie gegen das Heirathen voranstellend,

knüpft er nun noch eine ganze Reihe von Lehren an, wie Lucie sich nie seinen Einfällen widersetzen, besonders ihn nie an zwei seiner Lieblingspläne verhindern dürfe, eine Reise in andere Welttheile zu unternehmen, oder den ersten Krieg einer europäischen Nation gegen die Türken als Freiwilliger mitzumachen. Dabei hat er kleinere Nebenreisen im Sinn, eine nach England, die er Lucie als unerläßlich und sogar ökonomisch darstellt, und eine nach Aachen, um für seine Gesundheit die Bäder zu brauchen. „Versprechemir also," schreibt er, „nie Dich meinen Einfällen so zu widersetzen, daß ich es merke. Ich bin sehr unbeständig, und gebe leicht Dinge, die ich am lebhaftesten gewünscht habe, wieder auf, sobald ihre Erfüllung nahe, oder keine Schwierigkeit mehr zu besiegen ist. Auch vollkommenem, unüberwindlichem Widerstande weiche ich sogleich, aber solcher Widerstand, dessen Besiegung ich für möglich halte, bringt auf mich immer das entgegengesetzte Resultat hervor. So habe ich zum Beispiel zwei Lieblingspläne. Der eine ist eine Reise in andere Welttheile, der andere, den ersten Krieg einer europäischen Nation gegen die Türken als Volontair mitzumachen. Beide Pläne werden vielleicht nie von mir realisirt werden, wolltest Du sie aber einmal bekämpfen, so würde ich glauben, nicht mehr ohne ihre Erfüllung leben zu können. Mißbillige frei alles, was Dir nicht gefällt, nimm Dir kein Blatt vor den Mund, wie man sagt, aber gieb nichtsdestoweniger de bonne grâce und freudig nach, wenn ich es wünsche. — Ich kann Dir dagegen keineswegs dasselbe gegen Dich versprechen, das ist einmal die leidige Thrannei der Männer! Hier fällt mir etwas Komisches ein, nämlich, ich glaube, wir werden uns von unserem gefährlichsten Fehler, nämlich dem der Verschwendung, durch das Schrecken, welches wir uns gegenseitig dadurch einflößen werden, beide kuriren, wie in der

Komödie die zu hitzige Frau dadurch geheilt wird, daß sich
ihr Mann noch zehnmal hitziger anstellt, oder der Vater
den Sohn dadurch von der Leidenschaft des Spieles zurück-
bringt, daß er an unterrichtete Freunde vor den Augen des
Sohnes selbst sein ganzes Vermögen zu verspielen scheint.
— Im Uebrigen mußt Du mir aber unbedingt folgen, das
heißt en gros, Deiner weiblichen Feinheit bleibt es immer
überlassen, mich unsichtbar zu leiten, so daß mein Wille
mir unbewußt nur immer von dem Deinigen hervorgebracht
wird."

Lucie scheint durch all dies nicht erschüttert worden
zu sein. Sie sah wohl, daß er die Furcht vor dem Zwang
der Ehe kaum überwinden konnte. In der That, als alles
in Muskau zu dem Empfang seiner Gemahlin fertig, und
er durch die Thätigkeit nicht mehr freudig erfüllt war, hätte
er beinahe nicht übel Lust gehabt, ein umgekehrter Werther,
sich das Leben zu nehmen, nicht weil seine Lotte einem
Anderen gehörte, sondern grade, weil er selbst sie heirathen
sollte.

Jedoch, so wie Lucie vom Grafen von Pappenheim geschieden war, kam sie nach Muskau, wo sie den 12. Juli
1817 eintraf, und drei Monate später, am 9. Oktober,
feierte sie ihre eheliche Verbindung mit Pückler.

Sechzehnter Abschnitt.

Hochzeitsfeste. Reise nach Paris. Helmina. Eduard und Ottilie.
Der Aachener Kongreß. Der Staatskanzler Hardenberg. Ehrgeiz.
Liebesleibenschaft. Kaiser und Könige. Diplomaten. Mad. Recamier.
Mad. Alopäus. Mad. Sophie Gay und ihre Töchter. Mad. Gail.
Mlle. Lenormand. Wahrsagung. Ausflug nach Brüssel als Herr
von Westheim. Spiel. Rückkehr nach Muskau.

Die Hochzeitsfeste waren glänzend gewesen. Lucie, deren
Geschmack und Schönheitssinn mit denen von Pückler wett=
eifern konnten, hatte ganz das künstlerische Auge, um seine
Arbeiten in Muskau zu würdigen. Nachdem das neue
Ehepaar sich hiemit lange beschäftigt, reiste es auf einige
Monate nach Paris, um dort neue und glänzende Eindrücke
in sich aufzunehmen.

Aber welches Verhältniß wäre ohne Schatten und Stö=
rungen? Auch den Neuvermählten waren deren beschieden,
und Jeder hatte andere Prüfungen zu bestehen, durch welche
jene Pariser Reise vielfach beunruhigt wurde. Ob Lucie
die erwachende Neigung Pückler's für ihre Pflegetochter
früher nicht beachtet, sie nicht für so ernsthaft angesehen,
wer weiß es! Dachte sie, durch die Entfernung sie aus
der unbeständigen Seele ihres Gatten zu verbannen, so
irrte sie gänzlich. Als Pückler sich um die Nähe des an=
muthigen Wesens gebracht sah, gab er sich erst vollends

einer sehnsüchtig leidenschaftlichen Stimmung hin, die er seiner Gattin ganz und gar nicht verbarg. Luciens klarer, prüfender Blick mußte erkennen, daß es sich hier um einen hartnäckigen, aufgeregten Eduard handelte, der stürmisch nach seiner Ottilie verlangte, und der es für ganz richtig und natürlich fand, ein zweiter Graf von Gleichen, mit zwei Frauen zu leben. Mochten die Anderen sich christlich gesellschaftlich einrichten, er wollte wie ein Sultan durch die Welt gehen! — Ja, dieser Eduard war nicht wie der Goethe'sche plötzlich und wie unbewußt von seiner Liebesschwärmerei überrascht worden, sondern er hatte seine Ottilie gewissermaßen schon im voraus, noch ehe er seine Ehe einging, in Bereitschaft! Das war zu viel, mochte Lucie auch mit noch so weltlich leichtem Sinn und resignirter Reflexion in ihre Ehe getreten sein!

Ernste Störungen konnten nicht ausbleiben. Sie suchte Helminen zu verheirathen, aber so wenig Pückler auch bei seiner Denkungsart solche Bande als ein Hinderniß für seine Wünsche zu betrachten pflegte, so wollte er dies für Helminen doch nicht zugeben, oder ihr höchstens einen alten und recht widerwärtigen Gatten, der ihr Widerwillen einflöße, verstatten.

Mehrere Verbindungen, die Lucie für Helminen zu betreiben suchte, kamen nicht zu Stande, und so blieb einstweilen alles unverändert, und nach Rückkehr von der Reise mußte sich Lucie zuweilen dazu verstehen, Helminen nach Muskau kommen zu lassen.

Im folgenden Jahre sehen wir Pückler nach dem Aachener Kongreß sich begeben; er suchte die Gunst seines Schwiegervaters, des Staatskanzlers, zu erlangen, stieß aber auf manche Schwierigkeiten hiebei, und sein leicht verletzter Ehrgeiz läßt ihn beständig klagen, daß Hardenberg kalt sei, ihn abweisen lasse, ihm fremd bleibe, auf eine Weise, daß es auffalle und ihm schade. „Dein Vater behandelt mich so übel," schreibt er an Lucie, „daß ich nur noch etwas mehr abwarte, pour lui montrer les dents." Aber dazu konnte er sich denn doch nicht entschließen, sondern fuhr hartnäckig fort, in seinen Versuchen, dem Staatskanzler sich zu nähern. Er träumte von einem Gesandtschaftsposten, den ihm dieser verschaffen könnte, von Auszeichnungen aller Art; er that Schritte um den Wladimirorden, das Kreuz der Ehrenlegion, und einen Schwedischen Orden zu erlangen.

Koreff, der damals beim Staatskanzler viel galt, suchte für den Plan zu wirken, daß Pückler den Gesandtschafts= posten in Konstantinopel erhielte. Vier Gelehrte sollten der Gesandtschaft mitgegeben werden. Wie ein Kind schwelgte Pückler in dieser Vorstellung: die arabischen Pferde und die morgenländischen Sitten standen lockend vor seiner Phan= tasie. Dazu die prachtvollen türkischen Shawls, die er für Lucie aussuchen wollte! „Und wie interessant ist es, von daher zurückzukommen!" rief er. Er verglich sich mit Bonaparte, der nach Egypten ging.

Auch an einen spanischen Gesandtschaftsposten dachte er, und das entflammte seine Phantasie nicht minder. Aus allem machte er sich ein poetisches Bild, im Vorgenuß schwelgend, der oft den Genuß selbst nachher überflüssig machte. Es war die Rede davon, daß er Bartholdy und den Schriftsteller Hofmann nach Spanien mitnehmen solle. Von dort hoffte er einen Abstecher nach Marocco und zu den Barbaresken machen zu können.

Pückler ließ sich den Herrschern vorstellen, und legte einen solchen Werth auf den Succeß in diesen hohen Kreisen, daß er an Lucie schrieb: „Le Roi, à ce qu'on dit, don-nera un bal dimanche, j'espère qu'il m'invitera, sinon, je me ferai passer pour malade, pour ne pas en avoir le démenti." Aber mit diesem weltlichen Streben ging doch stets auch Weltverachtung bei ihm Hand in Hand, und er fügt hinzu: „Comme tout cela est plat et ridicule, et quels sots que les gens du grand monde! Quelles petittesses et quels bassesses! Fuyons les cours et les grands, et goûtons dans un plus heureux climat les douceurs du repos et de l'indépendance!"

Und wieder steigt Helminens Bild vor ihm auf, und er erklärt Lucien, daß ihm das Mädchen zu seinem Glücke nothwendig sei, daß sie es ihm nie ganz entziehen dürfe, da er sie beide auf verschiedene Art, aber einzig in der Welt liebe. „Ich kann nicht mehr allein stehen," schreibt er an Lucie, „Ihr beide seid mir nöthig wie Wasser und Luft. Versuch es nur nie, mich von ihr zu trennen, und um Gotteswillen, verheirathe sie nicht — glaube mir, es wäre um mich geschehen! Von Dir hängt alles ab, Glück und Ruhe, oder hundertfaches Weh! Doch was red' ich! Kenne ich nicht Dein Herz und Deine Liebe? — In wessen Händen kann mein Glück und mein Schicksal besser liegen, als in den Deinigen!" —

Mit beiden Frauen den Winter in Italien oder dem südlichen Frankreich zuzubringen, ist um so mehr sein sehnlichster Wunsch, da ihm Muskau durch einen verlorenen Prozeß, und durch die Verwaltung Dehn's, der viele Einschränkungen verlangte, um die zerrütteten Finanzen wiederherzustellen, für den Augenblick etwas verleidet war. „Ich fühle es ganz bestimmt," schrieb er an Lucie, „und nun, da es einmal ausgesprochen ist, ist es mir wie ein Stein vom Herzen. Dies ist der einzige Plan für die Zukunft, der mir Frohsinn und Ruhe wiedergeben kann. Ich verlange wahrlich nicht zu viel, denn Du sollst nur mich mit einer Anderen theilen, und ich soll auf Deinen Wunsch die Andere ganz entbehren. Das kann ich nicht, und es wäre unendlich hart von Dir, es zu verlangen, drum noch ein=

mal, Herzensschnucke,*) sei gut, gewähre, und klage nicht. Wir können in Marseille, Bordeaux oder einer italienischen Stadt mit 12,000 Thalern jährlich vortrefflich leben, und ohne die ewige Sehnsucht nach dem Mädchen, die mich keine Freude genießen läßt, werde ich auch froh sein können, und Du wirst mich selbst viel liebenswürdiger und besser finden. Glaube mir, mit jedem Tage, den Du früher kommst, erhältst Du mir einen Monat meines Lebens, denn ich leide wahrlich Qual. Es ist vielleicht ein Spiel meiner Phantasie, aber darum eben gewinnst Du ja viel mehr dabei, daß die Wirklichkeit mich entzaubert, und das Original mir hundertmal gleichgültiger wird, als das Bild, das jetzt, alles in meinem Inneren verdrängend, gewaltsam herrscht. Sonst war ich anders, jetzt bin ich aber so, und, beim Himmel, es ist unmöglich, mich zu ändern, ohne mein Herz zu brechen. Sieh einmal, gute Schnucke, Dir allein vertraue ich, von Dir, weiß ich, kann nur Segen für mich ausgehen, meine süße Schnucke; von jeder Liebe, die Du mir beweist, bleibt ein tiefes Merkmal in meiner Seele, und der beste Theil meines Herzens und meines Ichs gehört unabänderlich Dir an. Eile in meine Arme, bringe sie mit, und nie werde ich Dein edles Opfer vergessen. O Gott! wäre der Augenblick nur schon da, und die wüste Zeit vorüber, die noch dazwischen liegt."

Aber er mochte Lucien das südliche Klima mit allen seinen Reizen im rosigsten Lichte, seine glühende Dankbarkeit gegen sie mit den brennendsten Farben schildern, sie schien doch nicht auf eine solche Zukunft zu Dreien eingehen zu wollen.

„Du bist ungerecht," schrieb er wieder an Lucie, „mir

---

*) Schnucke war ein Scherzname, den Pückler seiner Gattin beinahe immer zu geben pflegte.

über Erwähnung Helminens Vorwürfe zu machen. Soll ich Dir nicht aufrichtig schreiben, so kann ich gar nicht schreiben, denn hierin liegt die Essenz unserer Korrespondenz und unseres ganzen Verhältnisses, und eine Empfindlichkeit, die Du selbst als mal à propos ansiehst, mußt Du auch besiegen, sonst untergräbst Du am Ende dadurch unser kindlich aufrichtiges und harmloses Zusammenleben, so nahe wie entfernt. — Noch eine Bemerkung: Es ist wahr, hättest Du auch neben allen Deinen übrigen Vorzügen die Jugend und die Schönheit in dem Grade, wie Du sie einst besaßest, so würde ich Dich vielleicht in jeder Hinsicht mit Leidenschaft lieben, vielleicht auch nicht, vielleicht nur einseitig. Wer kennt des Menschen Herz! Setze aber nun den Fall, wie er ist, und wie er sein kann. Du bist mir fast alles in der Welt, nur in Einem liebe ich eine Andere, Du wünschst mir alles Glück, uneigennützig, willst Du also nicht lieber mir das, was mir noch fehlt, durch eine Andere geben, als mich dessen ganz berauben? Sei also konsequent, das heißt, ganz gut, und ich werde für das, was mir die Andere giebt, und Du nicht geben kannst, weil nichts auf der Welt vollkommen ist, doch nur Dir dankbar sein. Liebe, Güte und Klugheit weisen Dir alle denselben Weg."

Es wird nöthig sein, hier ausführlicher von Helmina zu reden. Ueber dieser Pflegetochter Luciens schwebt ein geheimnißvolles Dunkel; ihr Geburtsjahr ist nicht bestimmt festzustellen. Varnhagen giebt es nach ihm gemachten Mittheilungen Luciens und ihrer Tochter Adelheid als 1799 an. Manche sagten, sie sei aus dem Volke entsprossen, ihre Mutter sei die Tochter eines Kutschers des Grafen Pappenheim gewesen, und Lucie habe das hübsche kleine Mädchen als Gespielin ihrer Tochter Adelheid auf das Schloß genommen, und sie bald so lieb gewonnen, daß sie gänzlich für ihre Erziehung sorgte, und sie bei sich behielt, wie sie denn auch Helminen später als ihre Pflegetochter in der großen Welt einführte. Andere dagegen wollten wissen, daß Helmina sehr hohen Ursprungs sei, und daß nicht ein Kutscher, sondern ein Mann, den später eine Königskrone schmückte, ihr Vater gewesen sei. Sind dies nur Gerüchte, so ist es dagegen gewiß, daß ein König ihr huldigte, denn König Friedrich Wilhelm der Dritte wollte sie — bevor er sich mit der Fürstin Liegnitz vermählte — zu seiner morganatischen Gemahlin machen, und ihr zugleich den Titel einer Fürstin von Breslau verleihen. Doch zerschlug sich dieser Plan, Einige sagen, weil Helmina nicht einwilligte, Andere geben andere Ursachen als Hinderniß an. Der König bewahrte dem schönen Mädchen aber stets ein besonderes Wohlwollen, und machte sie zu einem Fräulein von Lanzendorf, wodurch sie hoffähig war, und dadurch in der Aristokratie, deren Hochmuth und Rangstolz sich meist weit mehr auf den Schein als auf die Sache bezieht, überall bereitwillig aufgenommen wurde.

Pückler machte in einem vertrauten Briefe, als er bereits ein alter Mann war, eine Schilderung von Helminen, ohne sie zu nennen. Auf ihn und seine Aufrichtigkeit kann man sich immer verlassen, nur die Daten sind wohl nicht ganz genau, da so viel Zeit dazwischen lag.

„Sie war," schrieb er, „ein sechzehnjähriges Mädchen, und ich 32 Jahre alt, als diese Bekanntschaft begann. Sie dauerte fünfzehn Jahre, und in der Mitte dieser Zeit mußte sich das Mädchen verheirathen, unsere Kameradschaft blieb aber dieselbe. Mehr kann ich über diese Verbindung nicht schreiben, denn es ruht mehr als ein wichtiges Geheimniß darüber. Nur so viel kann ich noch hinzusetzen, dies sylphidenartige Geschöpf war eine Hebe Raphaels, und später das Ebenbild der berühmten knieenden kleinen Venus".

Unterdessen wurde Pückler immer mehr in die bunten Kreise des Aachener Kongreßlebens hineingezogen. Er sah die Könige und Kaiser, Hardenberg bezeigte sich endlich freundlicher, er verkehrte mit Metternich, Bernstorff, Wellington, Capo d'Istria, Castlereagh, mit den Generalen Maison und Benningsen, und hörte den vielbewunderten Gesang von Mad. Catalani.

Von Damen war die berühmte Mad. Recamier anwesend, die ihn aber nicht sonderlich anzog, und der er jeden Geist absprach, dagegen sah er dort die ehemals sehr von ihm angebetete Frau von Alopäus aus Berlin wieder, mit der er nicht umhin konnte, sich in neue anmuthige Koketterie vorübergehend einzulassen, die nur durch die rasche Abreise der liebenswürdigen Dame unterbrochen wurde. Pikant und anziehend wurde ihm die Bekanntschaft der begabten Schriftstellerin Mad. Sophie Gay, deren Roman „Anatole" sehr geschätzt wurde. Die lebendige, elegante, graziöse Französin beschäftigte ihn auf das angenehmste. Ihre glänzenden Toiletten zeigten den besten Geschmack, und jedes ihrer Worte war voll Witz und sprühender, aber nie boshafter Satyre. „C'est une femme de beaucoup d'esprit, de beaucoup de savoir faire, et qui, sans être de la première jeunesse, est encore très capable de plaire," schrieb er an Lucie. Dabei gestand er ihr zu, daß sie die schönsten Augen von der Welt habe. Die Gesellschaft ihrer schönen Töchter, Delphine und Isaure, von denen die Erstere gleichfalls später in der Litteratur berühmt wurde, und ihrer Freundin, der Mad. Gail, Verfasserin der „deux jaloux", machte den Umgang nur noch anziehender und mannigfaltiger. Hier war der Schauplatz gefunden, einen kleinen Roman aufzuführen, den sich Pückler nicht entgehen ließ; er spielte den Schmachtenden bei Mad. Gay, und suchte sie aufzuregen und zu beunruhigen, indem er ihr vertraute, daß eine andere unglückliche Neigung sein Herz erfülle.

Durch so viele Anregungen heiter gestimmt, schrieb er an Lucie: „In diesem Augenblicke steht alles wohl:

1) Schnucke liebt mich, und gönnt mir jedes Vergnügen.

2) Dein Vater und seine Umgebung sind sehr verbindlich.

3) Je suis bien vu dans la société, et quelques femmes me cajolent.

4) Mein englischer Groom ist wieder besser.

5) Alle meine Pferde sind gesund, und die brillante Equipage ist wieder im Gange.

6) Ich selbst befinde mich wohl, und habe wieder Hunger.

7) Sehr oft mache ich gute und sogar recherchirte Diners.

8) Mein Logis ist charmant.

9) Es fehlt mir weder an Geld noch Ansehen.

Mit diesen guten Auspizien schließe ich diesen Brief. Wer weiß, wie es morgen aussieht, denn der reizbare Himmel meines Inneren ist wie Sonne, Sturm und Wetter im April."

In dieser kurzen Zusammenstellung giebt Pückler gewissermaßen ein Spiegelbild seines Charakters. Ein anderes lieferte die berühmte Mlle. Lenormand, die von Paris hergekommen war, und Pückler wie folgt wahrsagte: „Personne n'est plus vif que vous; cependant vous savez être bien calme et paraitre fort doux, si vous voulez. Vous n'êtes pas exempt d'ambition, mais vous débitez trop la gêne, pour pouvoir vous y livrer avec constance. On vous croit généralement tres-heureux et très-décidé. Cependant vous ne l'êtes pas autant qu'on l'imagine, et vous avez souvent une sorte de timidité, qui vous paralyse. Vous n'aimez pas beaucoup la supplique, et pourtant vous en faites, parceque vous changez bien souvent de projets, et que vous êtes si inégal, que souvent qui vous voit le matin et qui vous revoit le soir, ne croit pas avoir vu la même personne. Vous êtes très-léger, mais vous êtes quelquefois capable de beaucoup de ténacité. Vous avez été amoureux plusieurs fois, mais vous n'aimez pas les femmes à vous y abandonner entièrement. Elles ne vous maîtrisent pas. Vous allez dans le monde par air et par ton, mais vous ne l'aimez guère, un petit cercle d'amis d'après votre choix est ce que vous préférez. Vous ne manquez pas de courage, et vous porterez encore deux fois les armes. Vous servirez avec honneur, mais vous n'y ferez pas une fortune brillante. Vous connaitrez la diplomatie, et si une certaine affaire tourne à votre avantage, ce qui est très-vraisemblable, vous jouerez un rôle marquant dans le monde. A l'âge de trente-neuf ans, votre sort va souffrir une crise. Une femme y aura beaucoup d'influence. Vous avez un ami très distingué, sur lequel vous pouvez compter, et une femme vous aime bien tendrement pour vous-même. Elle vous sauvera à l'âge de 37 ans environ la vie ou l'honneur dans une occasion remarquable. Vous courerez quêlque dangers, entre autres sur mer, et vous serez arrêté pendant quelque temps. Vous avez beaucoup d'ennemis, et il y en a de très-marquants, mais comme vous ne manquez ni de finesse, ni de fermeté, et que vous êtes fort-défiant, il parait qu'ils ne vous feront pas beaucoup de mal, d'ailleurs vous aurez l'oreille d'un homme puissant. Vous irez en Asie (retenez-bien cela, dit-elle,) et vous trouverez une chose, qui fera l'admiration de beaucoup de monde. Votre fortune peut s'améliorer sans devenir extraordinaire, vous mourrez âgé dans une habitation entourée d'eau. Vous êtes bon physionomiste, tenez-vous toujours à la première impression qu'une personne vous fera, et vous ne vous tromperez jamais. Je vous recommande deux choses, dont vous aurez besoin, beaucoup de précaution et beaucoup de discrétion. Ne jouez pas, car les grands coups de hazard ne vous sont pas favorables."

Pückler war nicht abergläubisch genug, um an die magische Begabung der Wahrsagerin zu glauben, aber es war ihm doch angenehm, dergleichen als ein halb ernstes Spiel zu betreiben. Und da er an Einer Pythia nicht genug hatte, ließ er sich auch von Mad. Gail wahrsagen, die eine kluge Frau, aber gewiß keine Zauberin war.

Inmitten des Aachener Glanzes machte Pückler einen Ausflug nach Brüssel, unter dem Namen eines Herrn von Westheim, mit der Diligence, ohne Bedienten und mit nur einem Mantelsack, um zu versuchen, ob er auch noch wie ehemals ohne die vielen künstlichen Bedürfnisse leben könne, und genoß zum Besten erst die ungewohnte Einfachheit des Lebens, dann den wiedergewonnenen Luxus.

Auch der Aachener Spieltisch blieb Pückler nicht gleichgültig; Glück und Unglück erprobte er wechselsweise. An einem einzigen Abend verlor er 1900 Franken. Dann gewann er wieder, was er dadurch erklärte, daß er naiv erklärte, der Himmel habe ihn dafür belohnen wollen, daß er Lucie das Gelübde gethan, nie mehr als 30 Louisd'or an einem Abend zu verspielen.

Als der Kongreß zu Ende ging, kehrte Pückler reich an neuen Bekanntschaften und Anknüpfungen nach Muskau zurück. Mit dem Kongreß war er zufrieden, erstens, weil er dadurch mit Hardenberg und seiner Familie auf's beste bekannt geworden, ferner, weil er viele interessante Bekanntschaften gemacht, und endlich, weil er drei Affairen in gutem Gange habe, den Gesandtschaftsposten nach Konstantinopel, den Wladimir um den Hals, was durch General Schöler betrieben wurde, und das Ludwigskreuz, das der Geheime Legationsrath Schöll in Paris verschaffen wollte.

Pückler nannte dergleichen seine Spielzeuge. Er wußte, was diese nichtigen Aeußerlichkeiten werth sind, aber er wußte auch, daß man mit ihnen der nichtigen äußerlichen Menge imponirt, und da er einmal in dieser Sphäre lebte, so wollte er in ihr mit Glanz jeder Art auftreten.

Siebzehnter Abschnitt.

Verwaltung. Rastlose Thätigkeit. Spiel. Geldverlegenheit. Reiterkunststücke. Erhebung in den Fürstenstand. Der Staatskanzler Hardenberg. Seine Umgebung. Entlassung Humboldt's und Beyme's.

Zu der Freude eines stillen, befriedigten Landlebens kam aber Pückler auch auf seinen Besitzungen niemals. Immer beschäftigt, auch im Einzelnen die Ausführung aller seiner Pläne selbst zu leiten, hatte er fortwährend alle Hände voll zu thun; nach allen Seiten hin wurde seine Thätikeit erfordert. Außer dem Park zwangen ihn Vorstellungen an die Stände, zu führende Prozesse, Hypotheken- und Pachtangelegenheiten, die Alaunbergwerke, Flößgeschäfte und Holzverkauf, die Oekonomie, Bierbrauerei und Spiritusbrennerei, das Jagdwesen, die nie ruhenden Bauten, die Anstellung von Beamten unermüdlich wie ein Geschäftsmann zu arbeiten, und zwar wie einer, der anstatt einer, hundert Branchen zu verwalten hat. Alle Augenblicke mußte er in der einen oder anderen dieser Angelegenheiten nach Berlin reisen, wobei auf den schlechten Wegen Wagenumwerfen oder Pferdestürzen nicht zu den Seltenheiten gehörte. Der geniale Mann, der am liebsten im Reiche der Phantasie seinen Idealen von Schönheit nachging, verschmähte es auch nicht, mit den anderen märkischen Landjunkern den Berliner Wollmarkt zu besuchen, um seine Wolle zu verkaufen, deren Preise er seiner Lucie mit der merkwürdigen Genauigkeit mittheilte, die er sich im Kleinen wie im Großen zu eigen gemacht. Als wenn das alles noch nicht genug wäre, bekümmerte er sich auch um alle häuslichen Einkäufe, die sich nicht nur auf Wagen, Pferde, Mobilien, Teppiche, Lampen, Porzellan, auf Luxus- und Toilettengegenstände, sondern auch auf Tressen, Federbüsche und Knöpfe der Livréen, auf Oel, auf Papageienfutter u. s. w. erstreckten. Er übertraf in jeder Beziehung die vollkommenste Hausfrau. So hatte er niemals freie Zeit, niemals den ungestörten Genuß und die Ruhe, die das romantische Schloß von Muskau inmitten seiner Gärten den Bewohnern zu versprechen schienen.

Da aber seiner Thätigkeit sorglose Verschwendungslust zur Seite ging, die von Lucie getheilt wurde, bei welcher das unbedachte Geldausgeben bis zu ungeheuren Summen gewissermaßen ein Familienerbtheil war, so konnten die Finanzen des gräflichen Paares sich nicht bessern, sondern wurden stets bedrohlicher. Wenn Pückler nach Berlin hinüber kam, wohin ihn seine tausend Geschäfte alle Augenblicke riefen, so ließ er sich auch wieder von der alten Leidenschaft des Spieles verlocken, und wenn er dort in Gesellschaft seiner aristokratischen Freunde war, denen er in keinem Fall nachstehen wollte, so verlor er oft an einem Abend 30 bis 50 Louisd'or, zuweilen mehr als die Geschäfte, um derentwillen er gekommen war, ihm einbringen konnten. Hatte er mitunter Glück im Spiel, so war der Gewinn doch nur eine augenblickliche Hülfe, wie zum Beispiel einmal, wo er 3000 Thaler gewann, und nun meinte, er müßte undankbar gegen den lieben Gott sein, wenn er die erlangte Unterstützung nicht demüthig erkennen wollte. Oft klagte er bitterlich über seine Verlegenheiten, die ihn um alle Freiheit, um alle Unabhängigkeit brachten. Luciens Schmuck, ein großer Theil ihrer kostbarsten Diamanten und Perlen, mußten verkauft werden.

„Ueberhaupt sieht es elend mit uns aus," schrieb er an

Lucie, „und ohne einen deus ex machina sehe ich nicht recht ein, wie wir uns wahrhaft helfen wollen, denn alle die sanguinischen Projekte für Muskau sind höchst wahrscheinlich glänzende Chimairen." Dann sehnt er sich nach geordneteren Verhältnissen, und seufzt: „Ruhe und Sicherheit des Vermögens, nicht vieles Vermögen, wünsche ich mir am meisten. Der Himmel gebe dazu seinen Segen." Nach erneuten großen Spielverlusten schrieb er an seine Frau: „So lange ich meine Lucie habe, fürchte ich nichts, denn würden wir auch arm, so kochte mir Lucie Eierkuchen, wir beziehen ein romantisches Bauerhaus in den Thälern des Brünig, und sind vielleicht glücklicher als jetzt."

Wenn Pückler noch so verstimmt war, so genügte aber jeder neue frische Eindruck, ihn plötzlich wieder froh und zufrieden zu machen.

Eines Tages hatte er in Berlin eine Zahnoperation bestanden, und litt an Zahnschmerzen und heftiger Migraine mit Fieber. Dennoch ritt er nach dem Thiergarten, wo die Offiziere der Garnison eine Jagd hielten. Graf Arnim stellte den Hirsch vor, andere die Jäger, Hunde u. s. w. Graf Putbus und die beiden Brüder Biel begleiteten Pückler, der, als sie zusammen ausritten, so schwach war, daß er sich kaum auf dem Pferde halten konnte. Bald begegneten sie dem alten Blücher, Gneisenau und allen Prinzen, nebst einer Horde Offiziere. So kamen sie an den Kanal, damals Schafgraben genannt, und einige Offiziere thaten so, als wenn sie hinüberspringen wollten, ihre Pferde weigerten sich aber. Pückler's Ehrgeiz erwachte, und er nahm einen Ansatz. Es ging jedoch nicht glücklich; sein Pferd sprang zwar, aber zu kurz, und fiel mit ihm bis an den Hals in's Wasser, dann aber am jenseitigen Ufer sprang es kräftig hinaus. Aergerlich über dieses Mißlingen versuchte der waghalsige Reiter siebenmal herüber und hinüber den=

selben Sprung, der allerdings beinahe unmöglich war, und der immer mit demselben gezwungenen Bade endigte. Hierauf wollten Graf Arnim und einige andere Offiziere denselben Sprung machen, fielen aber auch sämmtlich in's Wasser. Der alte Blücher, der mit seinem scharfen Blicke, trotz des Mißerfolges, Pückler's Muth und Reitergeschicklichkeit zu würdigen wußte, sah sehr vergnügt seinen Anstrengungen zu, rief mehrmals: Bravo! und wollte ihn auch sogleich für die Kavallerie engagiren. Darauf sprang Pückler, noch ganz naß, auch über den großen Schlagbaum an der Fasaneriebrücke und über das Stacket beim Hofjäger glücklich hinweg, und bedauerte nur, daß er hiebei nicht so viele Zuschauer hatte als vorher; darauf galoppirte er durch einen Sumpf, bekam aber solche Stiche im Kopf, daß er es nicht mehr aushalten konnte, und seine letzten Kräfte anwenden mußte, um nach Hause zu gelangen. Die gewaltsame Kur war natürlich für seinen Zustand sehr unvortheilhaft, bildete aber in Berlin mehrere Tage das Stadtgespräch.

Da war er denn sogleich wieder guter Laune. Als er aber sogar die Wette glänzend gewann, in 30 Minuten mit seinem Pferde Sprihtly von Zehlendorf bis an das Berliner Thor zu reiten, und das Hurrahgeschrei von einigen tausend Menschen, in Gegenwart aller Königlichen Prinzen, ihn begrüßte, da ließ ihn sein heitrer Sinn alle Sorgen vergessen, und er war froh wie ein Kind.

Noch glücklicher war Pückler, als er im Sommer 1822 in den Fürstenstand erhoben wurde, eine Auszeichnung vor der Welt, über die er gegen seine vertraute Lucie jubelnd eine kindlich naive Freude äußerte. Pückler hatte auf mehrere erhebliche Vorrechte seiner Stellung verzichtet, auch durch das Uebergehen seiner Besitzungen von Sachsen an Preußen manchen Schaden erlitten, so daß ihm die neue Würde gewissermaßen als eine Entschädigung ertheilt wurde.

Als er Lucien die frohe Nachricht mittheilte, schloß er seinen Brief: „Ich küsse Dich, mein Herzensschnuckchen, und bin zum Erstenmale Euer Durchlaucht ganz devotester Lou." Es war ihm die angenehmste und wichtigste Spielerei, nun die Fürstenkrone auf Livrée, Equipagen und Wappen anzuordnen. Seine Phantasie hatte vollauf zu thun, das neue Fürstenwappen zu ersinnen, das alle seine Hauptleidenschaften, „die Parkpassion, die Baupassion, die Pferdepassion, den Kaufsinn, das Phantastische, den Farbensinn", versinnbildlichen sollte. „Ich bin des Glückes so wenig gewohnt," schrieb er, „daß ich das Gelingen einer Sache fast immer mit Furcht ansehe, als wenn eine bittere Folge gleich dahinterdrohte! Auf schlüpfrigem Boden stehe ich immer."

Allerdings fehlten der glänzenden Standeserhöhung nicht die Schatten, die ihr zur Seite gingen, denn neben ihr machten sich die stets zunehmenden Geldverlegenheiten fühlbar, da für die neue Würde auch neuer Aufwand und neue Ausgaben erforderlich waren.

Am 26. Juni 1822 schrieb er an Lucie: „Gott gebe, daß das Glück oder meine Industrie bald wieder eine neue Quelle öffnen, sonst weiß ich nicht, wie wir aus dem Hause kommen. Jordan hat wohl Recht gehabt, wenn er sagte: „Da sind ein Paar zusammengekommen, die gut zu wirthschaften verstehen!" Das Geld ist wirklich bei uns wie Wasser auf einen heißen Stein. Wasser und Brot wird wohl am Ende allein auch übrig bleiben. Qu'importe, vogue la galère." Aber wie wenn es der Spielerei noch nicht genug wäre, trachtete er zugleich wiederholt nach Erlangung der ersehnten Orden; Jordan bearbeitete er wegen des sächsischen Militairordens. „Schaffst Du mir nun noch den kleinen gelben schwedischen," schrieb er an Lucie, „so verschmerze ich das Mißlingen in Petersburg, und werfe den russischen ganz weg. Du siehst, dem Kind bleibt noch

Spielwerk genug übrig, aber auch das Solide versäume ich nicht." Nie aber ging ihm bei allem diesem Treiben die Selbsterkenntniß verloren, und es muß wiederholt werden, daß er stets über seinen Fehlern und Schwächen stand. „Hier unter allen Intriguen verderbe ich vollends," schließt er seinen Brief, „und erkenne meine Schwäche, die so wenig der Versuchung widersteht. Denn alle die Heuchelei, Falschheit der Welt, die ich malgré moi theile, ekelt mich an, und beunruhigt die timorée gar sehr."

Daß er am Hofe kalt aufgenommen wurde, kränkte seine Eitelkeit; sein rastloser Ehrgeiz stachelte ihn, den Mittelmäßigkeiten, die ihm vorgezogen wurden, vorauszukommen. Auch in der Gunst des Staatskanzlers fühlte er sich nicht so befestigt, als er gehofft hatte, da die Umgebung desselben manche schwierige Elemente darbot, die jeden anderen Einfluß als den ihrigen zu bekämpfen suchten. Der Arzt Doktor Koreff, Mlle. Hähnel, nachher mit Herrn v. Kimsky verheirathet, Schöll und Helwig waren seine tägliche Gesellschaft. „Ränke und Selbstsüchtigkeiten um den alten Mann her!" sagt mit Recht Varnhagen hierüber. Lucie selbst stand ihrem Vater nicht so nahe, wie dies von der einzigen Tochter natürlich gewesen wäre. Der große Staatsmann, dem Preußen so viel verdankt, war damals in politischer und persönlicher Beziehung in schwieriger Lage. Politisch war er bereits außerordentlich gehemmt in seinem Streben für den Fortschritt; die Reaktion, die nach den Befreiungskriegen ihr Haupt allmählig wieder erhob, war schon mächtig: Hardenberg, vielfach bedrängt, griff zuerst die liberalen Gegner an, und nachdem er diese geworfen, entbehrte er ihres Beistandes gegen die Ultra's. Die Entlassung Wilhelms von Humboldt und Beyme's war ein Schritt weiter in dieser Richtung gewesen. Eine Aufzeichnung Varnhagen's von Ense hierüber lautet wie folgt:

„Die Entlassung Humboldt's und Beyme's aus dem Ministerium war beschlossen, Hardenberg hielt sie aber noch auf, und hoffte, jene würden einlenken, oder einer von ihnen. Ich war vom Kanzler her unterrichtet, daß er die Königliche Entscheidung in der Hand habe, und sie unfehlbar gebrauchen würde. Rother eröffnete dies vertraulich an Humboldt, der aber die Sache nicht recht glaubte und sie jedenfalls nicht achten wollte, sondern im Trotz beharrte. Ich ging zu Beyme, um ihn zu benachrichtigen, wie die Sachen stünden, er sollte es wenigstens voraus wissen und überlegen, allein auch er blieb fest, obwohl er überzeugt war — wozu ich ihm keinen Anlaß gegeben hatte — ich käme als Beauftragter des Kanzlers, ihn noch zuletzt zu warnen. Ich war am 30. Dezember bei Beyme, am 1. Januar 1820 empfing er und Humboldt ihre vom 31. Dezember batirten Entlassungen, beide höchlich überrascht, denn so schnell hatten sie die Sache nicht erwartet; Humboldt bekannte dies offen; Beyme vergoß einen Strom von Thränen. Humboldt sagte auch sogleich zu seiner Frau: „Heute über's Jahr wird alles anders stehen." — Er irrte sich aber, es stand alles noch in derselben Richtung, und er und Beyme kamen auch nach Hardenberg's Tode nicht mehr in das Ministerium.

Das Ausscheiden war für die Staatsverwaltung ein großer Schaden. Hardenberg, nachdem solche Stützen der freisinnigen Richtung ihm entzogen und Gegner geworden waren, konnte nun diese Richtung nur immer weniger einhalten, mußte täglich mehr dem Hofeinflusse nachgeben, den Männern des Absolutismus und der Aristokratie, die ihm alten Haß hegten, und die nun das Gewicht der Namen Humboldt und Beyme gegen ihn gebrauchten, obschon sie diese nicht minder haßten als ihn!"

Achtzehnter Abschnitt.

Mittheilungen über den Staatskanzler Hardenberg, von Varnhagen niedergeschrieben. Reise nach Teplitz. Trennung Hardenberg's von seiner Frau. Frau von Kimsky. Hardenberg's Reise nach Italien. Sein Tod in Genua. Aufzeichnung von Varnhagen darüber. Brief Pückler's.

Ueber Hardenberg's persönliche Verhältnisse geben die folgenden merkwürdigen Blätter den getreuesten Aufschluß, die von Varnhagen niedergeschrieben und bewahrt wurden.

Aus mündlicher Mittheilung der Fürstin von Pückler, geschiedenen Gräfin von Pappenheim, geb. Freiin von Hardenberg.

„Der Vater Hardenberg's war hannöverscher Feldmarschall, ein redlicher, biederer Mann, von alter Treue und Ehre. Mehr als dieser wirkte jedoch auf Hardenberg's Jugend ein Oheim, Bruder seines Vaters, bei Herrenhausen wohnhaft, der auf die Entwickelung seines Geistes und Herzens, auf seine Studien und Neigungen den wohlthätigsten Einfluß hatte.

Hardenberg und ein Herr von Busch besuchten gemeinschaftlich ein Jahr hindurch die gewöhnliche Bürgerschule zu Hannover, als die einzigen ihres Standes. Die Sache machte Aufsehen. Hardenberg meinte, von daher kenne er vieles, was ihm sonst verborgen geblieben wäre; seine Ansichten über Volk, Stände u. s. w. behielten von dieser Zeit her durch sein ganzes Leben eine demokratische Vorliebe.

Er studirte in Göttingen, war ein glänzender Jüngling, überall gut aufgenommen, geliebt, bewundert. Viel Munterkeit und Leichtsinn.

Reiste dann mit seinem Vater nach England. Auch dort viel persönliche Annehmlichkeit. Von den Engländern sehr eingenommen; ihre Denkart, Sitte, Freimüthigkeit, Großmuth wirkten tief auf ihn ein. Auch diese Richtung blieb ihm zeitlebens.

Er reiste nach Frankreich, Italien. Hielt sich dann längere Zeit in Regensburg auf, in einer damals bedeutenden und gebildeten Welt. Eine schöne Dame, mit der er in vertrautes Verhältniß kam, vollendete seine Bildung, wie er noch spät dankbar anerkannte. Er gefiel aber nicht blos dieser, sondern allgemein Frauen und Männern.

Als er nach Hannover zurückgekehrt war, wählte seine Mutter für ihn die reiche Erbtochter Gräfin Reventlow, mit deren Mutter sie sehr bekannt gewesen, zur Gattin. Das fünfzehnjährige Mädchen — ihrer Entwickelung nach fast noch Kind — willigte, nachdem sie ihn gesehen, sogleich ein: „Ja, den will ich haben!" War überaus schöne Blondine, zart, fein, vornehm, verwöhnt und verzogen; ungemein reich.

Hardenberg verstand sie nicht zu leiten, war selbst jung und leichtsinnig; seine Mutter wußte gegen die Schwiegertochter nur streng zu sein, ohne Liebe und Klugheit, stets zum Tadeln geneigt, arge Richterin jedes Benehmens; sie wurde gefürchtet, und gemieden; bald, bei erwachtem Gefühl ihrer Selbstständigkeit, bei so großem Reichthum, unter so vielen Schmeichlern und Bewerbern, achtete die junge Frau der unangenehmen Schwiegermutter nicht mehr, Hardenberg selbst gab das Beispiel des Leichtsinns und muntern Weltgenusses. Zwei Kinder. Er machte der Gattin allerlei Untreue, und hegte eine wachsende Liebesneigung zu Fräulein von Lenthe, einer hinreißenden Schönheit voll Anmuth und Innigkeit.

Reise nach England (1780 oder 1781). Wohnten im Park von Alt=Windsor; die Königliche Familie kam häufig zum Besuch dahin, Georg der Dritte ganz familiär mit Hardenberg's, die überall wohl aufgenommen und begünstigt waren. Der Prinz von Wallis (jetzt König Georg der Vierte,) faßte eine Leidenschaft zur Baronin Hardenberg; seine Bewerbungen machten um so leichter Eindruck, als die junge Frau ihren Gatten schon durch andere Neigung sich entfremdet sah. Der Prinz machte den Plan, sie sollte ihren Mann verlassen, in England bleiben, ihm angehören, die schönste und herrlichste Zukunft erwarten. Ihre Einbildungskraft wurde durch solche Vorschläge befangen, sie ging darauf ein. Die Königin, Mutter des Prinzen, erfuhr die Sache, und verrieth sie heimlich Hardenberg'en. Dieser nahm die Geschichte wie ein beleidigter Edelmann*), forderte den Prinzen zum Zweikampf, und traf, gewarnt und durch höhere Befehle gedrängt, Anstalten zur Abreise. Nahm seinen Abschied aus hannöverschen Diensten und trat in braunschweigische.

Inzwischen wuchs die Leidenschaft zur Lenthe; diese liebte gleichfalls heftig; die höchste, innigste, gegenseitigste Herzensgluth, die wahrste, ächteste Empfindung fand hier statt. Die Scheidung von der Reventlow wurde betrieben — die versuchte Ausgleichung und versöhnte Wiedergenossenschaft hatte nicht Stand gehalten — das Urtheil fiel gegen die Frau aus, das große Vermögen wurde dem Manne zugesprochen;

---

*) Anmerkung von Varnhagen. Hardenberg traf den Prinzen in flagranti bei seiner Frau im Schlafzimmer, zog den Degen, und verfolgte den Fliehenden mehrere Zimmer hindurch; am Ende mochte er ihn doch gern unblutig entwischen lassen.

der Stiefvater der Reventlow, Herr von Thienen, ein harter, böser Mann, trug sogar darauf an, daß die Geschiedene irgendwo auf den Gütern in Dänemark eingesperrt würde. Die Sachen standen so, als Hardenberg, der Scheidung schon gewiß, und voll Ungeduld der neuen Verbindung zueilend, noch vor der Ausfertigung des Scheidebriefs heimlich in Hamburg die Lenthe heirathete. Dies wurde verrathen, und gab der Gegenparthei die Oberhand. Das Vermögen der Reventlow wurde nun, bei Hardenberg's offenbarem Fehl, ihm wieder abgesprochen. Er gerieth in die unglücklichste Lage. Dies war im Jahre 1789 (?). Ein Jude in Braunschweig, Herz Samson, schoß ihm großmüthig die beträchtlichsten Summen vor.

Die Reventlow starb in Regensburg, 33 Jahr alt. — Trotz allem Vorgefallenen behauptete sie stets, sie habe zu niemanden solch Vertrauen, wie noch immer zu Hardenberg.

Hardenberg hatte seine Tochter zu einer Verwandten gegeben, seinen Sohn auf das Pädagogium zu Halle (auch zu Kopenhagen war derselbe eine Zeitlang zu seiner Ausbildung); um beide kümmerte er sich fast gar nicht. In Ansbach als Minister etablirt, hatte er seine Tochter wieder bei sich, die sich mit der Stiefmutter sehr gut vertrug. Die Liebe der beiden Gatten dauerte fort, erlitt aber große Störungen; Hardenberg gab Anlaß zu vielfacher Eifersucht, die sich heftigst erging.

Hardenberg's Tochter war schon mit Graf Pappenheim verheirathet, und zum Besuch in Ansbach, als die Stiefmutter ihr vorschlug, Hardenberg in Frankfurt am Main, wo er politischen Geschäften seit längerer Zeit oblag, zu überraschen. Beide Damen reisten dahin. Hardenberg hatte hier eine Maitresse, eine Sängerin, verheirathete Langenthal, Mutter mehrerer Kinder, ihr Mann gleichfalls Akteur. Die Gräfin Pappenheim sah sie das erstemal auf der Bühne

in der Rolle der Papagena. Das Verhältniß ließ sich nicht
verbergen, Hardenberg bekannte dasselbe endlich seiner Frau
ganz offen, er könne nicht ohne diese Neigung leben, er
verspreche alles anzuwenden, um sie in der Folge zu besiegen,
nur jetzt nicht u. s. w. Es gab schmerzliche, arge Auftritte.
Dreijährige Leiden voller Bewegung und Unruhe, in allem
Wechsel der Stimmungen, Verhältnisse. Die Lenthe, schön
wie ein Engel, hinreißend liebevoll, anschmiegend und zart,
wurde umworben und umschmeichelt, aber ganz vergebens;
unter so vielen französischen Emigranten, die es darauf
eigens anlegten, die von ihrem Manne aufgegebene Frau
zu trösten, konnte keiner ihre Gunst gewinnen, und es waren
die schönsten, einnehmendsten Männer unter ihnen. Aber
eine Emigrantin wurde ihre Freundin und Gefährtin. Diese
wußte in kurzem den Sinn der zarten, feinen, empfindungs=
vollen, aber exaltirten Frau ganz umzustimmen. Sie redete
ihr die Nothwendigkeit vor, einen Liebhaber zu nehmen, und
zwar, damit es kein Aufsehen mache, aus niederem Stande;
Genuß, Rache, Zerstreuung, Erhebung über Vorurtheil, alles
wurde geltend gemacht. Die arme Frau, um ihre Einsamkeit
zu erfüllen, hatte Sprachen getrieben, Malerei, Musik; der
Lehrer der letzteren wurde zuerst berufen, sie entschiedener zu
trösten; als die schöne, vornehme, hochgeehrte Frau es über
sich gewann, ihm zuerst ihre Gunst anzukündigen, fiel er in
Ohnmacht, so groß war seine Ueberraschung, so herrlich
erschien ihm sein Glück. Sie wurde schwanger. Hardenberg
mußte sich nun abermals scheiden lassen; die Sache hätte
im Stillen abgethan werden können, aber Hardenberg's Fa=
milie machte unnöthigen Lärm, behandelte alles hart und
plump, und der Skandal hatte keine Gränzen. Die Lenthe,
über alle Scheu nun hinaus, fiel immer tiefer; nach vielen
Abentheuern lebte sie zuletzt in Neapel, wo sie wahrscheinlich
gestorben ist. Die wahre Liebe, die sie für Hardenberg ge=

fühlt, zeigte auch späterhin noch ihre Wirkung, auch behielt Harbenberg für sie, trotz alles Vorgegangenen, stets ein günstiges Gefühl.

Die Langenthal ließ sich scheiden, nahm ihren Familiennamen Schönemann wieder an, und folgte Harbenberg als seine offenbare Maitresse nach Berlin, wo sie mit ihm wohnte und aß. Er forderte mit Ernst und Nachdruck, daß seine Geschwister und Kinder seine Geliebte freundschaftlich sähen; er konnte sehr hart werden, und gewaltig zürnen, wenn darin nicht alles nach seinem Sinne ging. Die Frau war unaussprechlich gemein und roh, und machte die Familie viel leiden. Harbenberg war ihr nicht treuer, als den anderen; daraus entstanden abscheuliche Vorwürfe und Zänke.

Im Jahre 1807 auf der Flucht in Preußen hatte ein Postmeister die Schönemann, welche Postpferde verlangte, arg beschimpft, und unter anderen gesagt, an solcher Ministermaitresse sei gar nichts gelegen, die könne bis zuletzt warten. Als sie mit Harbenberg wieder zusammenkam, klagte sie ihm den Vorfall. Voll Entrüstung und Mitleid sagte er, das solle nicht wieder vorkommen können, er wolle sie zu seiner Frau machen. Sie fiel ihm aus freudiger Dankbarkeit zu Füßen.

Nach dem Frieden von Tilsit ging Harbenberg mit seiner Frau nach Grohnde zu seinem Bruder, wo er blieb, bis die Einleitungen zu seinem Wiederantritt preußischer Staatsdienste ihn von dort abriefen.

Seine dritte Frau hat ihm das Leben noch mehr verbittert, als die beiden ersten. Eifersucht auf Frau von Beguelin; gemeine Zänkereien, Maulen. Sie schaffte sich auch Liebhaber an, untergeordnete, rohe. Eine arge Wirthschaft!

Koreff, dessen Einfluß begann, seitdem er von Frankfurt am Main im Jahre 1815 auf der Rückreise von Paris nach Berlin sich zum Kanzler in den Wagen gesetzt — die ersten

Stationen war die Gräfin Pappenheim mit ihrem Vater gefahren, dann setzte sie sich wieder zu ihren Töchtern ein, und Koreff nahm ihren Platz — war auch ein Liebhaber der Fürstin Hardenberg. Er hatte die Mlle. Hähnel am magnetischen Baquet, wo sie unter vielen Anderen dem Kanzler aufgefallen war, zu ihrer nachherigen Rolle ausersehen, und sie zur Gesellschafterin der Fürstin gemacht. Der alte Kanzler wurde von diesen Dreien nun ganz geleitet. Die Tochter des Kanzlers wurde ganz fremd gehalten; sie sah denselben oft in drei, vier Wochen nicht, vertraut und allein gar nie. Indessen fühlte die Hähnel bald sich stark genug, die Anderen zu entbehren. Die Fürstin und Koreff sahen sich aus Hardenberg's Haus entfernt. Beide kannten in ihrer Wuth keine Gränzen; die Fürstin drohte mit Enthüllung arger Dinge, Graf Pückler gab dem Kanzler davon nach Troppau Nachricht, dieser besuchte nun bei der Rückkehr von Troppau seine Tochter in Muskau, fiel ihr um den Hals, beklagte sein Unglück, bekannte, daß er gegen sie sehr gefehlt habe, daß er ihr so lange fremd gewesen u. s. w. Ihn begleiteten die Hähnel und Schöll. Es ergab sich der Auftrag für Pückler, nach Teplitz zu reisen, und mit der Fürstin ein völliges Abkommen zu treffen, was auch geschah und gelang; Koreff wurde dabei, so sehr er sich bei der Fürstin bemühte, nicht berücksichtigt.

Mit der Fürstin Pückler und dem Fürsten reiste Hardenberg ohne die Hähnel nach Hannover zur Hochzeit seines Bruders. Auf dieser Reise erschloß sich sein Herz auf's neue zärtlichst gegen seine Tochter; alle Nachmittage entzog er sich der großen, ihm doch meistentheils fremdartigen Gesellschaft, und brachte mehrere Stunden mit ihr vertraulich zu; oft sehr gerührt und reuig über so manches Vorgegangene. Er hatte sich der Hähnel sehr entwöhnt, und es kostete ihm einige Ueberwindung, sie wieder um sich zu sehen, doch war bald das alte Verhältniß hergestellt. Die Wirthschaft war jetzt gemeiner als je; die Hähnel besoff sich, schimpfte u. s. w. Die Sachen wurden immer ärger, der Kanzler trug seine Fesseln schon mit größtem Widerwillen. Erzählung des Geh. Raths Rust von den letzten Tagen in Genua.

Hardenberg hatte drei Brüder, der älteste war Oberhauptmann in Grohnde, der zweite Deutscher Herr (war in Ostindien, starb etwa in den Dreißigen), der dritte Oberlandjägermeister in Ansbach. Von dreien Schwestern heirathete die älteste einen Herrn von Münchhausen, sie war nur ein Jahr jünger als Hardenberg, und seine innigste Vertraute bis zu seiner dritten Heirath; die zweite den Grafen Flemming, die dritte den Grafen Seckendorf.

Man warf Hardenberg häufig vor, daß er zu sehr in's Detail gehe, zu vieles selbst durchsehe und durcharbeite. Sein Bruder rief ihn einmal von der Arbeit an, sie hatte schon sehr lange gedauert, und Hardenberg wollte dennoch mehrere Sachen noch selbst ausfertigen. Der Bruder warf ihm seine zu große Sorgsamkeit vor, dergleichen, meinte er, müsse man den Räthen überlassen. Da nahm ihn Hardenberg freundlich bei der Hand, drückte sie ihm herzlich, und fragte ihn liebevoll: „Nun hör' 'mal, wenn's nun Deine Sache wäre, würde Dir's lieb sein, daß ich sie den Räthen nur so überließe?" Und er beendigte erst sein Tagewerk, ehe er mit dem Bruder ging.

Hardenberg war besonders in seiner früheren Zeit von Personen, denen er sein Vertrauen geschenkt, vielmals hintergangen worden. Einst wegen seines zu leicht geschenkten Zutrauens gewarnt, sagte er: „Das Gefühl, Vertrauen zu geben, ist so herrlich, daß ich lieber noch hundertmal betrogen werden will, als ihm entsagen!"

Er ging sehr auf den ersten Eindruck, den Personen

ihm machten, und meinte, derselbe habe immer Recht behalten. Von einem Manne, den er als seinen ärgsten Feind und Beschädiger in seinem ganzen Leben habe erkennen müssen, sagte er, derselbe sei die Freundlichkeit selber gegen ihn gewesen, und doch, als er denselben zuerst erblickt, sei ihm gleich „von der Scheitel bis zur Sohle kalt geworden." (Dies soll sein Stiefschwiegervater, Herr von Thienen, gewesen sein.)"*)

Es ist in Vorstehendem schon der Reise Erwähnung gethan, die Pückler im Auftrage Hardenberg's nach Teplitz machte, um mit der Fürstin zu unterhandeln. Er brachte zur Zufriedenheit des Staatskanzlers eine Uebereinkunft zu Stande, deren zufolge die beiden Gatten in Zukunft getrennt leben wollten. So schied sich Hardenberg auch von seiner dritten Frau, wie von den beiden ersten! —

Er gewann aber damit noch keine Freiheit, denn er blieb dafür um so ausschließlicher unter dem unheilvollen Einfluß der Frau von Kimsky, die von Varnhagen in gleichfalls noch ungedruckten Notizen folgendermaßen charakterisirt wird.

„Frau von Kimsky, geb. Hähnel, war eine Bäckerstochter aus Neu-Brandenburg. Gesellschafterin der Fürstin von Hardenberg. Verschmitzte, eigennützige Betrügerin, als Somnambüle in Koreff's Händen, betrügt sie den Fürsten mit Koreff im Einverständniß, und dann den Arzt selber. Sie wurde darauf des Fürsten Pflegerin, — Geliebte kann man es nicht nennen. Doch war sie ihm in seinen letzten Stunden ganz verhaßt.

Bereichert aus Hardenberg'scher Beute — man schätzte sie auf 50,000 Thaler — heirathete sie einen unbedeutenden Herrn von Kimsky, mit dem sie nach Rom ging.

---

*) Vorstehende mündliche Mittheilungen erhielt Varnhagen von der Fürstin Pückler am 28. Dezember 1827; die Anmerkung auf S. 198 erhielt er jedoch aus anderer Quelle.

Hier wurde sie katholisch, und stand bald bei mehreren Kardinälen, besonders aber beim Pabst Gregor dem Sechzehnten in größtem Ansehen. Sie unterstand sich sogar, dem Könige Friedrich Wilhelm dem Dritten in der Streitigkeit wegen des Erzbischofs von Köln ihre Vermittlung beim Pabst anzubieten!"

Auch Pückler, der anfänglich noch einige gute Eigenschaften in Frau von Kimsky voraussetzte, haßte sie, nachdem er ihren Charakter erkannt hatte, wie einen bösen Dämon.

Die letzten Lebenstage des Staatskanzlers bestätigten nur zu sehr diese Anschauung.

Hardenberg reiste in Begleitung seines Arztes, des berühmten Doktor Rust, nach Italien ab, um sich nach dem Kongreß von Verona zu begeben. Pückler's Wunsch, ihn dorthin mitzunehmen, lehnte er ab. Dagegen widerstand er nicht den bringenden und heftig anstürmenden Bitten der Kimsky, ihm nachfolgen zu dürfen, und so kam sie ihm mit ihrem Gatten dahin nach, und beide begleiteten ihn weiter nach Mailand und Genua. An letzterem Orte verschlimmerte sich das Befinden des Staatskanzlers, und er starb daselbst den 26. November 1822.

In Varnhagen's Nachlaß befindet sich über Hardenberg's letzte Augenblicke die folgende Angabe: „Als Hardenberg (in Genua, 1822) im Sterben lag, und der Geh. Rath Doktor Rust den Puls ihm fühlend nach der Uhr blickte, um die Stunde zu bestimmen, bis wie weit die Agonie wohl sich erstrecken dürfte, richtete der Sterbende unerwartet mit letzter Kraft nochmals das gesenkte Haupt empor, öffnete die Augen, und blickte heiter und mild, mit himmlischer Freundlichkeit rings die Umstehenden an, gleichsam jeden einzeln grüßend und von ihm Abschied nehmend; als aber sein Blick auf Frau von Kimsky fiel — erst am Vormittage, nach einer heftigen Zank- und Aergerszene mit ihr, hatte sich der Anfall des Schlagflusses wiederholt — so verzog sein ganzes Antlitz sich in das Bild des gräßlichsten Widerwillens und Abscheues; selbst die Hände erhoben sich krampfhaft abwehrend, und nach diesem Blicke des tiefsten Unwillens und der innersten Empörung, mit welchem gewissermaßen die irdische Last der Täuschung und Verführung, die Bande des bösen Reizes und des magnetischen Zwanges abfielen, sank er auf's neue dahin, und verschied.

Der Geh. Rath Rust hat diesen Vorgang so an den Geh. Staatsrath Stägemann, und an die Fürstin von Pückler berichtet; beide haben mir in verschiedener Zeit diese Erzählung auf ganz übereinstimmende Weise wiederholt."

Pückler schrieb darüber an Lucie aus Berlin: „Eben ist der Jäger Ritter aus Verona gekommen, und hat mir merkwürdige Details über Deines armen Vaters Tod gebracht. In Mailand, wo sich seine Krankheit angefangen, hat man ihn in einem Tage auf den Mailänder Dom 400 Stufen hoch steigen lassen, und dann den Abend in sechs Theater nacheinander gehen, so daß er erst um 1 Uhr ganz erschöpft zu Haus gekommen ist. So ist die Reise fortgesetzt worden. Früh halb fünf abgereist, und ganz spät angekommen bis Genua. Dort ist ausgestiegen worden, und zu Fuß erst nach dem Hafen und Leuchtthurm gegangen, Kimsky und seine Frau voraus, und der Fürst allein hinterherlaufend, so daß er sich schon krank und schwach von neuem erkältet, und kaum im Gasthof angekommen, ihn auch nicht wieder verlassen hat. Seine Besinnung soll er bis fast zum Augenblick des Todes gehabt haben, und nachdem er den Kopf auf die Brust gesenkt, in tiefem Schweigen versunken lange gesessen (denn er ist auf dem Stuhle sitzend gestorben), erzählt Ritter, habe er sich mit einemmal hoch aufgerichtet, und einen so furchtbar drohenden Blick auf die Kimsky geworfen, daß ein Schauder die ganze Gesellschaft ergriffen hat, und sie ohnmächtig hingesunken ist. Vielleicht hat in diesem Augenblick sein Geist zu spät die Wahrheit eingesehen! Sobald er todt war, hat sich alles voll Abscheu von diesem Paare gewendet, und keine Gemeinschaft mehr mit ihm gehabt, sondern sie allein abreisen lassen. Man weiß nach dieser Erzählung kaum was man denken soll, und ob man den armen Alten nicht am Ende absichtlich hingeopfert hat. Rust's Schwäche, sich nicht besser opponirt zu haben, ist höchst tadelnswerth, aber zu entschuldigen, wenn man die Gewalt kannte, welche der feindliche Dämon über Deinen Vater und alles was ihn umgab ausübte.

Sollte die Kimsky die Frechheit haben, zu Dir nach Muskau zu kommen, so hoffe ich, daß Du sie gehörig abweisen wirst. Schaumann schreibt, sie habe noch zuletzt dem Fürsten seine Geldbörse gestohlen, und sei von ihm auf die härteste Weise behandelt worden, jedoch unter dem Vorwande, es sei ein Geschenk des Fürsten, den Raub festgehalten.

In Glienicke hat man Staatspapiere in ihrer Kommode gefunden, kurzum der Spektakel über diese Kreatur ist gränzenlos. Ich bin sehr begierig auf Rust's Ankunft, den man allgemein sehr tadelt, und wegen seiner Unthätigkeit verantwortlich macht. Es ist jetzt wirklich ein Glück, daß ich nicht dabei war!

Was das Majorat betrifft, so sind außer Hellwig, der es gemacht hat, alle Advokaten, auch Stägemann, der Meinung, daß es unhaltbar sei. Kann es aufrecht erhalten werden, so bist Du so gut wie enterbt, und erhältst gar nichts. Es ist aber nicht denkbar.

Unsere 20,000 Thaler sind heute endlich gezahlt, und schon an Beneke überwiesen. Die Hälfte davon ist aber leider schon hin. Indessen, wenn es gut geht, und Gott hilft, so bringt uns das andere Geschäft bald wieder einige Fonds.

Von der Erbschaft werden wir wohl vor mehreren Jahren nichts zu sehen bekommen, aber ich zweifle nicht, daß wir am Ende 100,000 Thaler davon lösen, obgleich Deine légitime nur den sechsten Theil des ganzen Vermögens ausmacht.

Dein einziger Lou.

Eben schickt mir Rother einen Bericht von Rust, den ich beilege."

Neunzehnter Abschnitt.

Sorgen. Hoffeste. Die Braut des Kronprinzen, Elisabeth von Baiern. Das Hermannsbad. Muskau. Der Park. Gartengenie. Petzold über Pückler. Die Hermannseiche. Die Schwestereichen. Die Thoreichen. Eine Tannengruppe. Ein Weihnachtsbaum. Blumenbeete. Plan zu einer Grabstätte.

Nach des Staatskanzlers Tode verschlechterten sich Pückler's Finanzverhältnisse noch immer mehr. „Uebrigens ist es allerdings ein Unglück," schrieb er den 19. Februar an Lucie aus Berlin, „daß wir beide geborene Verschwender sind, und dies ist der eigentliche Abgrund, nicht Muskau. In keiner einzelnen Sache ist es zu suchen, in allem zusammen. Wir haben ungeheure Summen verthan, das ist nicht zu läugnen, das zeigen unsere Sündenregister. Wir schieben es uns, so viel wie möglich, einer dem anderen zu, au bout du compte wird wohl keiner dem anderen viel vorzuwerfen haben, und ob wir werden recht sparsam sein können, ohne durch die größte Noth dazu gezwungen zu werden, ist auch noch ein Problem für mich." Es war schon so weit gekommen, daß Pückler sein letztes Reitpferd verkauft hatte.

Immer wieder reiste Pückler nach Berlin, in der Hoffnung, seine Angelegenheiten dort in einer oder der anderen Art zu fördern. Bei den Festlichkeiten zur Vermählung des Kronprinzen, und nachmaligen Friedrich Wilhelms des

Vierten, verfehlte er nicht zu erscheinen, obgleich er manche Last davon hatte. Obgleich in voller männlicher Schönheit strahlend, erst 38 Jahre alt, waren seine Haare doch früh ergraut, und er fand es gut, sich dieselben zu färben, eine widerwärtige Arbeit, über die er seufzte und klagte, da sie ihm jedesmal acht Stunden wegnahm, und alle Monate wiederholt werden mußte. Auch Schnupfen und Erkältung holte er sich dabei, die bei den Hoffesten im kalten Schlosse, wo Schuhe und Strümpfe erforderlich waren, sich nur vermehrten.

Die Braut des Kronprinzen, Elisabeth von Baiern, machte Pückler den besten Eindruck. „Die Prinzessin ist meines Erachtens nach," schrieb er an Lucie den 29. November 1823, „recht sehr hübsch, und vollkommen graziös, und zeigt beim ersten Blick eine weit bessere Erziehung, als sie hier üblich ist. Der Einzug soll imposant gewesen sein, ich habe leider nichts davon sehen können. Die Illumination Abends war ganz mesquin, und solche abgeschmackte Polizeieinrichtungen getroffen, daß alle Straßen versperrt waren, und bei der neuen Brücke eine Menge Menschen verunglückt sind." Den 2. Dezember fügte er hinzu, „die Kronprinzessin habe ich nun zweimal gesprochen, und finde sie außerordentlich liebenswürdig, und dabei sehr hübsch, besonders schöne Augen und Zähne."

Während Pückler's Abwesenheiten beschäftigte Lucie sich damit, in der Nähe von Muskau ein Bad anzulegen, das den Namen Hermannsbad erhielt, und von den Doktoren Rust und Hermbstädt eifrigst empfohlen wurde. Moor- und Mineralbäder fanden sich hier in der lieblichsten Umgebung. Längs dem Ufer der Neiße zog sich der Weg nach dem Bade hin, das in einem Thale belegen, von bewaldeten Höhen und Feld- und Wiesenfluren umgeben war. Herrliche Blumenparthieen bildeten einen heiteren Gegensatz zu dem ernsten Tannengrün, und neben dem Musikchor des Kurhauses hörte man das ferne Hämmern der Bergleute des Allaunwerkes. Lucie wollte zeigen, daß sie im Talent für landschaftliche Anlagen mit Pückler wetteifern könne, und es gelang ihr.

Es war dies eine Sympathie zwischen Hermann und Lucie, daß sie in dem Geschmack für die künstlerische Gestaltung der Gärten sich begegneten. Es war dies eine ideale Welt, in der sie ihre beste Erholung und Zuflucht fanden, im Gegensatz zu den Bitterkeiten des Weltlebens. Lucie ging in Pückler's Gedanken liebevoll ein, sie lernte von ihm, jeder neue Plan wurde besprochen, verhandelt, und wenn sie zuweilen ihm mit gutem Rath zur Seite ging, so freute er sich neidlos ihres Talentes, und zollte ihm begeisterte Lobsprüche.

Muskau war Pückler's Dichtung, sein Lieblingskind, und mit richtiger Bezeichnung sagte er einmal zu Bettina von Arnim, der Park sei sein Herz, wer sein Herz kennen lernen wolle, müsse den Park sehen. Darum auch, wenn er noch so sehr zum Sparen veranlaßt sein mochte, für Muskau konnte er sich nicht entschließen, zu sparen; es schien ihm eine schöne Pflicht, den Sitz seiner Väter zu verherrlichen.

Und wie sehr war ihm dies gelungen, wie sehr hatte er ihn umgewandelt, seit er ihn übernommen! Die wendische Kiefernhaide, die Neiße, welche die Thallandschaft durchströmt, die Hügelreihen, welche sie umschließen, die hochbelaubten Rieseneichen, die als ein Vermächtniß der slavischen Vorzeit den schönsten Schmuck der Gegend bildeten, waren die einzigen Anhaltspunkte für sein Verschönerungswerk.

Was Pückler auf seinen Reisen in Frankreich, in Italien, und besonders in England in Bezug auf Gartenkunst gesehen, war für ihn höchst wichtig, aber er ahmte keinen der fremden Style sklavisch nach, dazu war er zu eigenthümlich, zu genial. Seine Verdienste auf diesem Gebiet waren so außerordentlich, daß sie reichliche Anerkennung und Bewunderung finden mußten. Mit Recht sagt der geschätzte Parkinspektor Petzold in Muskau, der unter der Leitung Pückler's als junger Mann seine Studien als Gärtner gemacht, und sich später durch seine wissenschaftliche Ausbildung und seine Begabung, so wie durch mehrere verdienstvolle Werke über die Gartenkunst vortheilhaft auszeichnete, daß, so wie Goethe als der Altmeister der deutschen Dichter genannt werde, so sei Pückler seit vielen Jahren schon als Altmeister der deutschen Gartenkunst bezeichnet worden.

Pückler's Wirken in dieser Hinsicht kann nicht besser anschaulich gemacht werden, als durch die Worte seines ebenso liebevollen als einsichtigen Schülers. Petzold schreibt in einer biographischen Skizze, die er nach Pückler's Tode erscheinen ließ*):

„Das ganze Geheimniß seines Stils beruht auf dem Studium der Natur, und auf einem hohen Verständniß derselben. Er studirte die Eigenthümlichkeiten jedes Terrains, brachte die Vorzüge desselben zur Geltung, und ließ sich niemals beikommen, die Natur neu schaffen zu wollen. Auf diese Weise erhielten seine Anlagen bei aller Einfachheit stets das Gepräge des Natürlichen und Großartigen — einen großen Zug — dem man es sogleich ansah, daß hier ein und derselbe Geist gewaltet habe. Aus der Natur hat er stets seine Motive entnommen, wie es auch bei jedem bildenden Künstler sein muß, denn das ist ja, wie Goethe sagt, das Große in der Natur, daß sie so einfach

---

*) Fürst Hermann von Pückler-Muskau in seinen Beziehungen zur bildenden Gartenkunst Deutschlands. Eine biographische Skizze vom Parkinspektor E. Petzold in Muskau.

ist. Nirgends darf sich die Kunst verrathen; wo dies aber nicht zu vermeiden ist, muß dieselbe ungezwungen, sich gleichsam von selbst ergebend sein, und das Nützliche stets in schöner Form erscheinen."

Das Studium der Natur und das Zurückführen auf ihre Gesetze war es auch, um derentwillen Pückler den englischen Landschaftsgärtner Repton so hoch verehrte, und dessen berühmtes Werk mit liebevollem Eifer studirte. „Repton bleibt der Heros unserer Kunst, die wahre Bibel der Landschaftsgärtnerei," schrieb Pückler an Petzold. Auch ließ er 1822 den Sohn Repton's eigens auf seine Kosten nach Muskau kommen, um sich mit ihm über einige Anlagen und Veränderungen zu berathen. Neidisch, eifersüchtig auf Andere, war Pückler nie; die reinste Freude erfüllte sein Herz, seine ächte Künstlerseele, wo er anerkennen, ja bewundern konnte. Er dürstete nach Schönheit, und war dankbar, entzückt, begeistert, wo er sie fand. Ein germanischer Christ war er nicht, in europäische Sitten konnte er sich nicht finden, und daraus entstanden seine Verirrungen; aber in der griechischen Schönheitswelt, im Olymp wäre er an seiner Stelle gewesen, und hätte würdig den anderen Göttern zur Seite gestanden.

Doch kehren wir vom Olymp zur deutschen Gartenkunst zurück.

Auch über das Buch Petzold's „Die Landschaftsgärtnerei"*) freute sich Pückler ungemein, nicht bloß, wie Petzold bescheiden sagt, „weil darin die Repton'schen Grundsätze

---

*) Die Landschaftsgärtnerei. Ein Handbuch für Gärtner, Architekten, Gutsbesitzer, und Freunde der Gärtnerei. Mit Zugrundelegung Repton'scher Prinzipien, von E. Petzold, Park- und Garteninspektor Sr. K. H. des Prinzen Friedrich der Niederlande in Muskau. Leipzig 1862.

zur Geltung kommen," sondern weil er das Werk in allen seinen Verdiensten zu würdigen wußte.

Sehr lebendig und klar schildert Petzold in der oben erwähnten biographischen Skizze die Art, wie Pückler arbeitete.

„Wenn der Fürst ein neues Terrain zur Anlage bestimmt hatte," heißt es darin, „so waren es zuerst die Wege, welche er absteckte, und gleich und so weit planiren ließ, daß sie auch begangen und befahren werden konnten. In Führung der Wege war er ein großer Meister. Mit Recht behauptete er, sie seien die unsichtbaren Führer, welche den Beschauer unbemerkt auf die schönsten Punkte leiteten, und es komme alles darauf an, wie eine Gegend oder auch ein Gegenstand in derselben gezeigt werde. Ihre Führung war eine ungezwungene, gleichsam sich von selbst ergebende, und ihre Bauart je nach ihrer Bestimmung als Fahr- oder Fußwege bequem und zweckmäßig. Das „Zuviel" hat er hierin stets vermieden; jeder Weg mußte seinen bestimmten Zweck haben, und dieser stets in die Augen springen. Nur vorhandene oder geschaffene Hindernisse waren bestimmend für die Biegung derselben. Zu viel Wege haben keinen Zweck, sie durchschneiden das Terrain unangenehm und verkleinern es scheinbar; nebenbei vertheuern sie die Unterhaltung. Um den Charakter der Größe nicht zu beeinträchtigen, ließ er auch die nothwendigen Wege so wenig als möglich sichtbar werden, und immer nur da, wo dieses Sichtbarwerdenlassen zur Charakterisirung der Umgegend nothwendig war."

„Nachdem die Wege bestimmt waren, ging der Fürst an das Abstecken der Pflanzungen, zuerst der größeren Massen derselben, um erst das Bild in seinen großen Umrissen und Grundrissen gewissermaßen festzustellen, dann an die Profilirung des Bildes durch Aufstellung einzelner, namentlich gleich großer Bäume und Baumgruppen, welche übrigens auch, wo nöthig, gleich in die Pflanzung vertheilt wurden, und an die kleineren Parthieen; zuletzt kamen die Planaden und Rasenflächen."

„In der Anlage und Benutzung des Wassers hat er Großes geleistet und ein hohes Verständniß gezeigt, sowohl in Anlage von Seen und Teichen, als in der landschaftlichen Benutzung von Flüssen und Bächen. — — Wie genau der Fürst diese Verschiedenartigkeit, in welcher die Wasserfläche in der Landschaft auftritt, studirt hatte, und wie meisterhaft er dieselbe für seine Schöpfungen zu verwerthen verstand, zeigt die Behandlung der Ufer des den Park von Muskau durchströmenden Neißeflusses, und die Anlage der Brücken, so wie die bis in die kleinsten Details gelungene Leitung eines Armes derselben, den er als „kleines Flüßchen" durch die Anlagen geführt, und zur Bildung des Schloßsees und des Eichsees benutzt hat. In wahrhaft großartigem Stile ist sie ausgeführt, überall ein tiefes Verständniß der Natur bekundend. Als Muster eines künstlichen Teiches kann die Wasseranlage im Jagdschloß bei Muskau gelten. In dem das Jagdschloß umgebenden Urwalde ist das Wasser eines unscheinbaren Grabens in ein Becken gesammelt, umgeben von riesigen Rothtannen, Kiefern und Eichen, welche aus niederem Gebüsch hervortreten. Das verschiedenartige Grün dieser Umgebung im Verein mit dem dunkeln Spiegelbilde, und die tiefe Ruhe des Waldes geben diesem Orte einen wahrhaft poetischen Reiz." — —

„Was die Werke des Fürsten ganz charakterisirt, ist die **Entschiedenheit in der Form**, welche sich überall kundgiebt, und diese Entschiedenheit tritt namentlich hervor in seinen Pflanzungen." — —

„Den Blumengarten, in welchem die landschaftliche Gruppirung immer eine Hauptsache ist, und mit dem Ganzen zusammengehen muß, bepflanzte er ausschließlich mit den edelsten Bäumen und den feinsten Gehölzen; er betrachtete denselben als eine Erweiterung der Wohnzimmer, und ließ, wie in jenen, so in diesem, seiner Laune, was die Ausschmückung mit Blumen, Vasen, Statuen u. s. w. anlangte, freien Spielraum."

So weit Petzold. Wer jemals den Park von Muskau gesehen hat, wird die Richtigkeit dieser Schilderung bestätigen, wer nicht dort war, sich wenigstens ein ungefähres Bild von Pückler's Schöpfungen machen können.

Mit größter Liebe pflegte und schonte Pückler die herrlichen Bäume, die seine Herrschaft schmückten, und ließ außerdem jährlich mehre hunderte alter Bäume pflanzen. Manchen der schönsten gab er besondere Namen. Die „Hermannseiche" trägt seinen eigenen Namen, ein uralter Baum von einem Umfang, wie man deren selten findet, sowohl was den Stamm als das ungeheure Blätterdach anbelangt, das allein schon einen schwebenden Wald bildet. Drei andere zusammenstehende Eichen benannte er nach seinen drei Schwestern, Clementine, Bianca und Agnes, die Schwesterneichen. Zwei Eichen, die nebeneinanderstehend, gewissermaßen ein natürliches Thor bildeten, nannte er „die Thoreichen", einmal, weil sie wie ein Thor aussahen, zweitens, weil sie an den alten Gott Thor erinnerten, dem hier in der Vorzeit geopfert wurde, und endlich, weil, wie er humoristisch hinzusetzte, „ich so ein großer Thor bin, all mein Geld für Muskau auszugeben!"

In Verzweiflung war Pückler, als einmal sein Fasanenwächter von einer prachtvollen Tannengruppe, die sich in der Nähe des Schlosses befand, alle Kronen abhauen ließ, weil auf diese sich leicht die Raubvögel niederließen, welche die Fasanen bedrohten. Pückler konnte sich gar nicht zufrieden geben, daß ihm die Aussicht aus den Schloßfenstern so verdorben sei. Dann ersann er sich ein Auskunftsmittel. Er ließ nämlich künstliche Wipfel auf die Tannen befestigen, die man so lange darauf ließ, bis die Natur den Schaden ersetzte. Es mögen dies wohl die einzigen Bäume sein, die jemals eine Art von Chignon getragen haben. Uebrigens sieht jene Tannengruppe noch heute dadurch ungewöhnlich aus, daß sie durch das Abhauen von Oben außerordentlich in die Breite gewachsen ist.

Die majestätische Riesentanne, die vor dem Jagdschloß stand, ließ der Fürst einmal zu Weihnachten ganz mit Lichtern und Geschenken behängen, und fuhr mit Lucie, die nichts davon ahnte, am Weihnachtsabend, nach eingebrochener Dunkelheit dorthin, ihr den größten Weihnachtsbaum bescheerend, den je die Welt gesehen, dessen blendender Lichterglanz von der magischsten und poetischsten Wirkung war.

Ein andermal überraschte er Lucie damit, daß sie, als sie Morgens aufstand, und hinausblickte, vor ihren Fenstern ein Blumenbeet fand, in dessen Mitte ein aus Rosen gebildetes S. sich anmuthig hervorhob. Die Leute im Schlosse wußten nicht, was der Buchstabe bedeuten solle; aber Lucie wußte es: es hieß: „Schnucke", seine Schnucke, wie er Lucie immer nannte, wenn er sie herzlich und vertraulich anredete. Sie war die Schnucke, er der Wolf, der „Lou", eine Spielerei, die er in hundert Variationen scherzhaft wiederholte.

Hermanns eigener Namenszug war auf einem anderen Beete angebracht, ein von purpurrothen Geranien geformtes H., das sich wie Feuerflammen von dem smaragdgrünen Rasen abhob.

Lange hatte Pückler die Absicht, sich in der ernsten Stille des Hochwalds an einem hoch und einsam gelegenen Platze seine Grabstätte zu errichten. Er wollte dort ganz allein mit seinem treuen und geschickten Gärtner, dem Parkinspektor Rehder, der 1817 in seine Dienste getreten war, ruhen, zu dem er oft sagte: „Wenn die Leute dann vorbeigehen, werden sie sagen: ‚Hier liegt der Fürst, und der alte Rehder'."

Es zeigt sich auch hierin, wenn die Sache auch nicht zur Ausführung kam, die Liebe Pückler's zur Gartenkunst, und so sehr er sich über den Fürstentitel gefreut hatte, so lag ihm doch noch weit mehr daran, ein Gärtner als ein Fürst zu sein.

Zwanzigster Abschnitt.

Lucie. Vorschlag zur Ehescheidung. Erwägungen. „Eine reiche Surrogatfrau." Gegenseitige Herzlichkeit der Gatten. Ehescheidung. Neue Brautfahrt. Abreise nach England. Schmerzlicher Abschied der geschiedenen Gatten.

Lucie war nun sechs Jahre verheirathet; ihre Anhänglichkeit und Freundschaft für Pückler war in dieser Zeit nur gewachsen, und wenn sie auch manches durch ihn gelitten hatte, so fand sie dafür auch wieder Entschädigung durch die Grazie seines Geistes und seines Herzens, durch die vertrauensvolle Hingabe, die er ihr stets bewies, durch die frische, kindliche Liebenswürdigkeit und Gutmüthigkeit, die der raffinirte Weltmann sich stets bewahrt hatte, und die ihn mit einer unwiderstehlichen Anmuth bekleidete.

In diesen sechs Jahren hatte Lucie Zeit gehabt, Pückler ganz kennen zu lernen; und nach reiflicher Ueberlegung mußte sie sich sagen, daß die Lage, in der er sich befand, weder seine Wünsche, noch seinen Ehrgeiz befriedigen könne. Wie anders wäre es, sagte sie sich im Stillen, wenn er, anstatt sie, die ältere Gattin zur Seite zu haben, seinen Fürstentitel, seine Besitzungen, die von ihm so wunderbar verschönten, eigenen Kindern hinterlassen, kurz, wenn er eine junge, schöne, reiche Erbin, etwa in England, sich zur Frau wählen, und mit deren Vermögen neue große Schöpfungen unternehmen könnte. Damit wären auch alle Geldverlegenheiten gehoben,

die ihm so peinlich waren, die wie ein beständiger Alp auf
ihm lasteten. Es wäre ihm die Unabhängigkeit wiederge=
geben, nach der er schmachtete. Und Muskau, dieses
Muskau, das beide Ehegatten sich gewöhnt hatten, als die
Hauptsache, als ihren eigentlichsten Lebenszweck zu betrach=
ten, konnte glänzend vollendet werden! Bei den Lebens=
auffassungen, die beiden gemeinsam waren, mußten sich bei=
nah solche Gedanken aufdrängen, und um die ersehnten
Zwecke zu erreichen, bot sich jenes Mittel dar, das, wie
schon früher erwähnt worden, damals so oft gebraucht wurde,
um die aus eingegangenen Heirathen entstandenen Schwie=
rigkeiten zu entwirren: die Ehescheidung!

Pückler's Eltern waren geschieden, eben so die von Lucie,
ihr Vater, der Staatskanzler, sogar dreimal, sie selbst war
es bereits von Pappenheim; und aus reinster, großmüthig=
ster Liebe war sie bereit, sich Pückler zum Opfer zu bringen.
Ja, es scheint, daß sie wie eine Art von Geburtstagsgeschenk
ihrem Freund diesen Vorschlag machte, wie dies folgende
Blatt beweist, das vom 31. Oktober, den Tag nach seinem
Geburtstag datirt, ihm ihren Entschluß darlegt.

„Todesurtheil der Aermsten auf Erden.
Muskau, den 31. Oktober 1823.

Es ist Zeit, den Entschluß in's Leben treten zu lassen,
den ich, mein über alles theurer Freund, wie Du weißt,
schon längst gefaßt habe. Er heißt Trennung — und
Trennung von Dir aus zärtlichster Liebe. So sehr Du
alles entfernt hast, um mich jemals den Abstand unserer
Jahre fühlen zu machen, so ist dennoch der Unterschied der=
selben zu groß, und nimmt durch meine Kränklichkeit noch
täglich zu. Mit einem Wort, die Form unserer Ver=
bindung lastet auf Dir, da sie jene Glückseligkeit
ganz von Dir entfernt, welche doch die höchste und gehalt=
vollste bleibt, und die das eigentliche Verlangen Deines

Herzens ausmacht; während außerdem alle Deine Verhältnisse auf's günstigste zusagen, um Dich an der Seite einer jungen Frau, umgeben von eigenen Erben, Familienfreuden und häusliche Zufriedenheit finden zu lassen.

Indem ich also Dir Deine Freiheit zurückgebe, und bestimmt erkläre, daß ich von Dir geschieden zu sein verlange, bezeuge ich Dir nochmals: daß ich Dir das höchste, das einzig wahre Glück meines Lebens verdanke — Dein geistreicher, liebenswürdiger Umgang, Dein fester, männlicher und doch so sanfter Charakter, haben es mir gewährt, und noch mehr als alles Dein tiefes, edles Gemüth, Dein gutes, weiches Herz!

Daß Deine Gesinnungen der Art sind, daß kein Wechsel, kein Ereigniß sie zu verändern und aufzulösen vermag, das glaube ich, und nur in dieser festen Ueberzeugung fühle ich die Kraft, Dir ein Opfer zu bringen, das mir zwar unendlich schwer wird, ohne welches ich aber doch keine Beruhigung mehr finde. Gott segne es — und leite davon für Dich das reinste, ungetrübteste Glück herab; Deiner mütterlichen Freundin aber bleibe das Bewußtsein der treuesten Hingebung und Ergebenheit bis im Tode für das Theuerste und Geliebteste, was sie in dieser Welt besaß.

Deine Lucie.

Dasjenige, was zu dem Schritt erforderlich wird, den ich entschlossen bin zu thun, das bitte ich Dich wie die Bestimmungen über meine künftige Lage, nach meinen Wünschen und Deinem Willen so festzusetzen und einzuleiten, daß ich nur darin, wo es unvermeidlich wird, davon höre, und darein eingemischt werde."

Pückler war gerührt und ergriffen von Luciens Hingebung, und konnte sich anfänglich nicht entschließen, das Opfer anzunehmen. Er zögerte, er schwankte. Er meinte,

er wolle mit seiner alten Schnucke, die ein treuer Engel für
ihn sei, leben und sterben, es komme, was da wolle. Aber
dann überlegte er auch, daß die Freundschaft zwischen ihm
und Lucie auch in jedem neuen Verhältnisse ihre Rechte
bewahren würde; immer konnte sie, wenn nicht mehr seine
Frau, doch seine mütterliche Freundin, seine innigste Vertraute und Seelenverwandte sein. Und das war für beide
die Hauptsache. Auch käme es ja Lucie mit zu Statten,
wenn die zerstörten Finanzen, die den Untergang drohten,
einem neuen großartigen Reichthum Platz machten.

Und so gewöhnte sich allmählig seine Phantasie daran,
sich eine junge, schöne, reiche Braut vorzustellen, die er sich
erobern wollte. War es die unbekannte Prinzessin seiner
Jugendtage? Nicht ganz. Sie hatte etwas realere Um-
risse. Der Reichthum war Hauptbedingung, denn wenn
die Holzgeschäfte und der Alaunverkauf u. s. w. nicht nach
Wunsch gehen wollten, so sagte er sich, daß nur das große
Loos, oder eine „reiche Surrogatfrau" ihm noch helfen
könne. Das Widerstrebende eines solchen Planes wurde
ihm halb verdeckt durch die Beispiele, die er rings um sich
her in Fülle wahrnahm, denn der ganze Kreis der abligen
Kavaliere spekulirte auf reiche Erbinnen, und sprach laut
und offen davon wie von einer Jagdparthie, deren man sich
eher zu rühmen als zu schämen habe.

Bei einem längeren Aufenthalt in Berlin fing er an,
etwas, wenn auch nicht eifrig, sich nach der neuen Lebens-
gefährtin umzusehen, doch ohne eine seinem Sinn recht
Entsprechende zu finden. Er war nicht froh dabei. „Ach,
Schnucke," schrieb er im Mai 1824 an Lucie aus Berlin,
„Deine Stimmung kann nicht schlimmer sein als die meine.
Wie ein gehetzter Hirsch flüchte ich vor meinen eigenen
Gedanken, und der Gedanke mich, wenn auch nur for-
mell, von Dir, die mich so lieb hat, und die so willig ihr

schweres Opfer bringt, loszureißen, ist immer dennoch vor meiner Seele mit brennender Pein! Und doch ist kein Ausweg als Entsagung unserer bisherigen Existenz, Herabsteigen in eine ganz andere Sphäre, und dennoch auch dort nur eine Existenz, die nach Deinem Verlust mir nichts übrig läßt, als Dir freiwillig zu folgen oder zu betteln. Welche verzweiflungsvolle Alternative! Ich grüble bei Tag und bei Nacht, aber immer vergebens, die Antwort des unerbittlichen Schicksals ist immer dieselbe. Bei alle dem sind doch eigentlich nur zwei Sachen, vor denen ich schaudre, nicht Ehescheidung, nicht Armuth, nicht Tod selbst — nur diese: **Verringerung Deiner Liebe in einem neuen Verhältniß, oder ein ewiger nagender Kummer in Deinem Herzen,** der Dir nicht einmal mehr so viel trauriges Glück ließe, als Du an meiner Seite genossen hast. Wäre ich über diese beiden Sachen beruhigt, so wäre alles gut, ich könnte frisch von neuem in's Leben hineingehen mit dem Muthe, der jetzt so gänzlich von mir gewichen ist. Daß meine Gesinnungen für Dich dieselben nicht nur bleiben, sondern nach der Eigenheit meines Charakters sich noch steigern müssen, **da Du ein unsichres Gut für mich wirst,** steht felsenfest, das fühle ich auf's Tiefste in meinem Herzen; denn wer der guten Schnucke Liebe so wie ich empfunden und gekannt, der kann sie auch nicht mehr entbehren, so lange er lebt und denkt, und wer wird mich je wieder so verstehen wie Du — meine einzige treue Schnuckenseele. Ach Schnucke, seit ich Dich, wenn gleich nur dem Namen nach, verlieren soll, bin ich komplet verliebt in Dich."

Es war die volle, innerste Wahrheit, was Pückler hier aussprach. Daß Lucie bereit war, ihn großmüthig aufzugeben, kettete ihn auf ewig an sie; sein Gemüth blieb stets gerührt von diesem Opfer, wie er überhaupt von nichts mehr gerührt wurde, als wenn er wahrhafte Liebe wahrnahm. Er empfand beglückt, daß er an ihr ein Herz habe, auf das er mehr als auf sein eigenes zählen könne.

Unter solchen Gefühlen schritten die beiden Gatten zur Ehescheidung, bei der sie sich weit mehr liebten, als bei ihrer Hochzeit.

Pückler bat sich von Lucie aus, daß er mit ihr noch einmal zusammen in Muskau sein wolle, und grabe zu dem Zeitpunkt wo die gerichtliche Trennung erklärt wurde; vierzehn Tage vorher wollte er anlangen, und vierzehn Tage nachher abreisen, um eine größere Reise anzutreten, wo er seinen Zweck verfolgen könnte. Mit Muskau ging es ihm ähnlich wie mit Lucie, es kam ihm nur um so begehrenswerther vor, da er es verlassen sollte. „Ach, warum gönnt uns der Himmel das herrliche Glück in Muskau nicht," schrieb er an Lucie, „wie gern wollte ich der Welt entsagen, wie gern! und mit Dir für unser Muskau leben und sterben!"

Er versuchte möglichst heitern Sinnes zu sein. „Beruhige Dich wegen des Bades"; schrieb er an Lucie, „eine Thorheit mehr oder weniger verschlägt nichts, und ausgebadet muß das Bad nun werden, cela va sans dire. Vielleicht bringt es auch künftig etwas ein, Hoffnung ist immer besser noch wie Wirklichkeit, und ich habe mir vorgenommen, von nun an alle Sorgen zu allen zehntausend Teufeln zu jagen, und mir schönere Chateaux en Espagne zu bauen, als irgend jemand noch ausgeführt hat."

Zu diesen Chateaux en Espagne gehört denn auch, daß er, kaum geschieden, mit seiner Schnucke inkognito reisen, und ihr die Welt zeigen wollte.

Aber daß die Scheidung stattfinden müsse, darin bestärkten die beiden Gatten sich immer mehr, unter beständigen zärtlichen Herzensergießungen, und Versicherungen ihrer unwandelbaren Anhänglichkeit. Und so seltsam hatten sie sich ihre Begriffe und Anschauungen zurechtgerückt, daß sie sich beide einredeten, daß sie eine edle Handlung begingen; nicht nur Lucie glaubte sich für Pückler zu opfern, indem sie ihm entsagte, freilich nur der Form nach, da sie die Ehe selbst nur als eine Form ansehen wollte, sondern auch Pückler glaubte sich für Lucie zu opfern, indem er sich die Ungelegenheit einer mühsamen und anstrengenden Heirathsjagd auferlegte, um ihre beiderseitigen Geldverhältnisse zu verbessern. Und wie sein kindliches Gemüth früher den lieben Gott anrief, ihn im Spiel gewinnen zu lassen, so rief er ihn jetzt nicht minder eifrig an, ihm eine reiche Erbin zu verschaffen, zu seinem und Luciens Wohl! —

Gleichzeitig thätig in allem was er unternahm, betrieb Pückler in Berlin die Scheidung, und war zugleich unermüdlich in Besorgungen, schickte Lucien schottische Zeugproben, um ihre Droschke damit zu füttern, engagirte Kellner für das Muskauer Bad u. s. w.

Endlich war alles geordnet; mit liebender Fürsorge hatte Pückler dabei alle nothwendigen Dokumente zu Luciens Unabhängigkeit und Sicherstellung eingerichtet; das erste Aufsehen, das die Bekanntmachung der Scheidung hervorbrachte, war überwunden, und Pückler reiste nach England, dem Peru der reichen Erbinnen ab. Lucie gab ihrem Freunde das Geleit bis Bautzen, wo sie am 7. September 1826 unter tausend Küssen, Thränen und Umarmungen einen erschütternden Abschied von ihm nahm.

Einundzwanzigster Abschnitt.

London. Erfolg als Schriftsteller. Kein Erfolg in der Brautwerbung. Ein Zeitungsartikel von Eduard Gans. Toiletten eines Danby. „Une fière médecine." Viele Mißgeschicke. Eine nicht gelungene Geburtstagsfreude. Neue Hoffnungen. Vergebliche Sysiphusarbeit.

Pückler's Aufenthalt in London ist bekannt durch seine Briefe, jene berühmten „Briefe eines Verstorbenen", die in der Litteratur ein so außerordentliches Aufsehen erregten, und die außer daß sie Sitten, Gewohnheiten, Charaktere, Landschaften, Schlösser und Parks in England mit wunderbarer Schärfe und Klarheit schilderten, und in anmuthsvollster, natürlichster Darstellung dem Leser die Anschauung eines ganzen Landes gaben, auch zugleich die merkwürdige und anziehende Originalität des Verfassers selbst in all ihrem Zauber entfalteten. Der Glanz und Ruhm dieser Autorschaft war das damals für Pückler selbst noch unsichtbare Ergebniß seiner Reise, ein Ergebniß allein schon, um das ihn Tausende beneidet haben würden, und auf das später zurückzukommen sein wird.

Aber wie gesagt, dieser strahlende Wiederschein seines Aufenthaltes in England konnte sich erst später zeigen. Was dagegen den eigentlichen Zweck desselben betraf, so scheiterte er gänzlich. Während zahllose Mittelmäßige heirathen — und gewiß wird, verheirathet zu sein, nicht als ein Zeichen

geistiger Bedeutung gelten dürfen — konnte der schöne,
vornehme, liebenswürdige, ausgezeichnete, ja hinreißende
Fürst Pückler, für den die Herzen der Frauen in Liebe und
Anbetung überflossen, in ganz England keine Frau finden!
So seltsam spielt oft das Schicksal!

Aber es waren auch sonderbare Einflüsse, die hiebei
mitwirkten. Erstlich verlangte Pückler von seiner Zukünf=
tigen Herzensgüte, Jugend und ein ungeheures Vermögen;
die Langsamkeit, mit der man in England in die Familien
eindringt, ließen ihn dazu viel Zeit verlieren. Eine Art
von Schüchternheit hinderte ihn oft daran, im voraus ge=
nügende Erkundigungen einzuziehen. Dabei machte seine
Hamletsnatur ihn schwanken, und zu keinem raschen Ent=
schlusse kommen, und vor allem — mochte er auch in seine
Heirathslogik bald Cynismus, bald Religiosität, bald Humor
mischen — so mußte er doch zuweilen im Innersten seiner
Seele fühlen, daß eine Geldheirath seiner nicht würdig sei.
Den Gemeinen gelingt das Gemeine, sie sind dabei in
ihrem Fahrwasser, in ihrer Heimath; den Edlen, wenn sie
auch so weit hinabsteigen wollen, gelingt das Gemeine nicht!
Und in so fern gereicht es Pückler zur Ehre, daß sein Plan
scheiterte.

Dabei verglich er jedes Mädchen, auf die er seine Augen
gerichtet, mit Lucie, und wie sie sich zu dieser stellen könnte.
Die Dankbarkeit für seine geschiedene Gemahlin stand in
erster Linie, sein Plan erst in zweiter. Die Schwierigkeit
wurde dadurch nur noch vergrößert. „Ueberhaupt leidet
mein Stolz bei dieser Frausucherei gar sehr," schrieb er an
Lucie aus Brighton, den 22. Februar 1827, „und ich
fürchte, dies unüberwindliche Gefühl wird mir noch sehr
hinderlich sein. — C'est pour moi un bien ennuyeux
manège, par lequel le suis obligé de passer main-
tenant, s'il en vaut réellement la peine, de qui je

ne puis encore suffisamment juger." Und nachdem er oft erklärt, für weniger als 50,000 Livre Sterling würde er sich nicht weggeben, schreibt er in heitrer Zärtlichkeit an Lucie, den 5. März 1827: „Ach, meine Schnucke, hättest Du nur 150,000 Thaler, ich heirathete Dich gleich wieder. Cela suffirait de nous maintenir, et je ne demauderai davantage. Ach, meine Wünsche werden alle Tage bescheidener — Sicherheit ist das Einzige, was der Mensch nicht entbehren kann."

Ein anderes Hinderniß, das sich unerwartet seinen Plänen entgegenstellte, war ein Zeitungsartikel. Eduard Gans hatte in der Allgemeinen Zeitung scherzhaft des Gerüchts erwähnt, der Fürst, nach Reichthum begierig, bewerbe sich um die Hand der Wittwe Christophs, der schwarzen Kaiserin von Hayti, die sich gerade in England aufhalte, und große Schätze besitze. Was half es, daß die interessante Wittwe nichts weniger als reich, und damals gar nicht in England, sondern in den Niederlanden war, eine Pariser Zeitung wiederholte den Artikel, auch die englische Presse bemächtigte sich des pikanten Stoffes, und die vornehmen Töchter Albions wurden dadurch tief verletzt, fanden es „extremely shocking" an die Stelle dieser Schwarzen zu treten, und manche angesponnene Beziehung zerriß dadurch für immer.

Zuweilen empfand auch Pückler, daß der leichte Sinn und das Aussehen der Jugend von ihm gewichen sei. So schrieb er an Lucie den 2. November 1826: „Eine wahre Qual für mich ist auch das Haarfärben in dreifacher Hinsicht. Erstens ist es eine langsame Vergiftung, zweitens eine höchst unangenehme Operation, drittens eine so bemüthigende Erinnerung, daß ich alt bin, und nur gezwungen noch den Jungen spiele, um ein Ziel zu erreichen, was an sich selbst vielleicht eine Plage mehr sein, oder gar nicht erreicht werden wird."

Seiner Schwester Bianca schrieb er: „Mit meiner Gesundheit geht es leidlich, auch hält man mich noch immer für 32 Jahre; dies kostet aber Toilettenkünste. So bald ich indeß verheirathet bin, mache ich mich alt, damit man nicht sagt: „Voilà le ci-devant jeune homme!" sondern: „Was für ein gut konservirter alter Mann!"

Und später den 29. Mai 1827 schrieb er: „Ach Schnucke, jetzt naht ein schwerer Moment, das verfluchte Haarfärben! Es ist an sich unangenehm im höchsten Grade, und dann erinnert es mich so sehr an alle meine Noth, denn bin ich einmal unter der Haube, so soll mich kein Mensch mehr dazu bringen, meine ehrwürdigen Silberlocken in ein schwarzes, naßkaltes Gewand zu kleiden. Adieu, liebe Schnucke, ich muß zum Werke schreiten. Himmel, was ist der Mensch! Erst war ich ein Rappe, jetzt bin ich ein Schecke, und bald werde ich ein Schimmel sein!"

Auf seine Toilette legte Pückler die größte Sorgfalt. Es amüsirte ihn, und war sein Stolz ein Dandy, ein Fashionable zu sein. Die folgende Beschreibung giebt zugleich eine Vorstellung der damaligen Mode.

Bei Morgenvisiten, deren er an manchem Tage über fünfzig machte, und deren er in acht Monaten 1400 verbrauchte, trug er: die Haare schön schwarz gefärbt, einen neuen Hut, ein grünes Halstuch mit bunter seidener Schleife, eine gelbe Kasimirweste mit Metallknöpfen, einen olivenfarbenen Froccoat und eisengraue Pantalons. Eleganter und fashionabler, mehr comme il faut, konnte man nicht sein.

Bei einem Piquenique im Traveller's Club trug er: schwarze Pantalons, grau und schwarz melirte, durchsichtige Strümpfe, eine orange und blaue Sammetweste, weiße Unterweste, schwarzes Halstuch, blauen Rock, eine feine, mit goldenen Rosen durchbrochene Uhrkette, die mit dem unteren Ringe im Westenknopf befestigt war; dazu die Uhr in der Westentasche, und eine Lorgnette mit breitem Bande um den Hals. Ein himmelblaues Taschentuch mit gelb und rothem Rand. So beschrieb er sich Lucien selbst, und fügte hinzu: „C'est Lou dans son nouvel habit, eingewickelt in einen ganz leichten Mantel von wasserdichtem schottischen Zeuge von nußbrauner Farbe mit schwarzseidenem Kragen und Quasten."

Ein andermal, den 11. April 1827, giebt er Lucien das folgende Bild: „Ich muß mich einmal wieder beschreiben, die Toilette betreffend. Also Lou erscheint in einem dunkelbraunen Rock mit Sammetkragen, der Backenbart etwas breiter und länger als sonst, ein weißes Halstuch mit einem Kettenknoten, in dem die dünne goldene Uhrkette mit eingebunden ist, die unten aus der Weste wieder herauskommt, und bis zur Westentasche, worin die Uhr ist, sichtbar wird. Die Weste ist mit Ueberschlagkragen von cramoisie Seide und goldnen Sternchen, die Unterweste, weißatlassenes Zeug mit goldenen Blumen; schwarze, weite Pantalons, spinneweben schwarzseidene Strümpfe, und eckig abgekuppte Schuhe. Dazu ein runder Schwammhut, den man in die Tasche stecken kann. Von den Westen lege ich eine Probe bei.

Früh olivengrüner Froccoat, grünes Halstuch, oder buntes; seidene Shawlunterweste, bunte Umschlageweste darüber, grau und weiß melirte weite Sommerhosen, und schwarze Sporen. Gefalle ich Dir gut?

Eine andere Abendtoilette gleich fashionable ist ein blauer Rock, kurzes Halstuch mit einer kleinen Schleife, schmaler und langer Busenstreifen, blaue Sammetweste, oder braune mit rothen Punkten, und das Uebrige wie oben."

Er gefiel gewiß, aber die Damen gefielen ihm nicht

sehr, wenn er sie sich als seine Braut vorstellen wollte. Immerfort klagte er über das „Trauerspiel", das er selbst aufsuchen müsse. „Meine Schönen sah ich heute alle," schreibt er an Lucie, „und fand sie widerwärtiger als je. C'est une fière médecine," rief er, „que je suis obligé d'avaler tôt ou tard. Als Bild geht alles das leicht herunter, aber in der Realität erweckt es schreckliche nauséen." Dann meint er wieder: „So lange es irgend angeht, keine Uebereilung. Ist es Matthäi am Letzten, nun dann muß es sein, und ich werde mich immer über das trösten, was Gottes Wille ist." Oft sehnt er sich von London weg, und erklärt, er könnte diesen Wunsch selbst in der Bastille nicht lebhafter empfinden. Doch will er Muskau triumphirend, oder gar nicht wiedersehen.

Eine Widrigkeit folgte auf die andere. „In diesen letzten Wochen ist viel über mich verhängt worden," schrieb Pückler an Lucie den 22. Juli 1827. „Zuerst habe ich mich in Folge einer Reihe von erbärmlichen Gesellschaftsbegebenheiten, Klatschereien u. s. w., die zu unerträglich langweilig zu erzählen wären, und sich fast nur mündlich mittheilen lassen, mit der hauptfashionablen Gesellschaft hier total brouillirt. Obgleich ich nicht zugeben kann, unrecht zu haben, so mag doch wohl die Callenberg'sche Natur ein wenig daran Schuld sein. Enfin, Unglück war immer genug dabei.

Zweitens habe ich meinen ganzen Gewinnst im Spiel verloren (800 Pfund in einer Woche)!

Drittens bin ich krank geworden; und

Viertens habe ich eine Art Korb bekommen.

Il y a de quoi décourager 4 personnes, und ich armer, ohnehin schon nervöser Lou muß alles allein tragen."

Aber er ließ sich noch nicht entmuthigen! Er hielt es

zuletzt auch als eine Art von Ehrensache vor Lucie, der er mit wahrhaft kindlicher Naivetät alle seine etwanigen Bräute schilderte, endlich zum Ziel zu gelangen, auch zugleich damit die großen Kosten der Reise nicht umsonst dahin seien. Zuletzt wünschte er beinahe mehr um Luciens willen als um seiner selbst, daß die Sache zu Stande käme. Charakteristisch ist es daher, daß er in einem Briefe aus London vom 27. Oktober, nachdem er Lucien geklagt, daß immer noch nicht gelingen wolle, was sie so sehnlich wünschen müßten, daß ein ungünstiger, diabolischer oder menschlicher Dämon geschäftig sei, ihm Steine, ja Felsen in den Weg zu werfen, über die seine Kräfte nicht hinaus könnten, mit dem Ausrufe schließt: „Es ist fatal — ich hatte mich so gefreut, Dir vielleicht an meinem Geburtstage unerwartet eine große Freude machen zu können, der 30. Oktober will mir aber kein Glück bringen. Wir müssen ihn wieder in der Sorge verleben, obgleich er uns nicht muthlos findet."

Den 8. November 1827 schon verkündet er eine neue Aussicht. „Mein homme d'affaires und ich," schreibt er, „haben manchen Schweißtropfen darüber vergossen, und Gott im Himmel gebe sein Gedeihen! La fortune est immense — et si je l'obtiens — (was nun freilich dahinsteht), so ende ich ruhmvoll. Indessen mache ich mir gar keine Illusionen."

Für den Fall des Gelingens bittet Pückler in seiner Gutmüthigkeit schon im voraus Lucie, sie möge die Person, die er heirathe, und der sie denn doch beide Dank schuldig seien, da sie Beide rette, recht liebevoll und ohne Vorurtheil aufnehmen.

Aber auch diese Hoffnung schlug fehl. Offenbar war Pückler in England von seinen Feinden viel geschadet worden. Man breitete aus, er sei eine Art von Glücksjäger, und zugleich ein Blaubart, der seine Frau höchst unglücklich gemacht. Auch nahmen viele englische Damen Anstoß an seiner Scheidung, und wollten sie nach englischen Begriffen nicht gültig finden, wenn nicht eine Untreue von Seiten der Frau stattgehabt, weil nur nach solchen Vorkommnissen eine Ehescheidung in England möglich war. Andere hinwiederum wollten in seiner Trennung von Lucie nur einen leeren Schein, eine Spiegelfechterei sehen, da sie ihm doch die Liebste, und ja auch in Muskau geblieben sei, und alle seine Güter und Angelegenheiten verwalte. Wenn er eine zweite Frau suche, so wolle er also in einer Art von Bigamie leben.

Wie sehr er Lucie liebte und ehrte, konnte und wollte er selbst gar nicht verbergen, und wer ihn besuchte, fand ihr Bild, das sie ihm geschickt, auf seinem Tische aufgestellt.

Pückler wurde selbst die „Sisyphusarbeit" herzlich müde, er vergleicht sich bei dem Suchen nach der Braut mit dem ewigen Juden, der den Tod immerfort sucht, ohne ihn finden zu können, und meinte, wenn es nicht um Luciens willen wäre, so würde er die Sache aufgeben, und keinen Schritt mehr zur Verbesserung seines Schicksals thun, und sie solle ihm nur keine Vorwürfe machen, daß sein Streben nicht gelungen. Seine Schuld sei es ja nicht, daß er nicht einmal eine Frau bekommen könne, da er doch am liebsten ein reicher Pascha mit hundert Weibern wäre, anstatt eines armen Christenhundes, der sich vergeblich anstrenge, eine Einzige nach seinem Sinn und seinen Bedürfnissen zu finden. Mit allem Aufwand von Liebe und Herzlichkeit suchte er seine Schnucke zu trösten, und sie zu versichern, wie ihr Lou am Ende auch in einer Hütte mit ihr glücklich sein könne. So trug er auch in die verirrte Richtung die schönsten und besten Seiten seines Gemüthes hinein, die ihn Allen lieb machen mußten, die ihn wahrhaft kannten.

Zweiundzwanzigster Abschnitt.

Henriette Sonntag. Liebe. Glückliche Tage. Gedanke an eine Heirath aus Liebe. Ein Verhängniß des Schicksals. Reise nach Wales und Irland. Die Briefe eines Verstorbenen. Schriftstellerruhm.

Da aber trat ein holdseliger Genius in Pückler's Leben, der ihn von dem falschen Wege abzog, welcher seiner besseren Natur nicht entsprach, und ihn mit sanfter Hand von dem Abgrund entfernte, in den er zu stürzen drohte. Dieser Genius war Henriette Sonntag.

Es war im Frühjahr 1828, als die schöne, berühmte Sängerin nach London kam. Sie stand damals auf dem Gipfel ihres Ruhmes; sie wurde gefeiert, angebetet, auf Händen getragen; ihre Triumphe umgaben sie wie mit einem Strahlenkranze, wie mit einem magischen Lichte; ihre Kunst entzückte die Kenner, ihre Nachtigallenstimme flötete sich in die Herzen hinein, während ihre Anmuth und frische Jugendblüthe das Auge erfreute. Auch in England war der Enthusiasmus für sie ohne Gränzen. Für eine Loge zu einer ihrer Vorstellungen bezahlte die Londoner vornehme Gesellschaft die höchsten Preise. In Pückler's Nachlaß befindet sich das Billet zu einer solchen Loge zu „Madame Sonntag's night" im King'stheater für den 29. Mai 1828, auf welches er die Bemerkung geschrieben, die Loge habe ihn ein Diamantschloß gekostet, das er für ihren Preis, 80 Livres Sterling, verkauft.

Pückler bewunderte Henriette Sonntag nicht nur auf der Bühne, sondern begegnete ihr in der Gesellschaft. Inmitten der englischen Welt, die ihn umgab, war es ihm wohlthuend und anziehend, eine deutsche Landsmännin zu finden, mit der er alle Verhältnisse der Heimath traulich und harmlos besprechen konnte, und es entspann sich dadurch schneller als sich vielleicht sonst der Anlaß dazu geboten hätte, eine freundschaftliche Beziehung. Je mehr er sie kennen lernte, je mehr mußte er wahrnehmen, daß das holde Mädchen, dessen Stirne schon so früh das Diadem des Ruhmes schmückte, bei allen Erfolgen sich die einfachste Natürlichkeit, Anspruchslosigkeit und Bescheidenheit bewahrt hatte. Er war wie bezaubert von ihrer lieblichen Erscheinung, er ahnte, daß sie ihm ein Glück gewähren könne, wie es seine kühnsten und seligsten Träume überflügelte. Er, der so wenig eingebildet war, der so leicht Mißtrauen setzte in die Aechtheit der Zuneigung, die ihm von den Frauen bezeigt wurde, durfte zugleich entzückt wahrnehmen, daß die Liebe, die er fühlte, von der lieblichen Künstlerin erwiedert wurde, und der Gedanke stieg in seinem Herzen auf, welche Seligkeit ihm zu Theil werden könne, wenn er anstatt der beabsichtigten Geldheirath eine Verbindung aus Liebe einginge. Nun war er erst ganz wieder er selbst, dieses edle Feuer erhob seine Gefühle wieder zu jener hohen Sphäre, zu der seine Seele geschaffen war; er liebte Henrietten mit den edelsten Kräften seines Herzens.

Jeder Mensch, auch der am meisten vom Unglück Verfolgte, hat Tage im Leben, die duftig wie Rosen, strahlend wie Diamanten, belebend wie Meeresfrische, und erwärmend wie Frühlingslüfte von ihren dunkleren Gefährten abstechen. Solche Tage waren es für Pückler, als er mit Henrietten in Maiwetter und Sonnenschein von Morgen bis Abend im Park von Richmond spazieren ritt, und den folgenden

Tag eben so mit ihr bis zur Dunkelheit in Feld und Wald
von Greenwich umherstreifte. Alle Weltrücksichten waren
von ihm gewichen, an die „reiche Surrogatfrau" dachte er
gar nicht, oder nur mit Widerwillen, wenn er auch Lucien
neben dem halben Bekenntnisse seiner Gefühle versicherte,
daß er über dieselben das „Geschäft" nicht versäume. Er
gab sich unbefangen, innig, aufrichtig hin wie er war; in
anmuthiger, ja jugendlicher Befangenheit und Schüchternheit
erröthete und erblaßte er, indem er die gemüthvolle und
unschuldige, zärtliche und jungfräuliche Geliebte voll be=
glückter Rührung betrachtete. Die Liebe erleuchtete ihn,
machte ihn über sich selber klar, indem sie ihn erhob.

„Geld wird es auch nicht thun, das habe ich hier recht
lebhaft gefühlt. Ich glaube, mir fehlt nur Liebe," schrieb
er an Lucie, „die Mutterliebe meiner Schnucke, und die
einer Geliebten, welche wie ich Dein Kind wäre. Warum
kann das nicht sein! Das allein würde am Ende meinem
Herzen Ruhe, Beschränkung, Begnügung, Zufriedenheit und
Glück lehren und geben. Habe ich mich wohl selbst wie
alle anderen Menschen bisher verkannt? Habe ich nach
Seifenblasen gejagt, nach Spielwerken, die erreicht zerbrochen
werden, und ihren Werth verlieren, und nicht geahndet, daß
die Möglichkeit einen größeren Schatz zu heben in meinem
eigenen Herzen läge? Ach, der Tod wird wohl alle Räthsel
lösen."

Und in der That, wie glücklich wäre Pückler geworden,
wenn das Geschick ihm die Erfüllung dieses Wunsches ge=
währt hätte. Wie glücklich, und auch — wie gut! Dann
wären alle herrlichen Kräfte und Anlagen seiner wunderbar
ausgezeichneten Natur zur sonnigsten Blüthe, zur edelsten
Vollendung gelangt. Mancher innere Widerstreit hätte eine
sanfte Beschwichtigung gefunden, sein ganzes Wesen sich
idealisch verklärt. Wie gut und liebend, wie wohlwollend

und ohne Bitterkeit wohl überhaupt die Menschen würden, wenn sie als vollste Befriedigung das ächte, wahre Herzensglück erlangten, das unter Hunderten kaum Einem von den Sternen verliehen wird! — Ach, auch die Tage, die Pückler mit Henrietten zubrachte, waren nur wie ein kurzes Gedicht, während dessen er der Wirklichkeit entrückt war.

Er hatte Lucien schon erklärt, daß er sich nicht entschließen könne, sein besseres Selbst zu opfern, indem er eine Verbindung eingehe, die ihn anwidere, daß er dagegen einen Engel gefunden, der die Träume von einem Ideal erfülle, wie es für ihn geschaffen sein müsse; da — trat die Gewalt der Verhältnisse unabänderlich trennend zwischen ihn und Henrietten.

Es scheint, daß die schöne Künstlerin, der alle Welt huldigte, der unzählige Verehrer zu Füßen lagen, den Werth Pückler's und seine innige Liebe wohl zu schätzen wußte, und den Zauber seiner Nähe empfand wie er den der ihrigen. Dann aber erinnerte sie sich, daß sie durch frühere Bande schon gefesselt sei, denen treu zu bleiben sie für eine Pflicht ansah. Sie hatte sich fortreißen lassen durch Sympathie und Zuneigung, aber nach innerem Kampfe ihre ganze Selbstbeherrschung und Charakterstärke noch zu rechter Zeit wiedergewinnend, sagte sie eines Tages zu ihrem Freunde: „Ich habe mich von einem Gefühl hinreißen lassen, das mich seltsam verblendet hat. — Ich habe einen Augenblick vergessen können, daß unauflösliche Pflichten mich binden, ja daß ich einen Anderen wahrhaft und innig liebe, wenngleich die Zeit der Leidenschaft für ihn vorbei ist. Ich bin aus einem Traum erwacht, und nichts kann mich von nun an wieder dahin zurückführen. Wir müssen von diesem Augenblicke an für immer vergessen, was geschehen ist." — „Das waren ihre Worte," schrieb Pückler an Lucie, „und noch vieles mehr. — — Dabei war sie blaß, kalt wie Eis, eine

Ruhe und Hoheit über sie verbreitet, die ich fast unheimlich nennen möchte — so ganz ein völlig anderes Wesen, daß während mein Herz blutete, meine Phantasie vor ihr schauberte."

Der arme Pückler war tief erschüttert, und noch viel später bekannte er, daß sein Liebesfieber für Henrietten ihn von dem Dasein von Liebestränken überzeugen könnte. Daß er sie nie vergessen, ist gewiß; er hielt sie fest in seinem Herzen; auch ließ er, um ihr holdseliges Bildniß stets vor Augen zu haben, ihre vergoldete Büste, von Ludwig Wichmann verfertigt, in seinem Park unter Rosenlauben aufstellen, wie sie noch in Branitz zu sehen ist.

Pückler trat nun seine Reise nach Wales und Irland an, suchte dann wieder etwas, doch traurig und nachlässig, und nicht sehr ernsthaft, nach einer Zukünftigen, gab aber bald den Plan auf, und entschloß sich darauf endlich zur Rückreise. Seine Stimmung spricht sich vollständig in einem Briefe an Lucie aus Holyroad vom 15. Dezember 1828 aus. "Abends um 1 Uhr," heißt es darin, "verließ ich Dublin in einer Postchaise, bei einer schönen, hellen Mondnacht, die Luft lau wie im Sommer. Du kannst Dir vorstellen, daß ich Stoff zu vielfachem Nachdenken hatte — denn nun erst eigentlich war es entschieden, daß das Opfer zweier Lebensjahre, einer kummervollen Trennung, und der Aufwand einer großen Summe Geldes — umsonst gewesen sind — dieser Gedanke war freilich melancholisch! Indessen, ich ließ mich nicht ganz dadurch niederbeugen. Hat doch Parry dreimal vergebens nach dem Nordpol segeln müssen, Napoleon zwanzig Jahre lang Siege auf Siege häufen, um in Helena zu verkümmern, und wie Wenige im Allgemeinen sind es, deren Pläne ganz nach Wunsch gelingen! Etwas Nutzen fällt doch immer mit ab, und auch ich habe viel in diesen zwei Jahren in anderen Rücksichten profitirt — ich bin in

Vielem klarer und fester geworden, habe mir viel neue Erinnerungen gewonnen, bin ein perfekter Gärtner geworden, und habe ziemlich fließend Englisch sprechen und schreiben gelernt. — Nur meine arme Schnucke hat zu Hause kümmern müssen, und keinen anderen Trost gehabt, als daß sie mich sehr lieb hat! Dafür kömmt ihr Lou aber auch gerade so wieder wie er gegangen — älter zwar, fürchte ich im Aussehen, aber mit einem so jungen Herzen als je, und statt melancholisch zu sein, wozu er Ursache genug hätte, macht ihn die Freude, seine Schnucke bald wiederzusehen, au fond heiter und vergnügt."

Ueber Pückler's Aufenthalt in England wäre noch viel zu sagen, wenn er ihn nicht selbst so meisterhaft in seinen „Briefen eines Verstorbenen" geschildert hätte, deren frischer, ursprünglicher Reiz nur dadurch vergrößert wurde, daß sie bei ihrem Entstehen nicht für die Oeffentlichkeit bestimmt waren. Mit Recht sagt Varnhagen von Ense von ihnen: „Mit solcher nichtberechnenden Offenheit und Freimüthigkeit schreibt man nicht, wenn man auch nur entfernterweise an das Publikum denkt, solche Unbefangenheit des Sinnes bewahrt man nicht, solcher Zufälligkeit der Gegenstände und der Stimmungen folgt man nicht, außer im sichern Erguß einsamen Vertrauens, und mit solcher Hingebung an das Augenblickliche kann nur der Augenblick selber sprechen. Diesen ungezwungenen Lauf der Feder, der in seiner behaglichen Lässigkeit Eile und Fülle vereinigt, in geistreicher Unterhaltungssprache bequem das Gewöhnliche mitnimmt, dichterisch groß hinwieder das Auserlesene und Vollkommene mit Leichtigkeit und Klarheit, mit Reiz und Tiefe vor Augen stellt, dann es zu mühsam findet, den kleinen vermeidlichen Schwierigkeiten der Sprache und des Vortrags aus dem Wege zu gehen, — dieses aus dem Stegreif schreiben erdichtet man nicht." Und in dieser ungezwungenen Form hat

Pückler das englische Volks- und Staatsleben, die Gesellschaftswelt und großartige Naturszenen, Persönlichkeiten und Zustände, Kunst und Theater, und die mannigfachsten Verhältnisse treu und vorurtheilsfrei geschildert.

Varnhagen von Ense und Rahel, die gerade während Pückler's Aufenthalt in London bei Lucie zum Besuch in Muskau waren, die ihnen vertraulich seine Reisebriefe mittheilte, erkannten die Bedeutung und den Werth derselben, und ihrer Einwirkung ist es hauptsächlich zuzuschreiben, daß er sich zur Herausgabe entschloß. Und der Erfolg war ein allgemeiner, ein glänzender. Dem Lobspruch der Freunde folgte der Lobspruch Goethe's, und die ganze Presse, und die ganze Gesellschaft schlossen sich begeistert an. Pückler wurde der Löwe des Tages, er wurde Mode nicht nur in Deutschland, sondern in ganz Europa, alles interessirte sich für ihn, wollte ihn sehen, ihn kennen. Die „Briefe eines Verstorbenen" machten ihn plötzlich zu einer Berühmtheit. Ihm, der so oft an sich gezweifelt, zeigte sich siegreich die Wirkung seines Geistes, seines Talentes, seiner Begabung, seiner Originalität.

Was im Leben verfehlt und vergeblich scheint, ist es oft nicht. So brachte Pückler freilich die Reise nach England nicht die Zukünftige, die er gesucht, aber den Lorbeer des Schriftstellerruhmes, den er nicht gesucht, und der nun für immer seine Stirne kränzte.

www.ingramcontent.com/pod-product-compliance
Lightning Source LLC
Chambersburg PA
CBHW030120240426
43673CB00041B/1348